보이지 않는 손
모든 것이 합력하여 선을 이루는가?

보이지 않는 손
모든 것이 합력하여 선을 이루는가?

R. C. 스프롤 지음
나용화 번역

RTS

슬픔에서 기쁨을, 혼돈에서 질서를 발견한
모린과 데이브 뷰크만에게
이 책을 드립니다

| 목차 |

1장 혹독한 섭리 ·· 13

2장 보이지 않는 손 ·· 28

3장 공급으로서의 섭리 ·· 42

4장 세상에 울린 울음 소리 ·· 56

5장 매사가 해롭게 되는가? ·· 69

6장 섭리와 통치 ·· 82

7장 보이는 손 ·· 96

8장 섭리와 일치(동시 발생)의 신비 ·· 111

9장 요셉의 색동옷: 일치의 단면 ·· 124

10장 제일 원인과 제이 원인 ·· 137

*11*장　섭리와 역사 ·· 150

*12*장　구속 역사와 세속 역사의 교차점 ·· 163

*13*장　섭리와 교회 ·· 178

*14*장　하나님께만 영광을 ·· 190

*15*장　열차 사고 ·· 202

*16*장　섭리와 악의 문제 ·· 214

*17*장　모든 일이 합력하여 선을 이룬다 ·· 228

*18*장　섭리와 기적 ·· 242

*19*장　거짓 기적 ·· 255

*20*장　섭리와 기도 ·· 268

| 들어가는 말 |

    신학대학원 교수로서 가지는 의무 중의 하나가 학문적이고도 전문적인 방식으로 섭리의 교리를 탐구하는 것이다. 하지만 이 책에서는 학문의 영역과 어느 정도 거리를 두려고 노력했다.
    이 책은 평신도를 위한 것이다. 그들의 관심사는 신앙의 구체적인 영역에서 섭리에 대한 어려운 질문들을 어떻게 마주칠 수 있는가 하는 것이다. 학문적 영역이라고 해서 결코 수월한 설명을 제시하지는 않는다. 때로는 추상적인 개념들을 회피하는 것이 거의 불가능하다는 것을 경험한다.
    그래서 학문적 영역으로 넘어가기가 종종 두려워진다. 그럴 때마다 신학교에서 배운 지식이 없이 이해가 가능하다고 확신이 되는 방식으로 설명하고 예를 들려고 노력한다. 만약 잘 되지 않는 부분이 있다면 이는 전적으로 내 잘못이지 뛰어난 편집자인 슈 앤 존스의 탓이 아님을 밝혀둔다. 그녀의 능숙한 도움이 없었다면 이 책은 더욱 학문적인 책이 되어서 읽기가 어렵게 되었을 것이다. 그녀에게 감사의 마음을 전하며 또한 모린 뷰크만과 도나 맥에게도 원고 준비를 도와준 것에 대해 고마움을 표시하고 싶다. 조이 폴, 킵 조단, 넬슨 키너에게도 이 책이 나오기까지 인내심을 갖고 지켜봐 준 은혜에 특별한 감사를 전한다.

R. C. 스프롤
1996년 부활절, 올란도에서

| 역자의 말 |

　스프롤의 「보이지 않는 손」(Invisible Hand)은 하나님의 섭리를 성경적으로 쉽게 가르쳐 주는 귀한 책입니다. 사람의 눈에 보이지 않으면서도 사실상 보이는 하나님의 손을 우리의 현실의 삶에서 보고 하나님께 감사와 영광을 돌리는 것이 바로 참된 믿음입니다. 그 믿음이 우리에게 기쁨과 행복을 줍니다.

　본서를 번역할 수 있도록 주선해 주신 개신대학원대학교의 명예총장 손석태 박사님께 우선 감사드리고, 본서를 번역하는데 수고를 감당해 준 조숭희 목사님께 감사를 드립니다. 또한 번역과 출판비용을 감당해 준 개신대학원대학교 출판부에도 감사를 드립니다.

　본서가 많은 독자들의 사랑을 받게 되기를 기대합니다.

2011년 3월 1일
역자 나용화

1장

혹독한 섭리

　차고에 차를 막 집어넣고 내렸을 때 부엌으로 통하는 문이 열리고 딸 셰리가 나왔다. 딸의 얼굴은 창백했고 눈에서는 공포감마저 느껴졌다. 나에게 달려와서 쏟아낸 말은 이러했다.
　"아버지, 애기가 죽었어요!"
　내 가슴에 기댄 채 그녀는 계속 흐느꼈다. 임신 9개월째에 있었던 셰리는 산부인과 의사를 만나 정기적인 검사를 마치고 막 돌아오는 길이었다. 의사는 태아의 심장이 뛰지 않는 것을 발견했다. 할 수 있는 한 가장 충격이 안가도록 의사는 상황을 설명해 주었다. 아직 태어나지 않은 아기가 태 속에서 죽은 것이다.
　다음 날 아침 셰리는 병원에 입원했다. 의사는 유도 분만을 실시했고 곧바로 진통에 들어갔다. 물론 아기는 죽은 채 태어나리라는 것을 알고 있었다. 이런 경우에 병원의 관례는 다른 정상적인 분만과 동일한 절차를 따르게 된다. 따라서 자그마하며 어여쁜 아기가 태어나자 몸을 씻기고 키와 몸무게를 재고 잉크로 발바닥을 찍어 기록을 남졌다. 그리고 죽은 채 태어난 아기는 엄마의 품에 안겼다. 셰리는 몇 분 동안 아기를 안아주었다. 그리고 남편이 아기를 안았다. 몇 분 후에 나도 손녀딸을 품에 안았다.

얼굴 형태로 갓 태어난 아기들을 알아보기는 늘 어려웠다. 모두 비슷하게 보이기 때문이다. 하지만 이 작은 아기의 이미지는 내 기억에서 영원히 지워지지 않았다. 아기를 안았을 때 이해되지 않는 삶과 죽음의 결합이라는 현실에 압도되었다. 아이는 모든 면에서 완벽한 형상을 갖고 있었다. 하지만 그녀는 숨을 쉬고 있지 않았다.

셰리와 남편은 딸 아이 이름을 알리시아라고 지었다. 알리시아는 가족과 목사님이 참석한 장례 예배와 함께 땅에 묻혔다. 우리는 아기의 몸을 땅에 묻고 영혼을 하늘 아버지께 드릴 때 묘지 옆에 서서 함께 울었다.

아이를 사산한 경험을 가진 모든 여인은 그 상황이 가져오는 황폐함이 무엇인지를 잘 안다. 하나님께 부르짖고 "왜"라는 질문이 없이 아무도 그런 상황을 지나칠 수 없다. 이러한 때에 하나님은 어디 계셨는가를 묻는 것은 당연하다. 바로 이 지점에서 인간의 고뇌는 하나님의 섭리의 길과 맞닥뜨리게 된다.

이 책은 하나님의 섭리에 관한 이런 문제와 질문들을 다루기 위한 노력이라고 할 수 있다. 교리적 관점에서 뿐 아니라 성경에 기록된 인물들처럼 고군분투하는 구체적 인생 경험의 예를 통해서 섭리에 대한 질문을 살펴볼 목적으로 이 책은 만들어졌다.

이런 사람들 중의 하나가 다윗 왕이다.

하나님의 섭리 앞에 겸손해 지는 것

　다윗은 나단 선지자의 예리한 말로 인해 양심의 찔림과 가책을 받았다. 선지자의 말씀은 귀에서 울렸고 영혼을 찔렀다. "당신이 그 사람이라." 한 신하가 누군가의 악한 행동을 보고하는 것으로 시작된 이야기가 갑자기 다윗왕 자신에게 돌려졌다. 다윗은 이름을 알 수 없는 범죄자가 이기적으로 남을 착취하는 이야기를 듣고 있다고 생각했다. 자기 자신의 양심을 깨우기 위한 숨겨진 비유로서의 선지자의 메시지를 듣고 있다는 것을 알아차리지 못했다.

　여호와께서 나단을 다윗에게 보내시므로 그가 다윗에게 가서 말했다. "한 성읍에 두 사람이 살고 있는데, 한 사람은 부유하고 한 사람은 가난했습니다. 부자에게는 양과 소가 매우 많았으나, 가난한 사람에게는 그가 사서 기르는 어린 암양 하나 외에는 아무것도 없었습니다. 그 어린 양은 그와 그의 자식들과 함께 자랐고 그의 음식을 먹으며 그의 잔을 마시며 그의 품에 누웠으므로 그의 딸같이 되었습니다. 그런데 어떤 나그네가 그 부자에게 오니 그 부자가 자기에게 온 손님을 대접하기 위해 자기의 양과 소는 아껴서 잡지 아니하고, 그 가난한 사람의 어린 양을 빼앗아 자기에게 온 사람을 대접했습니다."
다윗이 그 사람에 대하여 매우 진노하여 나단에게 말하기를 "여호와의 살아 계심을 두고 맹세하는데, 이 일을 행한 그 사람은 마땅히 반드시 죽어야 한다. 또 그가 이런 일을 행하면서도 불쌍히 여기는 마음이 없었으니, 그 어린 암양을 네 배로 갚아 주어야 할 것이다." 하였다.

나단이 다윗에게 말했다. "왕이 바로 그 사람입니다." (삼하 12:1-7)

죄책감이 다윗에게 밀물처럼 몰려왔다. 비유는 다윗의 마음 중심을 파고들었다. 신중을 다해 그토록 감추려고 했던 자신에 관한 진실을 깨닫게 되었을 때 그의 눈은 열리게 되었다. 하나님의 마음에 합한 자로 알려진 다윗은 이런 사람이었다. 이런 자가 이스라엘의 전사이자 지도자였다. 이런 사람이 시편의 저자이자 이스라엘에서 가장 유명한 왕이었다. 하나님이 이스라엘의 왕으로 삼기를 거부하셨던 사울이 죽자 다윗은 왕위에 올랐다. 다윗은 주님의 기름부음을 받은 자로서 사울이 쓰러진 후에 높임을 받았다. 그는 불명예를 당한 사울을 안타깝게 여겼고 갓에서 승리의 소식을 퍼뜨리며 "강한 자가 쓰러졌도다"라며 승전가를 부르며 도취된 블레셋사람들로 인해 분노했다.

이제 다윗도 쓰러진 자의 대열에 합류했다. 쓰러짐의 강도는 엄청났으며 모든 후손들을 위해 기록까지 되었다. 치명적 결점으로 흠이 잡히고 지울 수 없는 추문으로 각인된 셰익스피어 소설에나 나올만한 살아있는 영웅이 되었다.

다윗의 타락은 목욕중에 있던 한 아름다운 여인을 무심코 엿보다가 생겨난 단순한 생각, 음욕에서부터 시작이 되었다. 그는 간통을 범할 계획을 만들지는 않았다. 다윗은 정부를 찾아 헤맨 것이 아니었다. 단 한순간의 음욕이 충동적 행위로 비화되었다. 그리고 다윗은 의를 내어던져 버리고 영혼을 불법적인 로맨스와 바꾸어 버렸다. 양심을 마비시키고 마음을 강퍅하게 했다. 성경의 기록은 모든 인간의 가슴속에 자리 잡은 어두운 마음을 간결하게 보여준다.

저녁이 되었을 때, 다윗이 자기 침대에서 일어나 왕궁의 지붕 위를 거닐다가 한 여자가 목욕하는 것을 지붕 위에서 보았는데, 그 여자는 용모가 매우 아름다웠다. 다윗이 사람을 보내어 그 여자에 관해 알아보게 하니 그가 말하기를 "그 여자는 엘리암의 딸로서 헷 사람 우리야의 아내 밧세바가 아닙니까?"라고 했다. 다윗이 전령들을 보내어 그 여자를 데려오게 하니, 그 여자가 다윗에게 왔는데 마침 그 여자가 부정함으로부터 정결케 된 때였으므로 다윗이 그 여자와 동침하였고, 그 여자는 자기 집으로 돌아갔다. (삼하 11:2-4)

다윗은 다른 남자의 아내를 취했다. 나단 선지자의 비유에서 나온 것처럼 다윗은 자신이 신뢰하는 용사중 하나가 소유한 어린 양을 빼앗아 버린 것이다. 우리야는 밧세바의 남편이었다. 한편 우리야는 다윗을 충성으로 섬겼던 반면 다윗은 우리야의 아내를 제멋대로 취하고 있었다. 밧세바는 임신했고 태중의 아이는 우리야의 것이 아니었다. 사실상, 있을 수 없는 상황이었다.

분명히 다윗은 공포에 사로잡혔을 것이다. 그는 자신의 죄를 감추기 위한 정교한 계획을 구상했다. 우리야에게 휴가를 주어 전투에서 빠지고 집에 돌아와 아내와 함께 시간을 보낼 수 있도록 했다. 이렇게 해서 아이가 태어난다면 우리야는 자신이 그 아이의 아버지라고 생각하게 될 것이다. 다윗은 위선적으로 우리야를 칭찬했고 그에게 선물을 하사했으며(자신의 양심을 달래기 위한 것이다) 집으로 돌아가게 했다.

하지만 다윗은 우리야의 충성을 과소평가했다. 우리야는 자신의 책무를 버리거나 왕의 호의를 이용하려하지 않았다. 그는 용사였다. 아내와 함께 있고 싶은 마음이 아무리 들어도 왕을 섬기기 위해 절제해야 한다고 느꼈다. 그는 다윗이 의도한 것처럼 집에 들리지 않았다.

그러나 우리야는 왕궁의 문에서 자기 주인의 모든 종들과 함께 눕고, 자기 집으로 내려가지 않았다. 사람들이 다윗에게 보고하기를 "우리야가 자기 집으로 내려가지 않았습니다."라고 하니, 다윗이 우리야에게 말하기를 "너는 먼 길에서 방금 오지 않았느냐? 어찌하여 네 집으로 내려가지 않았느냐?" 하였다. 우리야가 다윗에게 말하기를 "언약궤와 이스라엘과 유다가 장막 가운데 머물고 있으며, 내 주 요압과 내 주의 부하들이 들에 진을 치고 있는데, 어떻게 제가 제집으로 가서 먹고 마시고 제 처와 동침할 수 있겠습니까? 왕의 살아 계심과 왕의 생명을 두고 맹세하는데, 이와 같은 일은 하지 않겠습니다."라고 하였다. 다윗이 우리야에게 말하기를 "오늘도 여기 머물러라. 내일은 내가 너를 보내겠다." 하였으므로 우리야는 그 날에 예루살렘에 머물렀다. 다음날 다윗이 그를 불러 자기 앞에서 먹고 마시고 취하게 했으나, 그는 저녁에 나가서 왕의 신하들과 함께 침대에 눕고 자기 집으로는 내려가지 않았다. (삼하 11:9-13)

다윗의 계획은 좌절되었다. 죄를 감추기 위한 필사적인 노력은 자기가 배신한 바로 그 사람의 충성 때문에 벽에 부딪혔다. 이를 계기로 하여 다윗이 정욕의 잠에서 깨어나 회개에 이르렀어야 마땅했으나 오히려 정반대였다. 좌절이 더해가면서 다윗은 죄에 죄를 더하였고 사실상의 살인까지 저지르기에 이르렀다. 그는 자신의 장군인 요압에게 편지를 썼는데 그 내용은 성령 하나님이 비밀스럽게 일하심으로 온 역사에 폭로되었다. 파쇄기를 통해서도 이런 증거는 소멸될 수 없고 사람들의 시선에서 숨길 수도 없다. 다윗은 우리야로 하여금 봉인된 서신을 요압에게 전달하게 함으로써 불법적 행위로 인한 회복불능 상태에까지 떨어지게 되었다. 순전한 충성심을 지닌 우리야는 전선까지 가지고 간 공문서에 자신의 사형선고에 대한 내용이 담긴 줄은 꿈에도 생각하지 못했다.

> 기록하기를 '우리야를 싸움이 가장 격렬한 전방에 배치하고 너희는 그의 뒤로 물러나 그가 맞아서 죽게 하여라.' 하였다. 요압이 성을 살피다가 용사들이 있는 줄 아는 그 장소에 우리야를 배치했다. 그 성읍 사람들이 나와서 요압과 싸우니, 병사들 중 다윗의 부하들의 일부도 쓰러지고, 헷 사람 우리야도 죽었다. (삼하 11:15-17)

나중에 요압의 전령을 통해 우리야가 전투 현장에서 죽었다는 소식이 전해졌다. 다윗은 우리야의 시신과 함께 자신의 비밀스런 죄도 사람의 눈에서 감추어졌기 때문에 이제는 안전할 것이라고 생각했다. 밧세바도 그 소식을 들었고 즉시로 남편을 위한 애도에 들어갔다. 그러나 애도의 기간이 길지는 않았다. 다윗은 사람을 보내 그녀를 데려왔고 밧세바는 다윗의 아내가 되어 아들을 낳았다. 그들 사이에서 태어난 아이가 간음으로 태어난 것이라는 것을 그 누구도 알 수 없을 것 같았다.

그러나 모든 것을 섭리하시는 하나님은 다윗을 지켜 보셨다. 왕의 비밀은 하나님의 시선을 피해 갈 수 없었다. 인간에게는 감쪽같이 숨겨진다 해도 하나님 앞에서는 벌거벗은 것 같이 드러났다. 절제된 언어로 성경은 이렇게 말한다. "다윗이 행한 이 일이 여호와께서 보시기에 악했다"(삼하 11:27下).

나단 선지자로 하여금 다윗을 방문케 한 것은 바로 하나님이 보시기에 악한 행동을 다윗이 했기 때문이다. 나단은 사건의 진실을 드러내야 하는 큰 부담을 안고 있었다. 그의 책무는 왕을 대면하도록 하나님이 보내신 까닭에 크게 부담되는 일이었다. 엘리야와 세례 요한의 경우가 잘 말해주듯이 위험한 일이었다. 그러나 선지자의 심판의 메시지에 대한 다윗의 반응은 아합이나 헤롯의 경우와는 매우 다르게 나타났다. 다윗은 선지자의 메시지를 듣고 마음의 찔림을 받았다. 비유에 나타난 바로 그 사람이 다윗임을 담대하게 선포함과 동시에 하나님은 나단 선지자의 입술을 통해 다윗에 대한 심판을 선언하신다.

나단이 다윗에게 말했다. "왕이 바로 그 사람입니다. 여호와 이스라엘의 하나님께서 이렇게 말씀하십니다. '내가 너에게 기름을 부어 이스라엘의 왕으로 삼았으며, 내가 너를 사울의 손에서 구원하였다. 또한 내가 네 주인의 집을 네게 주고, 네 주인의 처들을 네 품에 주었으며, 이스라엘과 유다 족속을 네게 주었다. 만일 그것이 부족했다면 이것저것을 네게 더해 주었을 것이다. 그런데 어찌하여 네가 여호와의 말씀을 업신여기고 그 분이 보시기에 악한 일을 행하여 헷 사람 우리야를 암몬 자손의 칼로 죽이고, 그의 아내를 네 아내로 삼았느냐? 네가 나를 업신여기고 헷 사람 우리야의 아내를 네 아내로 삼았으므로, 이 제 칼이 네 집에서 영영히 떠나지 않을 것이다.' 여호와께서 또 이같 이 말씀하십니다. '보아라, 내가 네 집에서부터 네게 재앙을 일으키 고, 네 눈앞에서 네 처들을 붙잡아 네 이웃에게 줄 것이니, 그가 대낮 에 네 처들과 동침할 것이다. 너는 은밀히 행하였으나 나는 대낮에 모 든 이스라엘 앞에서 이 일을 행할 것이다.'" (삼하 12:7-12)

심판의 메시지에서 하나님은 다윗에게 주셨던 축복들을 다시 언급하셨다. 다윗이 받았던 모든 것은 하나님의 섭리 곧 보이지 않는 손에서 비롯된 것이었다. 섭리의 축복이 이제 심판으로 대체될 것이다. 하나님의 손은 다윗에게 혹독한 것이었지만 심판뿐 아니라 은혜도 포함된 것이었다. 하나님의 정의는 자비하심으로 인해 그 정도가 완화되었다. 하나님은 다윗에게 사형선고를 내리실 수도 있었다. 다윗의 범죄가 이스라엘에서 극형에 해당하는 것이었기 때문이다.

다윗의 마음은 무너져 내렸다. 그는 마음 깊은 곳에서부터 돌이켰다. 처벌에 대한 두려움에서 나타난 압박감이 아니라 하나님의 마음을 근심케 한 데서 온 깊은 후회였다. 이 사건 직후에 기록된 회개의 시편에서 다윗은 부르짖었다. "내가 주께 죄를 지었으며 주님 보시기에 악을 행하였으므로"(시 51:4). 이 진술은 엄격하게 말해서 정확하게 표현된 것은 아니기 때문에 과장법으로 생각되어야 한다. 다윗은 하나님께만 죄를 지은 것이 아니다. 그는 우리야에게도 죄를 졌다. 밧세바에게도 죄를 졌다. 자신의 가족과 온 나라를 향해서도 죄를 졌다. 왕으로서의 다윗에게 걸었던 신뢰를 배신했기 때문이다. 직접적인 의미에서는 다른 사람들도 포함되기는 하지만 궁극적으로 모든 죄는 하나님을 향한 것이고 절대적인 용어를 쓰자면 오직 하나님께만 죄를 지은 것이다.

긴 참회의 시편을 쓰기 전에 다윗은 나단에게 대답했다. "내가 여호와께 죄를 지었습니다"(삼하 12:13). 자기 합리화를 시도하지 않고 죄를 인정하고 고백하므로 다윗은 하나님의 용서의 선언을 즉각적으로 경험케 되었다.

> 다윗이 나단에게 말하기를 "내가 여호와께 죄를 지었습니다."라고 하니, 나단이 다윗에게 말하기를 "여호와께서도 왕의 죄를 용서하셨으니, 왕이 죽지는 않을 것입니다. 그러나 이 일 때문에 왕이 여호와의 원수들에게 비방거리를 주었으므로 왕이 낳은 아들이 반드시 죽을 것입니다." 하고 나단은 자기 집으로 돌아갔다. (삼하 12:13-14)

하나님의 섭리의 영역

하나님은 다윗의 죄를 용서하셨다. 그가 지은 죄에 대해 사면을 선언하신 것이다. 하지만 다윗이 저지른 죄에 대한 영원한 책임(죄책)은 사해졌어도 일시적인 처벌은 여전히 받게 되었다. 나단을 통해서 하나님은 간음으로 태어난 아이가 다윗과 밧세바로부터 거두어 질 것이라고 선포하셨다. 그 다음에 나오는 말씀은 우리의 믿음으로 소화하기 어렵지만 하나님의 섭리에 대한 이해에 이르게 해주는 구절이다.

나단은 자기 집으로 돌아갔다. 여호와께서 우리야의 아내가 다윗에게서 낳은 아이를 치셨으므로 그 아이가 몹시 앓았다. (삼하 12:15)

성경은 주님께서 다윗의 아이를 치명적인 질병으로 치셨다고 말씀한다. 이는 이해하기 어려운 말씀이다. 요즘 교회에서는 인간의 질병과 죽음에 대한 책임으로부터 하나님을 면케 하기 위한 설교자들의 헛된 시도를 자주 듣게 된다. 방송에서 활동하는 어느 복음전도자가 하나님은 질병이나 죽음과 무관하신 분이라고 선언하는 것을 들은 적이 있다. 그는 인간의 이런 비극을 사단의 일로 돌렸다.

이런 정서는 하나님의 섭리뿐 아니라 하나님의 성품과 관련된 모든 부분을 이해하는데 심각한 왜곡을 가져온다. 기독교는 하나님과 사단이 대등한 힘을 펼치며 무승부로 이어질 영원한 싸움을 벌이는 이원론이 아니다. 하나님은 사단의 영역을 비롯하여 모든 피조 세계에 대한 주권을 갖고 계신다. 하나님은 삶뿐 아니라 죽음을 다스리시는 분이다. 형통함뿐 아니라 고통과 질병 또한 다스리신다.

하나님이 질병이나 죽음과 아무런 관련이 없다고 한다면 세상 사람들 중 그리스도인이 가장 불쌍한 자들이 될 것이다. 이는 아버지의 손이 운명과 변덕스런 운에 매여 있는 혼돈이 지배하는 세상에서 사는 것을 의미하게 될 것이다. 그렇다면 하나님의 팔은 구원할 수 있을 만큼 강력하지 못할 것이다. 무기력한 하나님이 될 것이다. 하지만 하나님은 질병과 죽음을 완전하게 다스리시는 분이다. 하나님의 전공은 고난이다. 구속의 방법은 Via Dolorosa, 즉 고난을 통해서만 있다. 우리 주님은 슬픔과 고뇌를 잘 아시는 분이셨다. 하나님은 인간이 겪는 고난의 문제와 동떨어져 있는 분이 결코 아니시다. 고난은 하나님의 섭리 안에 고스란히 담겨있다. 우리 가족은 셰리와 남편이 아기를 잃었을 때 그 진실을 이해하게 되었다.

그리고 다윗 또한 다음 이야기에서 볼 수 있듯이 이런 사실들을 이해했다.

다윗이 그 아이를 위하여 하나님께 간구하였으니, 다윗이 금식하고, 가서 밤을 새우며 땅에 엎드렸다. 다윗 왕궁의 늙은 신하들이 다윗의 곁에 서서 그를 땅에서 일켜 세우려고 했으나, 왕이 듣지 아니하고 저희와 함께 음식을 먹지도 않았다. 제 칠일이 되었을 때 그 아이가 죽었는데, 다윗의 신하들은 그 아이가 죽은 것을 왕에게 알리기를 두려워했으니, 이는 그들이 서로 말하기를 "보아라, 아이가 살았을 때 우리가 말해도 우리의 말을 듣지 아니하셨는데, 어떻게 우리가 그 아이의 죽은 것을 말씀드리겠느냐? 왕께서 상심하시지 않겠느냐?" 하였기 때문입니다. 다윗은 그의 신하들이 수군거리는 것을 보고 그 아이가 죽은 것을 알고, 신하들에게 "그 아이가 죽었느냐?" 하고 묻자, 그들이 "죽었습니다."라고 대답했다. 그러자 다윗은 땅에서 일어나 몸을 씻고, 기름을 바른 후, 의복을 갈아입고서 여호와의 전에 들어가 경배하였다. 그리고 자기 궁으로 돌아와서, 자기를 위해 음식을 차리도록 지시하여 음식을 먹었다. 그의 신하들이 말하기를 "아이가 살았을 때에는 금식하고 우시다가, 아이가 죽었을 때에는 일어나 음식을 잡수시는 것은 어떻게 된 것입니까?"라고 하니, 그가 말했다. "그 아이가 살았을 때 내가 금식하고 운 것은 '여호와께서 나를 불쌍히 여기셔서 혹시 그 아이를 살려 주실지 누가 알겠는가?' 하고 생각했기 때문이다. 그러나 지금은 그가 죽었으니, 왜 내가 금식하겠느냐? 내가 그를 다시 돌아오게 할 수 있느냐? 나는 그에게로 가겠지만 그는 내게로 돌아오지 못할 것이다."(삼하 12:16-23)

7일간 다윗은 하나님과 씨름했다. 그는 기도와 금식을 했으며 위로받기를 거부했다. 신하들은 왕에게 해가 생길까 봐 매우 걱정했다. 그들은 다윗에게 건강을 위해 음식을 들고 건강을 돌보라고 간청했다. 아이가 죽었을 때 그들은 소식을 다윗에게 전할 수 없을 정도로 두려움을 느꼈다. 하지만 다윗은 예리했다. 그는 신하들의 속삭임으로부터 아이가 죽었다는 것을 알아챘다. 마침내 사실을 듣게 된 후에 다윗이 취한 행동에 신하들은 어리둥절하게 되었다. 다윗은 금식과 기도를 중단하고 몸을 씻고 기름을 바른 후 예배하기 위해 하나님의 전으로 향했다.

여기에서 우리는 하나님의 마음에 합했던 사람 다윗을 목격하게 된다. 시편 전체를 통해서 울려 퍼지는 다윗의 성품을 분명하게 볼 수 있다. 하나님이 다윗의 간청을 듣지 않으셨을 때 그는 즉시 교회로 갔다. 흐느껴 울거나 불평하지 않고 하나님을 예배하러 갔다. 여기에서 우리는 다윗의 코람 데오(하나님 앞에서)의 삶을 보게 된다. 다윗은 전능자의 보좌 앞에 탄원했지만 기각되었다. 하지만 그는 하나님의 섭리 앞에 기꺼이 엎드리고 하나님을 그대로 인정할 준비가 되어 있었다.

하나님의 섭리를 다윗처럼 그대로 받아들이는 것은 세상이 이해하기 어려운 일이다. 다윗의 종들은 이해하지 못했다. 그들은 왕이 무엇인가 영적으로 잘못된 것이 있는 것으로 생각했다. 그들은 왕의 행동을 이해할 수 없었다. 오히려 앞뒤가 맞지 않은 왕의 행동을 책망하려고 했다. 그들은 다윗이 아기의 죽음으로 인해 애도를 해야 했다고 생각했다. 베옷을 입고 재를 뿌릴 시간이라고 믿었다.

다윗이 신하들에게 그렇게 행동한 이유를 설명하기 위해 섭리의 교리에 해당하는 한 가지 교훈을 말해주었다. 다윗은 아이가 죽을 것이라는 하나님의 선포를 분명하게 들었고 그것을 단순한 위협으로 여기지 않았지만 과거에 이스라엘 백성이 회개함으로 나아갔을 때 하나님이 이미 선포된 심판에서 돌이키셨던 것을 기억했다.

다윗은 "혹시 여호와께서 나를 불쌍히 여기셔서 그 아이를 살려주실지 누가 알겠느냐? 하고 생각했기 때문이다"라고 말함으로써 자신이 그렇게 하나님께 탄원했던 이유를 설명했다. "누가 알까"라는 말은 다윗이 그렇게 길게 금식하고 끈질기게 기도했던 이유를 이해하게 해준다. "누가 알까"라는 말은 그 분의 비밀스런 계획은 우리에게 알려져 있지 않은 "숨겨진 하나님"(Deus absconditus)에 주목하게 한다. 다윗은 "계시된 하나님"(Deus revelatus)의 말씀을 들었지만 그것이 이야기의 전부가 아닐 것이라는 희망을 붙들었다. 하나님이 그 분의 계획 중 어느 것도 보류 상태에 두지 않으신 것을 깨달았을 때 이제는 쉬고 하나님의 "아니오"라는 응답에 순종하는 것으로 충분했다. 어떤 의미에서 다윗이 그토록 애썼던 것은 겟세마네 동산에서 예수님이 아버지의 계시된 뜻을 가지고 고민하시지만 결국에는 주신 잔을 기꺼이 다 취하셨던 예수님의 모습을 미리 보여준 것이다.

하나님의 섭리를 이해하고 섭리의 하나님을 사랑한다면 고통, 번민, 괴로움을 가져오는 일들이 우리 삶 가운에 일어날 때 찬양의 제사를 받으시기에 합당한 그 분을 예배할 수 있다. 이와 같이 섭리를 이해하는 것은 하나님을 예배하는 모든 자들에게 너무나 중요하다. 이는 신뢰에 뿌리 내린 믿음의 예배이다. 다윗은 자신의 미래와 아들의 미래에 대해 하나님을 신뢰했다. 다윗은 이야기의 나머지 부분을 아직 듣지 못했으며 이후의 그 부분들은 하나님이 알아서 쓰실 것이라는 것을 깨달았다.

2장

보이지 않는 손

"섭리"라는 말은 현대 그리스도인들의 사고에서 거의 사라진 단어이다. 진부할 뿐 아니라 고어에 가까운 말이다. 한 때는 일상적으로 사용되었고 그리스도인의 언어에 있어 중심이 되었던 이 단어는 이제 쓸모없는 것으로 버려질 상황에 놓여있다.

90년대 초반에 미국 역사상 가장 많은 피를 흘렸던 남북 전쟁에 대한 텔레비전 다큐멘터리가 나라 전체의 관심을 끌게 되었다. 남과 북의 병사들이 집으로 부친 편지에서 발췌한 내용에는 "섭리"를 지칭하는 말들로 가득 차 있었다. 전투가 있기 전날 밤 병사들은 부인과 부모에게 내일 그들에게 일어날 일들의 불확실성과 두려움에 대해 편지에 적었고 그들이 목숨이 섭리의 손에 있다고 종종 이야기했다. 섭리라는 말은 대문자로 적혀 있었는데 이는 인간사에 대한 하나님의 통치를 말해서가 아니라 하나님 자신을 뜻했기 때문이었다. 섭리라는 말은 하나님을 지칭하는 말이 되었다.

하나님의 일하심과 하나님의 존재 사이의 밀접한 관계는 모든 일이 하나님의 주권적 계획과 전능하신 하나님의 통치 하에서 일어난다는 19세기 그리스도인의 확신에 깊이 뿌리박고 있었다. 하나님 앞에서(코람 데오) 모든 삶을 산다는 끊임없는 의식이 있었다.

이제 이런 태도는 바뀌었다. 우리가 지금 살아가는 문화는 하나님의 섭리를 생각할 공간이 거의 없다. 기껏해야 우리는 새로운 이신론적 분위기에서 살고 있다. 최악의 경우에 우리의 문화는 새로운 형태의 우상숭배로 정의되고 있다. 오늘날 우리의 삶은 비인격적인 힘과 같은 고정된 법칙이나 운에 따라 결정된다는 기계적이고 폐쇄적인 세상에 산다는 생각이 만연해 있다. 초월적이고 초자연적인 것에 다가갈 수 있는 방법이 없어 보이는 세속의 시대라고 할 수 있다. 자연(nature)이야 말로 지극히 당연한(natural) 것으로 생각되고 있다. 종교는 기껏해야 관용정도로 여겨진다면 그나마 다행이고 제한된 경계선을 가진 고립된 구획 안에 있어야 하는 제한된 것에 불과하다. 사람들은 개인의 행복과 심리적 만족을 위한 종교 활동에 여전히 전념할 수 있지만 종교는 공적 영역이나 우주의 본질 혹은 세계 역사의 진행에 관한 진지한 질문을 위한 역할과는 관계가 없다. 기독교의 하나님은 이미 추방된 바나 마찬가지이다. 누구도 새로이 합쳐진 마을이나 도시에 대해 "섭리"라는 이름을 붙일 생각을 하지 않는다. 한때 로드 아일랜드에서는 이렇게 명명하는 것은 매우 적절한 것으로 생각되었다.

종교에 있어서의 현대적 유행, 즉 뉴에이지 운동에서 나타나는 영지주의적 개념 체계의 부활, 마술에 대한 각광, 일부의 영역에서 천사와 마귀에 대한 집착과 같은 것들은 현재 만연하는 우주에 대한 경직된 관점에서 탈출하려는 현대인의 무모한 시도로서 여겨진다. 일간지에는 점성술이 게재되고 뉴에이지에 관한 책방과 선물용품 가게들이 점점 확산된다는 사실은 무의미함에서 벗어나려는 사람들의 필사적인 노력을 보여주는 것이다. 하나님의 살아계심을 그토록 깊이 느끼기 때문에 초월성에 대한 새로운 신화적 시도들이 나타나는 것이다.

18세기에 아담 스미스는 국부론에서 다양한 경제활동에 과학적 방법을 적용시키고 경제에 통용되는 법칙을 발견하려고 했다. 스미스는 섭리라는 "보이지 않는 손"을 찾고 있었다. 우리 시대에는 보이지 않는 손은 아예 보이지 않을 뿐 아니라 존재하지도 않는다. 섭리의 손은 전부 떨어져 나갔다. 그런 가정 하에서 우리는 적대적이거나 심지어는 무관심한 우주를 홀로 찾아 헤매고 있다. 우리는 경제적 복지를 위해 섭리라는 보이지 않는 손에 더 이상 의존하지 않는다. 오히려 이런 문제를 해결하기 위해 인간 정부의 잘 보이는 손에 호소한다.

단어는 유행에 좌우되는 좋지 않은 경향을 갖고 있다. 어느 세대에서는 즐겨 사용되던 표현이 무가치한 것으로 여겨진다. 40년대에 좋은 경험에 대한 표준적인 반응은 'swell(부풀다)'이라는 단어였다. 하지만 이 단어는 곧 "cool(멋진)", "groovy(매력적인)", "neat(고상한)"라는 단어들에 자리를 내주었다. 10대들 사이에 통용되는 말들을 이해하는 것은 나이가 들어가는 성인들에게는 거의 불가능한 일이다. 구절과 단어들은 우리가 따라가기에는 너무 빨리 변한다. 이들을 좇아가는 것은 그저 어리석게 보일뿐이다. 그들만의 언어로 십대들과 대화를 시도하자마자 그들은 재빨리 우리가 사용하는 뒤떨어진 단어를 써서 보조를 맞출 때 그들의 얼굴에 나타나는 웃음을 보게 된다.

하지만 섭리라는 단어는 그 의미가 너무나 풍부하고 중요한 신학적 뉘앙스로 가득차 있어서 우리가 쓰는 일상 언어에서 사라지게끔 내버려 둘 수가 없다. 섭리는 어느 특정한 세대를 위한 속어가 아니라 수세기에 걸친 역사적 중요성을 가진 용어이다. 시대를 초월한 성경 속의 내용에 뿌리를 박고 있는 가장 중요한 신학적 용어이다.

신뢰의 문제

섭리(providence)라는 단어는 라틴어의 접두어와 어근에서 파생된 말이다. 접두어 pro는 "앞, 앞에"라는 의미를 갖는다. 기본적인 어근은 라틴어인 videre에서 온 것인데 "보다"는 의미를 갖는다. 우리는 텔레비전의 영향을 심하게 받는 문화에서 살고 있으므로 이 어근은 현재의 언어에서 두드러지게 나타난다. 접두어와 어근을 합해 놓으면 "앞서서 보다(to see before)"라는 의미를 가지는 단어가 된다. 따라서 우리는 섭리라는 말이 하나님의 미리 아심, 미리 내다 보는 것을 지칭한다고 결론을 내고 싶을 수도 있다. 하지만 섭리라는 개념이 하나님의 미리 아심을 어느 정도 포함하지만 이 의미가 섭리의 전부는 결코 아니다. 섭리는 미리 아심의 단순한 동의어가 아니다. 섭리의 개념은 광범위하고 넓은 영역에 걸친 하나님의 일하심이다.

첫 번째로 섭리라는 말은 하나님의 백성을 향한 그분의 준비하심을 의미한다. 우리는 준비하심이라는 말을 미래의 필요와 긴급한 사태를 위해 비축해두는 것을 지칭하는데 사용한다. 나는 당장 내일 나와 우리 가족을 위해 무엇이 필요한지 알지 못한다. 따라서 나는 내일을 위한 준비로써 오늘 어떤 조치를 취한다. 일기 예보에서 우리가 사는 플로리다 일대를 위협할 열대 폭풍과 허리케인이 상륙할 것을 경고할 때 아내는 욕조를 물로 채우고 음식과 다른 필수품들을 비축해 놓는다. 나는 내가 죽을 경우를 대비해 변호사를 만나서 아내와 아이들을 위한 유서를 작성해 놓았다.

하지만 가족의 미래를 위한 모든 준비에도 불구하고 그들의 삶은 전적으로 하나님의 손에 달려 있음을 깨닫는다. 나는 나 자신과 그들을 위해 가장 위대한 공급자인 하나님을 바라본다. 나의 운명과 내 가족을 다스리는 사람은 내가 아니다. 이 세상은 내게 속한 것이 아니라 하나님께 속해 있다. 내 가족을 주지사의 손에 맡기지 않는다. 훨씬 나은 손들이 있다. 나는 예수님의 충고를 심각하게 받아들인다.

"그러므로 내가 너희에게 말하니, 너희 목숨을 위하여 무엇을 먹을까, 무엇을 마실까, 너희 몸을 위하여 무엇을 입을까 걱정하지 마라. 목숨이 음식보다 소중하고 몸이 옷보다 소중하지 않느냐? 공중의 새들을 보아라. 그것들은 씨를 뿌리지도 않고 거두지도 않으며 곳간에 모아들이지도 않는다. 하지만 너희 하늘 아버지께서 그것들을 먹이신다. 너희는 그 새들보다 훨씬 귀하지 않느냐? 너희 가운데 누가 걱정한다고 해서 자기 키를 한 규빗이라도 늘일 수 있느냐? 또 너희는 왜 옷에 대하여 걱정하느냐? 들판의 백합꽃들이 어떻게 자라는지 살펴보아라. 그것들은 수고도 하지 않고 옷감도 자지 않는다. 그러나 내가 너희에게 말하니, 솔로몬이 그의 모든 영광으로도 이 꽃 하나만큼 차려입지 못하였다. 오늘 있다가 내일 아궁이에 던져지는 들풀도 하나님께서 이렇게 입히신다면, 하물며 너희는 더 잘 입히시지 않겠느냐? 믿음이 작은 자들아. 그러므로 '무엇을 입을까, 무엇을 마실까, 무엇을 입을까?' 하면서 걱정하지 마라. 이 모든 것들은 이방인들이 찾는 것들이기 때문이다. 너희 하늘 아버지께서는 너희에게 이 모든 것들이 필요하다는 것을 아신다. 오직 너희는 먼저 "하나님 나라와 그분의 의를 찾아라. 그러면 이 모든 것들을 너희에게 더하여 주실 것이다. 그러므로 내일을 걱정하지 마라. 내일은 내 일이 염려할 것이고, 한 날의 괴로움은 그날로 충분하다."(마 6:25-34)

예수님의 이런 말씀이 책임있는 청지기 삶을 금하시는 것은 아니다. 이 말씀은 염려에 대한 교훈을 위해 주신 것이다. 우리는 미래의 필요에 대해서 두려워 할 필요가 없다. 우리는 불안이라는 굴레 속에서 살아갈 수 없다. 우리의 염려와 불안은 하나님의 섭리에 대한 신뢰로 덜어지게 된다. 백합화는 염주를 돌리거나 상담가를 만날 필요가 전혀 없다.

문제는 어디에 초점을 맞추느냐에 있다. 하나님의 나라와 그의 의를 구하는데 열심을 낸다면 이 땅에서의 필요는 분명하게 해결될 것이다. 다윗이 말했듯이 "내가 어려서부터 늙을 때까지 의로운 자가 버림을 당하거나 그의 후손이 걸식함을 보지 못하였다"(시 37:25).

산상수훈에서 예수님의 가르침은 하나님의 섭리를 주목할 것을 가르친다. 주님은 섭리의 손을 통해 공중의 새들이 먹을 것을 공급받음을 말씀하시고 우리가 새보다 더 귀한 존재라고 역설하신다. 비교하는 부분은 "훨씬 더"라는 개념에 있다. 하나님은 그분의 자녀들의 삶에 동물 세계의 가치를 초과하는 최상의 가치를 부여하신다. 하지만 하나님의 섭리적 돌보심은 인간과 다른 동물 모두에게 미친다. 하나님은 우리의 머리털을 세실 뿐 아니라 참새 하나 떨어지는 것까지도 주목하신다. 유명한 복음성가에서 들을 수 있듯이 하나님은 참새 한 마리도 바라보시고 동시에 우리들도 지켜보신다.

섭리라는 용어는 '보다' 혹은 '시각'을 의미하는 라틴어에 뿌리를 두고 있기 때문에 하나님이 단지 인간의 행동을 지켜보신다는 신학적 적용으로 마무리 지으려는 생각에 빠질 수 있다. 하나님은 인간사를 그저 바라만 보시는 분이 아니다. 요점은 하나님이 인간의 모든 삶을 돌보신다는 것이다. 지켜보실 뿐 아니라 우리를 돌보신다. 자녀들이 할 수 있는 가장 단순한 기도는 "아빠, 엄마, 할머니를 지켜주세요"와 같은 것이다.

하나님의 섭리의 중심부에는 우리를 돌보신다는 개념이 있다. 섭리라는 말 속에는 피조물을 하나님이 아버지로서 돌보신다는 의미가 있다. 이는 하나님이 인간사에 개입하심을 말한다. 하나님은 아리스토텔레스가 말하는 신의 개념인 '부동의 작동자'(the unmoved mover)처럼 인간사와는 동떨어져서 무관심하게 있는 분이 아니다. 윌 듀란트가 한 번은 아리스토텔레스의 신을 왕위에 앉아 있지만 실제로 다스리지는 않는 영국의 군주로 빗대어 말한 적이 있다. 성경의 하나님은 아무일도 하시지 않는 분이 아니다. 그 분은 세상을 통치하고 다스리시기 위해 움직이시고 일하시는 하나님이시다.

이신론(deism)과 신이신론(neo-deism)은 아리스토텔레스의 신, 즉 정교한 시계를 설계하고 제조해서 작동하게 한 후에는 스스로 시계가 돌아가도록 내버려 두는 뛰어난 시계 제조자에 더 가깝다. 이런 관점은 자연 법칙을 볼 때 위로부터의 개입을 허용하지 않는, 하나님의 섭리와는 어느 정도 독립적으로 작동되는 질서로 간주한다. 이런 법칙들은 고정되어 있고 기계적이다. 대조적으로 그리스도인의 믿음은 자연 법칙을 허용하지만 이런 법칙을 하나님의 질서로 간주하고 그 분의 주권적 다스림 밑에 항상 놓는다. 자연 법칙은 하나님이 우주를 다스리시는 정상적 일상적 방식을 반영한다.

하나님의 보존

필요한 것을 공급하심은 중단 없이 보존될 수 있도록 하시는 것과 관계가 있다. 보존은 일이 진행되도록 하거나 계속해서 생존하기 위해 필요한 것이다. 고대 히브리인은 하나님이 자신의 백성들을 복주실 뿐 아니라 지키시도록 축복하는 기도를 올렸다. 이 축복기도는 하나님의 백성이 보존되는 것에 깊은 관심을 기울인다.

하나님의 보존은 창조의 성경적 개념과 일치된다. 성경의 시작은 "태초에 하나님께서 하늘과 땅을 창조하셨다"이다. "창조하다"에 해당하는 히브리어는 바라(ברא)라는 단어이다. 이 바라(ברא)라는 말에는 보존이라는 개념이 들어 있다.

우리는 유추를 위해 음악의 영역을 살펴볼 수 있다. 우리는 스타카토의 음표가 어떤 소리를 내는지를 안다. 짧고, 간결하고, 갑작스러운 경적소리와 같다. 반대로 음조가 유지되면 음은 길어지고 지속성을 갖게 된다. 피아노로 음표에 해당하는 건반을 치고 음을 유지하기 위해 페달을 밟을 수 있다. 마찬가지로 하나님의 창조 사역은 스타카토와 같은 행위가 아니다. 하나님은 창조하신 것을 보존하신다. 무에서 창조하실 뿐 아니라 그들의 존재가 보존되게 하신다. 이에 대한 성경적인 용어는 '붙드심(upholding)' 이다.

> 옛적에 선지자들을 통하여 여러 번, 여러 모양으로 조상들에게 말씀하신 하나님께서 이 마지막 날들에 아들을 통하여 우리에게 말씀하셨으니, 하나님께서 그 아들을 만물의 상속자로 세우시고, 또 그분을 통하여 온 세대를 지으셨다. 그 분은 하나님의 영광의 광채이시고 본체의 형상이시다. 또한 자신의 능력의 말씀으로 만물을 붙드시고, 죄를 정결케 하는 일을 하시고, 높은 곳에 계신 위엄 있는 분의 오른편에 앉으셨다. (히 1:1-3)

이 본문에서 그리스도를 언급한 것은 "자신의 능력의 말씀으로 만물을 붙드시는" 분이기 때문이다.

웨스트민스터 신앙고백은 하나님의 섭리를 다음과 같이 정의한다.

> 만물의 위대한 창조자 하나님께서는 모든 피조물들과 그것들의 움직임과 사건들을 보존하고, 감독하시고, 처리하시고, 통치하신다. 그는 가장 큰 것으로부터 가장 작은 것에 이르기까지 그렇게 하시며, 그의 가장 지혜롭고 거룩한 섭리에 의하여, 그의 무오한 예지와 그 자신의 의지의 자유롭고 불변하는 계획을 따라서 하신다. 이로써 그의 지혜,

능력, 정의, 선하심 그리고 자비의 영광을 찬미케 하신다. (신앙고백 5장 1절)

이 고백서의 정의는 하나님의 섭리의 여러 측면을 이야기한다. 우리는 그 부분들에 대해서 나중에 자세히 살펴볼 것이다. 지금은 피조세계를 붙드시는 창조주의 사역에 대한 첫 번째 단언에 집중할 것이다. 이렇게 붙드시는 사역은 만물과 그것들의 움직임과 사건들의 가장 큰 것에서부터 가장 작은 것에까지 이른다는 것을 주목해야 한다. 이 고백서는 하나님의 섭리를 통해 보존되는 영역을 일컬으며 존재하는 모든 것을 포함한다. 하나님의 관심은 단순히 "큰 그림"에만 있는 것이 아니다. 피조물을 경영하시는 하나님의 사역은 미시적인 것을 포함하며 가장 세세한 것까지도 관심을 갖고 개입하신다.

이 고백서는 하나님이 만물을 섭리적으로 붙드시는 것은 "가장 지혜롭고 거룩한 섭리에 의하여"임을 말한다. 이 구절에서 '의하여' 라는 말은 하나님이 붙드시는 것을 보존하는 방편을 의미한다. 여기에서 방편은 하나님의 지혜와 거룩함에 뿌리를 둔다. 이 부사적 한정사를 말로만 지나쳐서는 안된다. 피조세계를 지탱하시는 하나님의 사역은 그 분의 지혜에 근거를 둔다. 유한한 자로서 우리는 아주 짧은 시간만 혹은 너무 오랜 시간동안 어떤 일에 매달리는 실수를 하기 쉽다. 주식시장에 투기하는 사람 중 너무 일찍 팔거나 뒤늦게 매입했다고 후회하지 않은 사람은 없을 것이다. 하나님은 세상을 붙들어 나가시는 데 있어서 실수를 하지 않으신다. 하나님은 그 분의 완벽한 지혜로 붙드시기 때문에 무엇이든지 정확하게 완전할 정도로 보존해 나가신다.

만물을 붙드시는 하나님의 사역은 거룩한 보존의 사역이다. 이런 관점에서 거룩함이라는 말은 그분의 초월적 장엄함과 완전한 의를 동시에 일컫는다. 하나님의 보존의 사역에서 지성, 지혜, 혹은 의는 미세한 흠조차 없다. 하나님은 의롭게 세상을 보존하신다. 때때로 우리는 지속되는 고통과 번민에 대해 의문을 갖고 질문한다. "여호와여 언제까지 이런 일을 참아야 합니까?" 우리는 하나님이 왜 악을 제지하지 않으시고 허락하시는지 질문한다. 그럼에도 만물의 존속은 하나님께 달려있고 그 기간은 하나님의 지혜와 거룩하신 계획에 따라 섭리에 의해서 결정된다.

또한 우리는 하나님이 미리 아심에 따라 만물을 보존하시는 사역에 주목한다. 우리는 그 분의 미리 아심에는 오류가 없다는 것을 고백한다. 하나님은 예측을 위해서 추측에 의존하시지 않는다. 가능성을 가늠하기 위해 전광판을 바라보지 않으신다. 하나님의 미리 아심에는 오류가 없고 절대적이다. 하나님이 이미 알지 못하시는 미래의 일은 아무것도 없다. 시작부터 마지막까지 다 아신다. 미래에 일어날 모든 우발적 사건은 아시지만 우연적으로 아시는 것은 아니다. 즉 미래의 가능성에 대해 하나님께 질문을 할 수 있다면 그는 "상황이 어떤가에 달려있다"고 대답하시지 않을 것이다.

피조물의 관점에서 미래를 우발적 사건이라는 견지에서 바라보게 된다. A라는 계획이 실패로 끝이 날 경우를 대비해 우리는 B라는 계획을 세워 놓을 것이다. 유한한 지성에게는 미래의 사건이 우발적인 것처럼 보인다. 그 이유는 우리가 제한적인 존재이기 때문이다. 우리는 자신의 존재를 위해 외부의 것에 의존해야 한다. 하지만 하나님은 의존적이거나 우발적인 존재가 아니다. 하나님은 자신이 절대적으로 아시는 것을 아신다. 하나님은 미리 아시는 것을 또한 미리 정하시기 때문에 미리 아시는 것을 아신다. 미래에 일어날 일들을 "하나님께서 뜻하신 것(Deo Volente)"으로 고백하는 것은 성경적인 근거가 있다. 하나님은 뜻하시는 하나님(Deus Volens)이시기 때문에 그렇게 말씀하실 필요가 없다.

하나님은 그분의 뜻의 자유롭고 변치않는 계획에 따라 만물을 지탱하신다. 이것을 이해하는 것이 중요하다. 하나님의 보존하시는 섭리는 그 분의 뜻에 따른 것이고 하나님의 뜻은 절대적으로 자유로운 것이다. 다른 어떤 것의 굴레나 영향력이 없이 결정된 것이다. 우리의 변덕이나 행위의 구속을 받지 않는다. 하나님의 뜻은 자유로울 뿐 아니라 변함이 없으시다. 어떤 것도 하나님의 자유를 변경시킬 수 없고 방해할 수 없다. 하나님의 계획은 영원하다. 새로운 정보 때문에 마음을 바꾸시거나 오류를 시정할 필요도 없으시다. 하나님은 어떤 결함도 없는 영원한 계획을 갖고 계시다. 하나님에게는 B라는 계획이 필요없다. 하나님은 존재 자체가 불변하시기 때문에 계획의 변함이 없으시다. 미리 아심에도 변경이 없으시다. 하나님의 전지전능하심은 약해짐이 없으시다. 그 분의 지혜도 실패가 없으시다. 하나님의 기억은 영원히 지워지지 않는다. 그 분의 존재나 성품은 늘 동일하다.

최고로 가능한 선

어떤 목적으로 하나님은 만물을 붙드시는가? 그것은 하나님의 영광을 찬양하도록 하기 위해서다. 이는 일종의 자기중심성을 시사하며 그것은 죄로 생각하도록 배웠기 때문에 전적으로 받아들이기 어려운 개념이다. 사실 어떤 피조물에게도 자기중심성은 죄다. 유한적 존재인 우리는 모든 생각에서 하나님 중심적이어야 한다. 피조물에게 하나님 중심은 미덕이고 자기중심은 악이다. 하지만 하나님에게 자기중심은 그것 자체가 하나님 중심이기 때문에 순전한 미덕이 된다. 우리가 하나님 중심이 되는 것은 우리의 모든 관심을 가장 완전한 존재에게 쏟아 붓는 것이다. 이는 하나님을 위한 것이다.

섭리 가운데 하나님이 행하시는 것은 우리를 위한 것이지만 가장 큰 미덕은 하나님 자신의 영광 가운데서 발견된다. 하나님이 피조물을 붙드시는 것은 이를 통해 자신의 영광을 가져오고 이 영광은 악이 아니라 최고의 선이다. 하나님이 자신 보다 못한 다른 것에 집중하신다면 그것은 결함을 반영하는 것이고 자신을 하나님보다 못한 존재로 찬양받기에 합당하지 못하게 만드시는 것이다.

피조물에게 필요한 것을 준비하시고 그들을 지탱하심으로 자신의 영원한 영광을 선포하신다는 사실은 달콤하며 뛰어난 역설이다.

칼빈은 이에 대해 기독교 강요에서 고백한다.

우선 독자들은 우리가 의미하는 섭리는 하늘에서 가만히 앉아 세상에서 일어나는 일을 지켜보는 신이 아니라 배의 키를 잡고 모든 사물의 모든 것을 결정하시는 하나님의 섭리임을 기억해야 한다. 그래야 비로소 하나님의 섭리는 눈에서 그치는 것이 아니라 손으로 다스리시는 데까지 이른다. 다시 말해 하나님은 지켜보실 뿐 아니라 뜻하신 대로 모든 일이 진행되도록 명령하시는 분인 것이다. (기독교강요 I. xvi.4)

이러한 섭리의 사역 속에서 하나님의 지혜, 권세, 정의, 선, 자비의 영광이 세상에 선포되게 된다.

3장

공급으로서의 섭리

"아브라함은 아침에 일찍 일어나 ..." (창 22:3)

아브라함이 잠에서 깨어나는 시간을 일컫는 간결하면서도 너무나 평이한 이 문장은 수 많은 추측의 주제가 되어왔다. 왜 아브라함은 너무나도 끔찍한 하나님의 명령을 수행해야 하는 이 날에 일찍 자리에서 일어났을까?

네덜란드의 철학자 쇠렌 키에르케고르는 『절망과 공포』라는 책에서 이 구절을 계속해서 살펴보며 아브라함이 일찍 일어났던 이유를 알려고 애썼다. 하나님께서 주신 명령을 재빨리 순종하고 싶었기 때문이었나? 아니면 하나님의 명하신 내용 때문에 더 이상 잠을 청할 수 없을 정도로 영혼이 번민했기 때문이었나?

성경은 이 문제에 대해 대답하지 않는다. 그저 우리의 상상력을 동원하는 수밖에 없다. 하지만 아브라함이 일찍 일어난 것은 하나님의 뜻을 따르려는 열정보다는 번민과 더 큰 관련이 있는 것 같다. 그는 우리와 비슷한 정서를 가진 사람이다. 하나님이 명하신 것은 어떤 사람에게도 분명 충격으로 다가올 것이다. 하나님은 아브라함에게 키에르케고르의 소위 "윤리적인 것의 일시적 유보"라 불리는 명령을 따르도록 하셨다. 하나님은 아브라함에게 살인을 저지르도록 명령하셨다. 그것도 일반적인 살인이 아니라 아브라함 자신의 아들을 죽이도록 명령하셨다.

이 명령은 시내산에서 모세에게 십계명이 주어지기 전에 아브라함에게 명하신 것이었다. 율법이 아직 돌판에 새겨지지도 않은 때였다. 아직 "살인하지 말라"는 명령이 기록되지 않았다. 하지만 시내산에서의 특별계시가 있기 전이라도 율법은 이미 인간의 마음판에 본성이라는 형태로 기록되어 있었다. 모세가 태어나기 오래 전에 가인은 벌써 형제를 죽이는 것이 창조질서 속에서 끔찍한 범죄라는 것을 이미 알고 있었다. 아벨의 피의 절규가 오랜 세월 전해져 내려왔다. 사람의 생명에 대한 공격이 나님의 이미지를 지닌 자에 대한 공격이기 때문에 살인은 극단적인 범죄이자 하나님에 대한 죄가 된다는 사실이 노아와 그 후손에게 명백하게 계시되었다.

아브라함도 살인이 하나님의 법을 정면으로 깨뜨리는 것임을 분명히 알고 있었다. 그러나 아브라함의 다음 세대가 하나님으로 경외해야 할 바로 그 하나님의 성품에 완전히 배치되는 말씀을 그 분명하게 직접적으로 들은 것이다. 이 말씀은 하나님이 인간에게 주신 가장 어려운 시험중 하나였다. 창세기 22장에서 이 시험을 읽을 수 있다.

이 일들 후에 하나님께서 아브라함을 시험하시려고 "아브라함아" 하고 그를 부르시니, 아브라함이 "예, 제가 여기 있습니다" 하고 대답하였다. 하나님께서 말씀하시기를 "네 아들, 곧 네가 사랑하는 너의 외아들 이삭을 데리고 모리아 땅으로 가서 내가 네게 말해 주는 한 산 위, 거기서 그를 번제로 드려라" 하시니. (창 22:1-2)

아브라함의 인생에 있어 가슴에 사무칠 사건을 간략하게 요약한 위의 글에는 많은 의미가 담겨있다. 하나님은 아브라함을 시험하기 위해 부르셨고 실제로 가장 큰 시험이었다. 이 지점까지 아브라함의 삶의 특징은 하나님을 전적으로 신뢰하는 것이었다. 그는 낯선 하나님의 부르심에 따라 미지의 나라로 여행하기 위해 친숙했던 고향과 모든 것을 떠난 사람이다. 이 하나님은 그에게 놀랄만한 약속을 했고 이를 확증하기 위한 신성한 언약을 맺었다. 하나님은 노년의 아브라함에게 큰 나라의 아비가 되고 후손은 하늘의 별과 바다의 모래와 같을 것이라는 약속을 주셨다.

이 약속은 부인인 사라가 나이 들어 아이를 날 수 없었을 때 아브라함에게 주어진 것이다. 하지만 아브라함은 하나님을 믿었고 약속이 언젠가는 실현되고 상속자는 다메섹의 엘리에셀이 아니라 자신의 허리에서 나온 아들, 즉 골육에 속한 자가 될 것이라는 희망을 버리지 않았다.

아브라함은 약속이 실현될 것을 확신하기 위해 몇 가지 절차를 확실하게 밟았다. 먼저 부인의 하녀인 하갈에게서 한 아이를 낳았다. 그러나 이 아들 이스마엘은 약속의 자녀가 아니었다. 하나님의 약속은 재빨리 성취되지 않았다. 아브라함은 십년 간 아내가 임신하길 기다렸다. 그녀는 자신이 아기를 낳을 것이라는 생각에 웃었다. 그녀는 실제로 아들을 낳았을 때 그 웃음을 기억하고서 자녀에게 이삭 즉 웃음이라는 의미를 가진 이름을 지어 주었다.

이삭이 태어났을 때 아브라함은 하나님이 그에게 주신 약속이 구체적으로 실현되는 것을 목격했다. 불가능한 꿈이 실현되었고 언약의 약속의 씨는 지금 살아있다. 하나님이 약속의 아이를 죽이라고 요구했을 때 가장 큰 시험에 아브라함은 직면하게 되었다.

우리는 하나님의 명령이 고통스러울 정도로 구체적이라는 사실에 주목한다. 하나님은 아브라함에게 단순히 "네 아들을 죽이라"고 명령하시지 않았다. 하나님의 명령이 이렇듯 특정한 아들을 지칭하지 않았더라면 아브라함은 이스마엘을 곧바로 희생제사로 드렸을 것이다. 하지만 하나님은 모호한 부분을 전혀 남겨 두시지 않으셨다. 하나님은 아브라함에게 사랑하는 아들을 취하라고 명령하셨다. 누구를 희생해야 할지에 대해 전혀 의심이 없도록 하나님은 말씀하셨다. "네 아들 곧 네가 사랑하는 외아들 이삭을 데리고…"라고 말씀하셨다. 만약 이스마엘을 말씀하셨다면 아브라함은 이해했을 지도 모른다. 하지만 이삭이라면? 실제적인 의미에서 이삭은 아브라함의 외아들이었다. 분명히 이삭은 아브라함이 자신의 생명보다 더 사랑했던 아들이었다. 이삭보다 그에게 더 소중한 것은 없었다. 하지만 모리아 산에 제물로 바쳐져야 할 자는 바로 약속의 자녀, 아브라함에게 미래의 후손을 가져다 줄 유일한 희망인 이삭이었다.

아브라함이 아침에 일찍 일어났던 것은 이런 섬뜩한 명령때문이었다. 성경의 진술은 계속된다.

아브라함은 아침에 일찍 일어나 그의 나귀에 안장을 지우고 두 종과 함께 아들 이삭을 데리고 번제에 쓸 나무를 쪼개어 가지고 일어나 하

> 나님께서 자기에게 말씀하신 곳으로 갔다. (창 22:3)

이야기가 구체적으로 진행되면서 우리는 더욱 놀라게 된다. 일찍 일어난 후에 아브라함은 나귀에 안장을 지우기 위해 나아갔다. 이토록 이야기가 구체적인 것이 놀랍다. 아브라함은 그 지역에서 가장 부유한 사람중의 하나였다. 그에게는 자신이 마음대로 부릴 수 있는 많은 하인들이 있었다. 아브라함은 나이까지도 많았다. 나이가 있으면서도 부유했던 사람이 나귀에 안장을 지우는 것과 같은 일을 하기는 쉽지 않다. 하지만 아브라함은 홀로 이 일을 했다.

우리는 아브라함이 친히 번제를 드리는데 사용할 나무를 쪼갰다는 말씀을 읽게 된다. 이런 행동을 무시무시하게 들린다. 이는 마조키즘에 빠진 사람이나 하는 것이 아닌가? 도대체 나무를 쪼개면서 무슨 생각을 하고 있었을까? 한 때 마틴 루터가 그랬던 것처럼 육체 노동을 통해 카타르시스를 얻고자 했을까? 루터는 울적한 기분이나 우울함에 시달릴 때 마음의 번민을 쫓기 위해 육체 노동에 몰입한다고 말했다.

지난날 어린 손녀가 의료선교사인 아버지의 가방 안에 든 약을 다량으로 먹고 죽은 어느 피아노 할머니선생을 알고 있다. 그녀는 아이의 죽음으로 인해 비탄에 빠졌다. 그녀는 건반위에서 손가락이 움직일 때마다 슬픔이 줄어드는 것을 느낄 수 있어서 피아노에서 위안을 찾는다고 말했다. 이로 미루어 보건대, 아마도 도끼는 아브라함에게 있어 피아노 건반이자 그 날 아침의 격한 감정을 다스릴 수 있는 육체 노동이었을 것이다. 도끼를 휘두를 때마다 극심한 고통이 나무로 옮겨졌을 것이다.

준비 작업이 끝났을 때 아브라함은 다시 일어나 하나님이 지시하신 곳을 향해 출발했다. 오랜 뒤에 하나님의 아들이 행하실 십자가 사건의 경우처럼 아브라함은 운명의 산을 묵묵히 향했다. 이 여행은 상당한 거리와 시간 때문에 한층 더 고통스러웠을 것이 분명하다. 금방 끝내 버릴 수 있는 일이 아니었다. 앞에 놓여 있는 일이 무엇인지를 생각할 충분한 시간이 있었다.

모리아 산으로 향하는 아브라함의 마음이 어떠했는지를 짐작 하기란 매우 어려울 것이다. 나는 하나님의 영광을 위해 아들을 죽이라는 부르심을 받아본 경험이 없다. 내가 경험한 가장 비슷한 일은 이와 비교해 보면 아주 하찮은 일일 것이다. 내 아들이 아니라 내가 키우던 개에게서 경험한 일이다.

1971년에 리고니에 사역을 시작했을 때 우리 사역을 돕던 도라 힐맨 여사가 두 마리의 어린 독일 셰퍼드를 선물로 주었다. 종려 주일에 태어난 두 마리의 강아지였다. 그녀는 강아지의 이름을 할렐루야와 호산나라고 붙였다. 할리는 암컷이었고 호시는 수컷이었다. 이들은 최고의 품종이었고 수컷은 캐나다의 그랜드 빅터종이고 암컷은 피츠버그의 그 유명한 멜론산 최고종자였다. 호시는 전통적인 검은 색 독일 셰퍼드였다.

호시가 두 달 정도 되었을 때 어느 날 개 문을 열고 부엌으로 들어왔는데 얼굴이 정상보다 두 배나 부어있었다. 비틀거리고 있었고 방향 감각을 잃은 것 같았다. 나는 호시가 벌집을 건드리다 벌에게 쏘였다고 생각했다. 즉시로 근처의 수의사에게로 데려가서 치료를 받게 했다. 수의사가 검사를 하다가 머리에 나 있는 세 개의 깊은 이빨 자국을 발견했는데 아메리카 살모사나 방울뱀에게 물린 것 같았다. 뱀은 어린 강아지에게 치명적인 양의 독액을 뿜은 것이다. 수의사는 자신이 본 것 중에 가장 심각한 상태라고 말했고 예후가 좋지 않을 것이라 이야기했다. 그는 독사의 치사 능력이 대개 과장되어 있으나 예후는 물린 동물의 실제적 크기, 독액이 주사된 영역, 독액의 양을 포함한 여러 요소에 달려 있다고 설명했다. 설명에 따르면 호시는 심각한 위험에 처해 있었다. 수의사는 호시가 살아남기 위해서는 몇 가지의 심각한 위기 단계를 거쳐야 할 것이라고 계속 설명했다.

첫 번째 위기는 최초의 쇼크 상태와 독액 자체의 충격을 견뎌내는 것이었다. 두 번째는 심각하게 부은 것 때문에 겪는 위기였다. 수의사는 동물들은 자신의 눈이 부어서 보이지 않게 되어 일시적인 실명 상태에 이를 때 삶에 대한 의지가 줄어드는 것 같다고 말했다. 이차적인 반응도 치명적일 수 있다고 설명했다.

수의사는 해독제 주사와 다른 약들을 처방했고 다음 48시간이 매우 위험하다고 말했다. 이틀 후에 수의사가 전화를 걸어와 호시가 첫 번째 위기 단계는 잘 넘겼지만 2주 동안은 병원에 있어야 할 것이라고 말했다. 그 시간이 지난 후에 의사는 전화를 통해 호시가 충분히 회복을 하여 집으로 돌아갈 것이라고 전했다. 이 소식에 마음의 짐이 상당히 덜어짐을 느꼈다.

그 때 의사가 한 가지 단서를 달았다. 독사에게 물렸을 때 이차적인 반응으로 인해 물린 부분의 피부조직이 괴사할 수 있다고 말했다. 수의사는 뱀의 독이 조직을 괴사시켜서 그 부위가 썩어서 떨어져 나가게 하고 있다고 설명했다. 그는 호시의 얼굴이 영구적으로 손상되었기 때문에 소름끼치는 모습을 받아들일 준비를 해야 한다고 말했다.

수의사가 말한 경고의 모든 내용에도 불구하고 호시의 모습과 마주쳤을 때 내 자신은 전혀 준비가 되어 있지 않다는 것을 깨닫게 되었다. 호시를 퇴원시키기 위해 병원에 도착했을 때 얼굴 피부 조직이 상당 부분 썩어가서 얼굴을 덮고 있던 피부가 떨어져 나간 모습을 보게 되었다. 힘줄과 조직이 드러나고 살이 썩어가면서 지저분한 냄새가 진동했다. 나는 몸을 구푸려서 호시를 안아 차에 앉히고 집으로 데리고 왔다. 수의사는 피부조직이 재생되는 데 도움을 줄 특별한 연고가 든 커다란 약통을 건넸다. 하루에 두 번 2주를 발라주어야 했다. 의사는 연고를 바를 때 착용할 외과 수술용 장갑 한 짝도 주었다.

호시와 함께 집에 도착했을 때 차고에 특별하게 만든 누울 자리도 준비했다. 살이 곪으면서 나는 냄새가 너무 지독해서 호시를 집안으로 데리고 들어올 수가 없었다. 다음날 처음으로 얼굴에 연고를 발라주는 작업을 했다. 온갖 종류의 끈적거리는 액체가 흐르는 얼굴을 만지는 것은 고사하고 호시 가까이에 가는 것조차도 심한 불쾌감을 느낄 정도의 잊기 힘든 경험이었다. 어쩔 줄 몰라 하며 위축되는 호시의 모습을 보았을 때 마치 나의 불안감과 불쾌감을 알아차린 것처럼 보였다. 호시는 더 이상 빼어난 외모를 가진 최고 품종의 독일 셰퍼드가 아니었다. 이제는 불쌍한 한 마리의 개였다. 호시가 중독으로 인한 일차적 충격으로 죽었다면 차라리 낫지 않았을까도 생각해 보았다.

연고를 처음으로 바르기 위해 호시 옆에 무릎을 꿇었을 때 울컥 치밀었던 마음을 설명하는 것은 감상적으로 보일 수도 있을 것이다. 하지만 당시에 그런 느낌은 너무나 생생했다. 외과 수술용 장갑을 끼고 냄새를 맡지 않기 위해 숨을 참고 소름끼치는 얼굴을 억지로 만졌다. 그러는 중에 나는 인간과 동물 사이에 부인할 수 없는 의사소통같은 것이 일어났다는 것을 느꼈다. 연민과 고통의 순간이었다. 마치 자신을 돌보아주는 것이 얼마나 어려운 것인지를 이해해주는 것 같았다. 나는 호시의 눈을 통해 그 마음을 읽을 수 있었다. 호시의 눈은 그 마음을 들여다 볼 수 있는 창문과 같았다. 장갑을 낀 손으로 피부를 만질 때 사랑의 끈으로 이어지는 일이 생겼다. 연고가 고통을 누그러뜨린다는 것을 즉각적으로 알 수 있었다. 그 후로는 전혀 혐오감을 느끼지 않고 맨손으로 하루에 두 번씩 연고를 바를 수 있었다.

시간이 지나면서 호시는 건강을 회복하고 집안의 일상적 삶으로 복귀했다. 얼굴은 정상적인 피부가 아니고 딱딱한 가죽과 같은 흉터로 덮였다. 흉터 조직이 자라면서 얼굴은 마치 짖는 듯한 형상으로 고정되어 보였으나 나는 미소라고 생각하고 싶었다.

호시는 완전하게 회복되었다. 다 자란 개로서 40킬로그램이 넘었고 가슴은 두툼했고 성격은 놀라울 정도로 유순했다. 이제는 뗄 수 없는 동료가 되었다. 강의를 할 때면 연단 옆에서 자고는 했다. 짝인 할리와 함께 호시는 귀여운 강아지들을 낳았고 그중 몇 마리는 주 경찰견으로 일하도록 훈련을 받았다.

호시는 깃털로 덮인 뇌조를 사냥하러 알레게니 산의 숲속으로 갈 때 마다 나와 함께 있기를 좋아 했다. 한 번은 호시와 사냥하러 갔을 때 길을 가로 막고 있는 철책 펜스에 다다른 적이 있었다. 안전 수칙에 따라 펜스 밑으로 총을 조심스럽게 밀어 넣고 펜스를 통과하려 했다. 펜스를 넘어가기 시작했을 때 양털로 된 코트가 가시 철사에 걸렸다. 철사를 펴서 빠져 나오려고 애쓰다가 펜스 너머로 머리부터 떨어져 버렸다. 나는 돌멩이가 무성한 위로 심하게 떨어졌고 등은 날카로운 바위에 부딪혔다. 일시적으로 정신을 잃고 마비상태가 왔다. 돌무더기 위에서 움직일 수 없었다. 호시는 즉시로 내가 처한 상황을 감지했고 영화에 나오는 영웅적인 개처럼 코를 내 팔 밑에 밀어 넣고 호시의 튼튼한 목을 감싸 안을 수 있게 해주었다. 목을 붙들고 있는 사이에 호시는 돌무더기에서 나를 끌어내 주었다. 잠시 후 감각이 몸으로 돌아왔고 일어나 집으로 무사히 돌아올 수 있었다.

이년 후에 호시가 부엌에서 갑작스럽게 경련을 일으키기 시작했다. 수의사에게 데려 갔을 때 그는 약을 처방해 주었지만 고통을 지속적으로 누그러뜨릴 수 없었다. 몇 주 동안 호시는 하루에 다섯 번에서 여덟 번 까지 경련을 일으켰다. 수의사는 발작이 뱀에게 물린데서 기인한 뇌 손상이 남아있기 때문이라고 말했다. 수의사는 호시를 안락사 시킬 것을 권장했다.

호시를 집으로 데려오고 수의사의 조언을 곰곰이 생각해 보았다. 의학적으로 생명을 종식시키는 절차는 비용이 많이 드는 것이었다. 나는 아내에게 이야기했다. "아마도 사냥했을 때처럼 이제는 내가 호시를 숲 속에서 꺼내 줘야 할 것 같아. 호시가 볼 수 없을 때 사냥총으로 고통 없이 비용도 들지 않고 안락사 시킬 수 있잖아." 하지만 그렇게 말하면서도 결코 그렇게 할 수 없다는 것을 알았다. 호시에게 총을 갖다 대는 것을 상상만 해도 방아쇠를 당길 수 없다는 것을 알았다. 나는 아내에게 호시를 안락사 시키기 위해 수의사에게 데리고 가는 것도 못하겠다고 말했다. 그래서 수의사에게 호시를 데려다 줄 학생을 알아봐 달라고 아내에게 말했다. 하지만 이미 그 일이 진행되고 있는지도 몰랐다.

이틀 후 강의를 마치고 집에 돌아 왔는데 아내가 내게 "다 끝났어요. 호시는 이제 떠났어요."라고 말했다.

살면서 경험한 이 이야기는 함께 살았던 개에 관한 것이다. 내 아들과 얽힌 경험이 아니었다. 나는 거의 희망이 없을 정도로 아팠던 개를 죽이는 것도 할 수 없었다. 아브라함의 상황과는 근본적으로 달랐지만 아브라함이 직면했던 정황을 깊이 이해할 수 있도록 해주는 경험이었다. 하나님은 아브라함에게 기르던 개를 죽이라고 명하지 않으셨다. 하나님은 그가 사랑했던 독자를 죽이라고 명령하셨다.

아브라함은 사흘 동안 모리아 산을 향해 아들과 함께 걸었다. 이삭은 무슨 일이 벌어지고 있는지도 몰랐다. 성경은 말한다.

> 셋째날에 아브라함이 눈을 들어 멀리서 그 곳을 바라보고 아브라함이 종들에게 말하기를 "너희는 나귀와 함께 여기 머물러라. 나와 아이는 저기로 가서 우리가 예배하고 우리가 너희에게로 오겠다." 하고
> (창 22:4-5)

사흘 간의 고통스런 여행에도 아브라함과 이삭은 여전히 목적지에는 이르지 못했다. 모리아 산은 눈에 보였지만 여전히 멀리 떨어져 있었다. 이 지점에서 아브라함은 종들에게 멈추어서 당나귀와 함께 기다리라고 말했고 그와 아들은 계속 걸어갔다. 아브라함은 산에서 하나님께 예배한 후에 돌아오겠다고 말했다. 그는 "우리가 돌아올 것

이다"로 말했다. 나는 아브라함이 왜 이렇게 말했는지를 단지 추측만 할 수 있을 뿐이다. 이는 하나님이 자신의 명령을 취소하시게끔 하는 꺾일 수 없는 믿음의 표현인가? 종들과 이삭에게서 자신의 진짜 사명이 무엇인지를 숨기려고 하는 시도였나? 나는 알 수 없지만 그가 이 말을 했을 때 그는 그렇게 되기를 진실로 바랬던 것이다.

아브라함과 이삭 간에 주고 받은 대화는 한층 더 마음을 아프게 한다.

> 아브라함이 번제에 쓸 나무를 들어 아들 이삭에게 지워 주고, 그는 불과 칼을 손에 들었고 그들 두 사람이 함께 걸어갔다. 이삭이 그의 아버지 아브라함에게 말하기를 "내 아버지여." 하니,
> 아브라함이 대답하였다. "내 아들아, 내가 여기 있다." 이삭이 말하기를 "보십시오. 불과 나무는 있는데 번제를 위한 양은 어디 있습니까?" 하니, 아브라함이 "내 아들아, 번제를 위한 어린 양은 하나님께서 자신을 위하여 준비하실 것이다."라고 말하고 그들 두 사람은 함께 걸어갔다. (창 22:6-8)

이삭은 무언가가 빠져 있다는 것을 알아챘다. 번제를 위한 나무와 불은 있었지만 가장 중요한 것이 없다는 것을 알았다. 도살할 양은 어디 있습니까? 이삭이 이렇게 물었을 때 아브라함은 무슨 생각을 했을까? 아브라함이 어떻게 말할 수 있을까? "바로 너다. 나는 너를 제물로 드릴 것이다."라고 말할까? 결코 그렇지 않다. 아브라함은 "여호와 이레", 즉 "주님께서 공급하실 것이다"라고 대답했다.

아브라함의 대답은 성경에서 나타나는 하나님의 섭리를 직접적이고도 명백한 방식으로 처음으로 보여준다. 이 말이 아브라함이 믿음으로 행동한 것인지, 아니면 그것을 바란 것인지 혹은 이삭에게 사실을 숨기려고 시도한 것인지는 알 수 없다. 어떤 경우든 하나님이 제물로 쓸 양을 공급하시리라는 희망의 약속을 표현함으로써 아브라함 부자는 산을 향한 여정을 이어갔다.

드디어 중요한 순간이 다가왔다.

> 마침내 그들은 하나님께서 아브라함에게 말씀하신 곳에 이르러 아브라함이 그곳에 제단을 쌓고 나무를 벌여 놓고, 그의 아들 이삭을 묶어서 제단 나무 위에 올려놓았다. 아브라함이 그의 손을 내밀어 칼을 잡고 그의 아들을 죽이려 할 때, (창 22:9-10)

아브라함이 생전에 행했던 가장 어려운 과제는 틀림없이 자기 아들을 끈으로 묶고 제단 위에 올려 놓는 것이었을 것이다. 이제 이삭은 무슨 일이 벌어지는 지 분명하게 알 수 있었다. 충격과 함께 믿을 수 없다는 듯이 아버지를 쳐다보고 있는 이삭의 눈을 상상해보라. 그 때 아브라함은 자기 머리 위로 칼을 들고 아들의 심장을 찌르려 했다. 분명히 아브라함은 눈을 감고 떨고 있었을 것이고 칼은 통제할 수 없을 정도로 떨렸을 것이다. 그리고 마지막 순간에 여호와 이레의 목소리가 하늘로부터 들렸다.

여호와의 천사가 하늘에서부터 그를 불러 "아브라함아, 아브라함아."

하시니, 아브라함이 말하기를 "제가 여기 있습니다." 하였다. 천사가 말하기를 "그 아이에게 네 손을 대지 말고 그에게 아무 일도 하지 마라. 네가 네 아들, 네 외아들까지도 내게 아끼지 않으니, 이제 나는 네가 하나님을 경외한다는 것을 알았다." 하셨다.
아브라함이 그의 눈을 들어 살펴보니, 보아라, 뿔이 수풀에 걸린 숫양 한 마리가 뒤에 있었다. 아브라함이 가서 그 숫양을 잡아 그의 아들을 대신하여 그것을 번제로 드렸다. 아브라함이 그곳 이름을 여호와 이레라고 불렀으니, 오늘날도 사람들은 '여호와의 산에서 준비될 것이다.'라고 말한다. (창 22:11-14)

섭리가 개입한 것이다. 하나님은 아브라함에게 멈추라고 명령하셨다. 대신 덤불 속에 걸려 있는 어린 양이 준비되어 있었다. 덤불에 우연히 걸린 것이 아니라 덤불을 만드신 창조주께서 준비하신 양이었다. 아브라함은 모든 시험을 통과했고 미래에 하나님의 약속이 분명히 실현되리라는 확신 가운데 안정감을 갖게 되었다. 이삭은 살아서 야곱의 아버지가 될 것이고 그는 열두 아들을 낳아 이스라엘 국가를 이루게 될 것이다.

이천년 후에 인류는 하나님의 섭리의 궁극적 행위를 바라보게 되었다. 하나님은 인간의 필요를 위해 최상의 준비를 하셨다. 하나님은 갈보리라는 산에서 죽게 될 흠 없는 어린 양을 준비하셨다. 전통에 따르면 갈보리는 구약의 모리아와 같은 장소로 알려져있다. 하나님은 사랑하는 외아들 예수님을 취하셔서 산의 제단위에 그를 올려 놓으셨다. 하지만 이 번에는 아무도 "멈추라" 외치지 않았다.

4장

세상에 울린 울음소리

한 아기가 울었다. 그 입술에서 나온 훌쩍임은 인간역사의 흐름을 바꾸어 버렸다. 모든 서양 문명, 근동 역사의 전부와 인간사의 모든 흐름은 이 울음의 영향을 받았다.

유명한 격언에 마귀는 작은 것을 통해 일한다고 말하지만 실제로 하나님은 사소한 일을 통해서도 일하신다고 말하는 것이 더 정확하다. 섭리의 교리는 하나님의 섭리적 통치가 큰 것과 작은 것, 거시적인 것과 미시적인 것, 유한한 것과 무한한 것을 포함한 모든 만물에 이른다고 고백한다.

작은 것들이 큰 결과를 낼 수 있다. 우리는 다음 속담을 기억한다.

못이 없어서 편자를 잃어버리고
편자가 없어서 말을 잃어버리고
말이 없어서 기수를 잃어버리고
기수가 없어서 전투에 지고

전투에 져서 나라를 잃게 된다.
이 모든 일은 말발굽에 쓸 못 하나가 없기 때문이다.

못 하나 때문에 나라 전체를 잃게 되었다. 올리버 크롬웰의 신장에 생긴 결석 한 알이 영국과 세계사의 운명을 바꾸었고 중국에서 한 마리의 나비가 날갯짓을 할 때 지구 반대편의 기후에 궁극적으로 영향을 줄 기류의 작은 변화를 초래한다는 말이 있다. 작지만 치명적인 총알 하나가 한 미국의 꿈을 깨뜨려 버렸다. 작은 것들이 큰 것을 의미할 수 있다.

세상에 들렸던 그 울음소리는 무엇이었나? 어떤 아기 울음소리가 지구 전체의 운명을 바꾸었나? 그것은 나일강에 던져져서 표류했던 한 아기의 울음이었다.

이스라엘의 자녀들은 고센땅에서 특권을 누렸다. 그곳은 고대 이집트에 위치한 자그마한 땅이었다. 요셉이 애굽의 총리대신으로 섬기면서 이 작은 땅을 하사 받았는데 그는 자신의 아버지와 형제들을 초청해서 그곳에서 거주하게 했다.

하지만 모든 상황이 변했다. 세월이 지나서 요셉을 알지 못하는 새로운 왕이 다스리게 되었다. 요셉에 대한 기억은 흐릿해졌고 새로운 정책이 채택되었다.

그때 요셉을 알지 못하는 새로운 왕이 이집트에서 일어나서 그의 백성에게 말했다. "자, 이스라엘 자손의 백성이 우리보다 많고 강하니, 우리가 그들에게 지혜롭게 대하자. 그렇지 않으면 그들이 번성하고, 전쟁이 일어날 때 우리의 대적들과 합세하여 우리와 싸우고 이 땅에서 떠나갈 것이다." 그리하여 이집트 사람들이 그들 위에 감독관들을 세워 힘든 노동으로 그들을 괴롭게 하고 바로를 위한 국고성인 바돔과 라암셋을 건축하게 했다. 그러나 이집트 사람들이 이스라엘 자손들을 억압하면 할수록 그들이 번성하고 창성하므로 이집트 사람들이 그들을 두려워하였으며, 이스라엘 자손들에게 일을 더욱 혹독하게 시켜, 힘든 노동, 곧 흙 이기기와 벽돌 굽기와 각종 밭일로 그들의 생활을 괴롭게 하였으며, 그들이 시키는 모든 일이 더욱 혹독하였다. (출 1:8-14)

야곱의 후손들은 이제 애굽의 새로운 죄수들과 같았다. 그들은 노예가 되어 노동을 위한 수단으로 전락했다. 바로는 그들에게 대한 태도에 있어서 이중적이었다. 한 편으론 미래에 있을 기근에 대비하여 국가를 보호하기 위한 국고성을 건설하는 노동력을 얻게 된 것을 기뻐했다. (처음에 이스라엘 백성들이 애굽으로 이주했던 이유가 기근이었다는 사실은 아이러니다.) 다른 한편 바로는 모든 독재자들이 그러한 것처럼 총체적인 반란이 일어날 것을 두려워했다. 유대인들의 규모와 세력을 통제하기 위해 새롭게 권좌에 올라간 바로는 학살을 시행할 것을 명령했다. 새로이 태어나는 유대인 남자 아기를 죽이라는 명령을 내렸다.

그때에 이집트 왕이 히브리 산파인 십브라라 부르는 사람과 부아라 부르는 사람에게 말하기를 "히브리 여인들의 해산을 도울 때에 살펴서, 아들이거든 죽이고 딸이거든 살려 주어라." 하였으나, (출 1:15-16)

바로는 군인들에게 유대인 아이들을 죽이라고 명령하는 것으로 만족하지 않았다. 과제는 히브리인 산파들에게도 떨어졌다. 그들은 자기 백성을 죽이라는 명령을 하달 받았다. 하지만 시민적 불복종의 영웅적 행동을 통해 히브리인 산파들은 그런 명령을 수행하기를 거부하고 거짓말로 불복종을 숨기려 했다(이 흥미있는 사건은 거짓말을 정당화할 수 있는 극단적 상황뿐 아니라 정당한 시민적 불복종의 예를 제시하기 위해 기독교 윤리학 교과서에서 인용된다).

산파들이 하나님을 두려워하여 이집트 왕이 말한 대로 하지 않고 남자 아이들을 살려주었다. 그러자 이집트 왕이 산파들을 불러 그들에게 말하기를 "너희가 일을 이렇게 하여 남자 아이들을 살려 주었느냐?" 하니, 산파들이 바로에게 "히브리 여자들은 이집트 여자들과 같지 않고 건강하여 산파가 그들에게 도착하기도 전에 아이를 낳았습니다."라고 말하셨다. 하나님께서 산파들에게 은혜를 베푸셨으며, 이스라엘 백성이 번성하여 매우 강하게 되었다. 산파들이 하나님을 두려워하였으므로 하나님께서 그들의 집을 흥왕하게 하셨다.
바로가 자기의 모든 백성들에게 명령하여 말하기를 "히브리 남자 아이들이 태어나거든 모두 강에 던지고, 여자 아이들은 모두 살려주어라." 하였다. (출 1:17-22)

바로의 명령에 대한 불복종으로 산파들이 하나님의 은혜를 입었다는 사실은 흥미있다. 그들은 하나님이 금지하신 것을 행하기를 거부했다. 더 큰 아이러니는 바로의 명령에서 남자 아기를 죽인 후에 강물에 던지라는 데 있다. 그들은 나일강에 던져져서 미래에 바로의 위협이 될 수 없도록 했다.

하지만 남자 아기를 낳은 히브리 여인중의 하나가 바로의 명령으로부터 아기를 보호하기 위해 예외적인 행동을 했다.

> 레위 가문의 한 남자가 가서 레위 가문의 한 여자를 아내로 맞이하였더니, 그 아내가 임신하여 아들을 낳았다. 아이가 준수한 것을 보고 석 달동안 그를 숨겼으나, 그를 더 이상 숨길 수 없어서 그를 위해 갈대 상자를 가져다가 역청과 나뭇진을 칠하고 그 안에 아이를 담아 강가 갈대 사이에 두고, 그 아이의 누나는 멀리 떨어져서 아이에게 무슨 일이 일어나는지를 지켜 보고 있었다. (출 2:1-4)

더욱 역설적인 것은 이 히브리인 어미가 아기의 운명을 죽은 애들을 버리던 나일강에 맡겨 버린 것이다. 하지만 그녀는 역청과 진을 칠해 물이 새지 않게 한 갈대 상자를 만들어 아기를 보호했다. 바로 이것은 그 어미가 아기를 하나님의 섭리의 손에 맡긴 행위이다. 그녀는 상자를 뜨게 해서 물이 흐르는 곳이라면 어디든지 떠다니게 만들었다. 그녀가 물에 작은 상자를 떠내려 보냈을 때 아브라함이 이삭을 제물로 드리려 했을 때처럼 아이가 살아나기를 기대하는 소망을 동일하게 갖고 있었다.

오늘날까지 과학적으로 가장 논란이 되는 문제 중 하나가 흐르는 물의 정확한 움직임과 흐름을 정확하게 예측하는 것이다. 나일강은 아무런 예후도 없이 물의 방향을 바꾸는 소용돌이가 나타난다. 나일강에 떠다니는 상자는 숨겨진 바위, 나무 가지, 심지어는 악어에 의해 망가질 수 있을 것이다. 많은 어머니들이 병원 입구에 갓 태어난 아기들을 내버리는 이유는 그들이 누군가에 의해 발견되고 보호되리라는 희망에서이다. 하지만 이 히브리인 어미가 가진 유일한 희망은 강물을 만드시고 밀물과 썰물을 궁극적으로 다스리시는 하나님의 섭리에 있었다.

이 아기의 누이가 멀리 강둑에서 물의 흐름에 따라 떠내려가는 상자를 바라보며 멀찍이 서있었다. 그녀는 시야에서 사라질 때까지 아기를 지켜보며 소위 자신만의 섭리를 행사하고 있었다. 지금 이 순간에 상자를 바라보는 유일한 시선은 누이의 눈과 하나님의 눈이었다.

그 때 이상한 일이 일어났다. 우연, 운 혹은 우발적 사건으로 여길 만한 일이었다. 다른 누구의 눈이 떠다니던 상자를 보고 있던 것이다. 무엇이 그 시선을 끌어 당겼느냐 하는 것은 짐작하건대 아마도 아기의 울음소리였을 수 있다.

> 그때 바로의 딸이 목욕하려고 내려왔고 공주의 시녀들은 강가를 거닐고 있었는데, 공주가 갈대 사이에 있는 상자를 보고 시녀를 보내 그것을 가져오게 하여 열어보니, 아이가 있었다. 그 아이가 울고 있었으므로 공주가 그 아이를 불쌍히 여겨 말하기를, "이 아이는 히브리 사람의 아이구나." 하였다. (출 2:5-6)

바로 그 시간 그 장소에서 떠다니던 상자를 바라본 지구상의 유일한 사람은 바로의 딸이었다. 우연이라면 이는 가장 경이로운 우연중의 하나일 것이다. 성경은 상자가 나일강을 떠다녔을 때 공주가 아기의 울음소리를 들었다고 말하지 않는다. 하지만 그녀가 물에서 상자를 꺼냈을 때 아기는 울고 있었다고 기록한 사실은 처음에 그녀의 관심을 끌게 한 것은 아기의 울음소리가 아니었을까 생각하게 한다. 귀가 아플 정도로 소리쳤거나 어쩌면 부드러운 흐느낌에 지나지 않았을 수 있다. 어쨌든 아이는 발견되었고 바로의 딸의 동정을 얻게 되었다.

또 다른 극적 상황이 눈에 띈다. 공주의 아버지는 역사상 가장 굳은 마음을 가진 사람의 원조로 일컫는 자다. 출애굽기는 바로의 굳은 마음을 반복적으로 언급한다. 하지만 바로의 딸의 마음은 부드러웠다. 그녀는 인종에 상관없이 우는 아기들에 대해 동정심을 갖고 있었다. 아기를 구하려고 하는 자비한 마음이 있었다.

아기가 히브리인이었음을 그녀가 알았다는 사실은 중요하다. 분명 공주는 아버지의 명령을 잘 알고 있었다. 어디에서도 도움을 받을 길 없는 히브리인 아기를 도우려고 그녀는 몸을 구푸렸다. 그로 인해 왕의 권위에 도전하는 죄 때문에 아버지의 분노를 살 위험을 감수해야 했다. 만약 그녀가 아버지의 명령에 순종했다면 아기를 강으로 던져 버렸을 것이고 그것으로 모든 것은 끝났을 것이다. 더 이상 진행될 이야기는 없었을 것이다. 하지만 그것이 끝이 아니었다. 결코 승산이 없는 시도가 아니었다. 여인이 불쌍히 여기는 마음이 있었기 때문에 이야기는 그것으로 끝나지 않았다. 아기는 울고 있었다.

그때 그 아이의 누나가 바로의 딸에게 말하였다. "제가 가서 공주님을 위해 히브리 여자들 가운데서 유모를 불러와 이 아이에게 젖을 먹이게 할까요?" 바로의 딸이 그 누이에게 대답하기를 "가라." 하니, 그 소녀가 가서 그 아이의 어머니를 불러왔다. 바로의 딸이 그 여자에게 말하기를 "이 아이를 데려다가 나를 위해 젖을 먹여라. 내가 너에게 삯을 주겠다." 하니, 아이의 어머니가 그 아이를 데려다가 젖을 먹였다. 그 아이가 자라자 여자가 그를 바로의 딸에게 데려가니, 그가 공주의 아들이 되었고, 바로의 딸이 그의 이름을 모세라 부르며 말하기를 "이는 내가 그를 물에서 건져내었기 때문이다." 하였다. (출 2:7-10)

아기의 발견 직후에 이어진 사건을 보면 발견한 것 만큼이나 놀라운 것이다. 분명 그녀는 멀리 서 있었고 아기의 누이는 강에서 동생이 구해지는 것을 보고 있었다. 하지만 그것이 구조되고 있는 것인지는 확신할 수 없었다. 가장 큰 재난으로 여겨졌을지도 모른다. 짧은 생각을 한 후 그녀는 바로의 딸에게 가서 아기를 위한 유모를 찾아보겠노라고 자청했다. 이쯤 되었을 때 그녀는 바로의 딸이 부드러운 마음을 가졌으며 아기를 죽일 사람이 아니라는 것을 깨달았던 것 같다.

또 다른 극적인 부분은 공주의 한 마디 짧은 대답이다. 누이가 유모를 찾아보겠다고 자원했을 때 바로의 딸은 '아니야'라고 대답했을 수도 있다. 그러나 예상 밖으로 그녀는 '가라'고 대답했다. 그래서 누이는 가서 그녀의 어머니를 불러왔다. 극적인 일이 일어난 것이다. 바로 그 아기의 어미가 아기를 돌보는 자로 고용되었다. 바로의 딸의 손을 통해서 역사하시는 하나님의 섭리의 손이 아기를 어머니에게로 인도한 것이다.

현실적으로 생각해 보면 마지막 극적 사건은 그 다음에 일어났다. 아기의 이름이 어머니가 아니라 바로의 공주를 통해 지음을 받은 것은 가장 극적인 순간이었다. (물론 어머니가 이미 아기에게 이름을 지어주었을 것이지만) 바로의 딸이 아기에게 이름을 지어 주었고 이를 통해 그는 역사에 알려지게 되었다. 아기는 물에서 건져 내어졌기 때문에 모세라고 불려지게 되었다.

모세는 바로의 공주가 구해낸 것으로 끝나지 않았다. 바로의 궁정에서 교육받으며 자라나는 혜택을 누렸고 애굽 문화와 지식과 기술로 훈련 받았다. 이는 나중에 하나님이 주실 과업을 수행하기 위한 중요한 준비기간이었다. 그는 왕자 계급에 부여되는 모든 특권을 가진 자로 양육되었다.

이제 만약 그 일이 일어나지 않았다면 어떠했을까라는 질문을 하고 싶어지게 된다. 모세의 어미가 삼 개월 동안 바로의 군대로부터 아이를 숨기는 실패했다면 어떻게 되었을까? 만약 갈대로 상자를 만들지 않았다면? 상자에 물이 새서 강바닥으로 가라 앉았다면? 바로의 딸이 상자가 떠내려간 그 순간에 강독에 있지 않았다면? 그녀가 동정심이 없었다면? 아기가 울지 않았다면?

이런 질문은 일어나거나 일어나지 않을 수 있는 우발적 사건을 포함한다. 그것들은 가변적이며 불필요한 사건들이다. 필연적 사건은 다른 상황에서 일어날 수 없다고 믿는 것이다.

우리는 어떤 사건의 순서를 결정하는 고정된 자연 법칙을 생각하는데 익숙하다. 비가 오면 잔디가 젖게 되는 것을 필연적 결과로 여긴다. 보통 우리는 이런 결과를 순전히 우발적인 것으로 보지 않는다. 철학적으로 볼 때 과거에 비가 올 때 마다 잔디가 젖었기 때문에 내일

비가 오면 잔디가 젖을 것이라는 절대적 추론이 가능한지를 확신할 수 없다. 내일 잔디가 젖는 것을 우발적인 사건으로 말할 수 있다. 다시 말해 이 사건은 비가 오든가 호스로 물을 뿌리든가 아니면 아침에 이슬이 형성되는가에 달려있다. 하지만 비가 실제로 오게 되면 잔디는 필연적 결과로서 젖게 될 것이라고 단정한다. (여기에서 철학자인 데이비드 흄은 매우 상세하게 철학적 생각을 펼치는데 인간은 인과관계를 즉각적이고도 감각적으로 이해하지는 못하고 다만 사건 간의 통상적 관계만을 관찰한다는 것을 인식했다.)

우발적 사건의 문제는 좀 더 넓은 인과율의 문제와 관련되어 있다. 이에 대해서는 나중에 깊이 있게 살펴 볼 것이다. 우리가 지금 관심을 갖는 문제는 우발적 사건이 하나님과 어떤 관계가 있느냐 하는 것이다. 하나님의 입장에서 볼 때 우발적 사건이란 것이 있을 수 있는가가 문제다. 하나님이 모든 경우의 우발적 사건을 아시지만 어떤 것도 우연적으로 아시는 것은 아니다. 얼핏 보기에 철학자에게나 적합한 추상적 사고와 같은 불가사의한 수수께끼처럼 보일 수 있다. 하지만 하나님의 섭리를 더욱 깊이 이해하려고 할 때 이에 대해 생각해보는 것은 중요하다.

섭리라는 용어는 미리 앎이라는 개념을 어느 정도 포함하는 단어에서 파생되었음을 기억해야 한다. 미리 앎은 근본적으로 하나님의 전지하심이라는 영역에 속하는 말이다. 하나님의 전지하심은 성경에 잘 나타난다. 예를 들어 시편 139편을 생각해 보면 좋다.

여호와여 주께서 나를 살피시며 나를 아십니다.

주께서 나의 앉고 일어섬을 아시며,
멀리서도 내 생각을 분별하고 계십니다.
나의 길과 눕는 것을 아시고
내 모든 행위를 밝히 알고 계십니다.
여호와시, 보소서. 내가 혀로 말하기도 전에,
주께서는 그 모두를 아십니다.
주께서 내 앞뒤를 감싸시고
내게 안수하셨습니다.
이런 지식은 내게 너무나 기이하며,
너무 높아 내가 그것에 다다를 수 없습니다.

내가 주님의 영을 떠나 어디로 가며
내가 주님의 얼굴을 피해 어디로 도망가겠습니까?
내가 하늘에 올라가더라도 주께서 거기 계시며,
내가 스올에 눕더라도 거기 계십니다.
내가 새벽 날개를 타고
바다 저편에 가서 산다 해도,
거기서도 주님의 손이 나를 인도하시며
주님의 오른손이 나를 붙들어 주십니다.
내가 말하기를 "참으로 어둠이 나를 덮고,
나를 두른 빛은 밤이 되어라." 하더라도,
어둠조차 주께는 어둡지 않고
밤도 낮과 같이 빛나니,

주께는 어둠과 빛이 같기 때문입니다.

주께서 나의 내장을 만드시고
어머니의 태에서 나를 짜 맞추셨습니다.
내가 주님을 찬양함은 나를 놀랍고 기이하게 지으셨기 때문입니다.
주께서 하신 일이 기이함을
내 영혼이 잘 압니다.
내가 은밀한 데서 지음받을 때에,
곧 내가 땅의 깊음 속에서 만들어질 때에,
내 골격이 주께로부터 숨겨지지 아니하였습니다.

나의 형질이 이루어지기 전에 주님의 눈이 보셨으며
나를 위해 정해진 날이 하루도 시작되기 전에
주님의 책에 기록되었습니다.
하나님이시여, 주님의 생각이 어찌 그리 내게 귀중한지요?
그 수가 어찌 그렇게 많은지요?
내가 그것을 헤아리려 하니, 모래보다 많습니다.
내가 깰 때에도 여전히 주님과 함께 있습니다. (시 139:1-18)

시편기자는 하나님이 우리를 완전하게 아신다고 선언한다. 하나님은 우리가 말을 하기도 전에 무슨 말을 할 것인지 아신다. 하나님은 처음부터 마지막이 어떻게 될지 아신다. 하나님의 지식은 세세한 부분에까지 이른다. 하나님은 우리가 무엇을 말할지 아실뿐 아니라 말할 가능성이 있는 모든 부분까지도 아신다. 하나님은 가능성 있는 모든 우발적 사건을 아신다. 하지만 하나님의 지식에는 우발적인 것이 전혀 없다. 하나님의 지식은 우리가 무엇을 하느냐에 의존하시지 않는다. 하나님은 우리가 어떤 길을 가장 확실히 택할 것인지를 알기 위해 기다려 볼 필요가 없다. 하나님은 미래를 스스로 작정하시기 때문에 정확하게 미래를 아신다.

바로의 딸이 인간 역사의 운명의 날에 강둑에 갔던 것은 하나님께는 놀라운 일이 아니었다. 아기가 운 것도 놀랄 일이 아니었다. 하나님은 아기가 울도록 작정하셨고 정확한 순간에 울도록 작정하셨다. 하나님은 이 모든 일을 우연에 남겨두지 않으셨다.

그렇지 않았다면 어떻게 되었을까? 아기가 울지 않았다면 역사는 어떻게 진행되었을까? 아기가 울지 않았다면 모세도 없었을 것으로 짐작된다. 모세가 없었다면 떨기나무에서의 사건도 없었을 것이다. 떨기 나무가 없었다면 출애굽도 없었을 것이다. 출애굽이 없다면 시내산에서의 율법의 수여도 없었을 것이다. 율법이 없었다면 선지자도 없고 선지자가 없다면 예수님도 없었을 것이다. 예수님이 없다면 십자가도 없고 십자가가 없다면 구속도 없을 것이다. 구속이 없다면 기독교도 없었을 것이다. 기독교가 없다면 서구 문명도 없었을 것이다. 이 모든 것은 갈대 상자에 있던 아기가 때를 맞추어 울지 아니했더라면 없었을 것이다.

하지만 하나님께는 '그런 일이 일어나지 않았다면 어떻게 되었을까?' 라는 말은 존재하지 않는다. 하나님의 섭리는 아주 세세한 부분에까지 이른다.

5장

매사가 해롭게 되는가?

아담 스미스는 섭리를 "하나님의 보이지 않는 손"이라고 말했다. 하나님은 우리에게 보이지 않기 때문에 인간사에서 실제적으로 임재하시는 것을 알아차리지 못할 때가 많다. 우리는 초월적인 영역을 들여다볼 수 없기 때문에 많은 일들이 우연이나 우발적인 사건으로서 일어나는 듯이 보인다. 우리는 역사에 나타나는 하나님의 손을 알아보지 못하는 경우 또한 갖고 있다. 이런 사실을 야곱의 인생에서도 살펴 볼 수 있다. 야곱은 예기치 못하게 하나님과 조우하게 되었을 때 인생이 바뀌는 경험을 했다.

야곱이 브엘세바를 떠나서 하란으로 가다가 한 곳에 이르렀을 때에 해가 지자 거기서 밤을 지내게 되었는데 야곱이 돌 하나를 가져다가 베개로 삼고 그곳에 누웠다. 야곱이 꿈에 보니 사다리가 땅에 서 있고, 그 꼭대기는 하늘에 닿아 있으며, 하나님의 천사들이 그 위에 오르내리고 있었다. (창 28:10-12)

한 밤중의 야곱의 꿈은 "야곱의 사다리에 올라가(We Are Climbing Jacob's Ladder)"라는 동요의 기원이 된다. 사다리의 중요성은 하늘과 땅 사이에 서로 접근할 수 있는 수단, 즉 가교의 역할을 한다는 것이다. 하나님이 그토록 멀고 다다를 수 없는 분으로 여겨지는 시대에 살기 때문에 이는 우리에게 매우 중요하다. 현대 인류는 하나님이 계시지 않다고 느끼고 있다. 자연의 영역과 초자연의 영역, 편재성과 초월성 사이에 메울 수 없는 간극이 있는 것 같다. 거대한 틈과 오를 수 없는 벽이 하늘로 가는 길을 가로막고 있는 것 같다. 우리는 땅과 더 높은 곳 사이의 틈을 이어주고 장벽을 넘어가기 위해 사다리를 이용한다.

야곱의 경험은 천사가 인자위로 오르락 내리락 하는 것으로 보리라고 나다나엘에게 말하셨던 것과 같은 사건이다. 예수님은 보이지 않는 하나님을 자신이 사람이 되심 통해 보이게 하시는 야곱의 사다리와 같은 분이시다.

야곱이 꿈에서 깨어났을 때 소중한 깨달음이 있었다. 야곱은 말했다.

> 야곱이 잠에서 깨어 말하기를 "과연 여호와께서 이곳에 계시는데, 내가 알지 못하였구나."하고, 두려워하면서, "이 얼마나 두려운 곳인가. 이 곳은 다름 아닌 하나님의 전이요, 하늘의 문이구나."라고 말하였다. 야곱이 아침에 일찍 일어나 베개로 삼았던 돌을 가져다가 그것으로 기둥을 세우고 그 꼭대기에 기름을 붓고 그곳의 이름을 베델이라고 불렀으니, 그 성의 이전 이름은 루스였다. (창 28:16-19)

얼마나 가슴에 사무치는 광경인가? 야곱은 하나님의 임재를 갑자기 깨달았다. 그 전에는 보지 못한 것이었다. 자신이 서있는 곳이 하나님의 임재로 인해 얼마나 놀랍게 변하였는지를 고백했다. 이제부터 야곱은 하나님의 약속을 신뢰할 수 있어야 했다. 벧엘에서의 비젼 속에서 하나님이 말씀하셨기 때문이다. "보아라 내가 너와 함께 있어서 네가 어디로 가든지 너를 지켜주겠고 너를 이 땅으로 돌아오게 하겠으며 내가 네게 말한 것을 다 이루기까지 내가 너를 떠나지 않겠다"(창 28:15)

하나님은 야곱이 어디로 가든지 지키시겠다고 약속하셨다. 이 땅으로 되돌아오게 하시겠다고 약속하셨고 그를 결코 떠나지 않으시리라고 엄숙히 선포하셨다. 그날부터 야곱은 하나님의 이와 같은 약속에 의지하게 되었다. 야곱이 하나님의 임재를 계속적으로 본 것이 아니었다. 그는 목격이 아닌 약속을 얻게 된 것이다. 하나님이 야곱과 함께 하신다면 보이지 않는 방식으로 임하실 것이다. 야곱은 하나님의 임재를 눈으로 보지는 못할 것이다.

야곱의 삶의 이야기를 빨리 돌려본다면 우리는 하나님의 약속에 대한 야곱의 신뢰가 눈에 띌 정도로 사그라드는 것을 보게 될 것이다. 야곱은 볼 수 없는 것보다 보이는 것에 신뢰를 두기 시작했다. 이는 요셉이 실종되고 그로 인한 결과를 야곱이 어떻게 다루었느냐를 보면 금방 알 수 있다.

몇 년 후에 심각한 기근이 애굽과 가나안을 포함한 인접 나라들에 닥쳤을 때 야곱은 양식을 구하기 위해 아들들을 애굽으로 내려 보냈다. 애굽만이 기근의 위기를 해결할 충분한 자원을 갖고 있었다. 야곱의 아들들이 애굽의 궁정에서 총리대신을 만났을 때 그가 동생 요셉임을 전혀 알아차리지 못했다. 요셉을 판 지 오랜 시간이 지났으므로 많은 부분이 바뀌어 있었기 때문이다. 왕궁의 의상을 걸치고 있었고 대화할 때 통역을 사용했다. 하지만 요셉은 형들을 알아보았고 그들이 자기들끼리 하는 모든 이야기를 단어 하나 놓치지 않고 알아들었다. 하지만 형들은 그가 요셉임을 전혀 깨닫지 못했다. 요셉은 형들을 첩자라고 고소했다. 그들은 혐의를 부인하고 다음과 같이 말했다.

그들이 말하기를 "당신의 종들은 열두 형제입니다. 저희는 가나안 땅에 있는 한 사람의 아들입니다. 보십시오. 막내는 오늘 저희 아버지와 함께 있고, 또 하나는 없어졌습니다."라고 하였다. 요셉이 그들에게 말하였다. "그것이 바로 내가 너희에게 말하기를 너희가 정탐꾼이라는 것이다. 너희는 이렇게 스스로 밝혀 보아라. 바로의 생명을 두고 맹세하는데 너희의 막내 동생이 여기에 오지 않으면 너희는 여기서 가지 못할 것이다. 너희 중 하나를 보내어 너희 동생을 데려오게 하고, 그 동안 너희는 갇혀 있어서 너희 가운데 진실이 있는지 너희 말을 증명해 보아라. 바로의 생명을 두고 맹세한다. 만약 그렇지 않으면 너희는 분명 정탐꾼들이다." 요셉이 그들을 감옥에 사흘 동안 가두었다. (창 42:13-17)

요셉은 집에 남겨진 막내 아우가 베냐민이라는 알게 되었다. 요셉은 아버지인 야곱의 소식을 듣고 싶었고 다시 한번 베냐민을 보기를 원했다. 그래서 형들을 시험하기 위한 새로운 계략을 세웠다. 삼일 후에 요셉은 이와 같은 계획을 제안했다.

사흘째 되던 날에 요셉이 그들에게 말하였다. "너희는 이렇게 하면 살 수 있다. 나는 하나님을 경외한다. 만약 너희가 진실하다면, 너희 형제 중 한 사람만 그 감옥에 갇혀 있고, 너희는 너희 집안의 굶주림을 위해 양식을 가지고 가거라. 너희 막내동생을 내게 데려와야 한다. 그래야만 너희 말이 사실이 되고 너희가 죽지 않을 것이다."
그들은 그대로 하였다. (창 42:18-20)

이 계획은 형제들을 경악케 했다. 일찍이 요셉을 해하려 했던 그들의 배신행위가 떠올랐고 양심의 가책이 불일 듯 했다. 형들은 서로 이야기했다.

그들이 서로 말하기를 "참으로 우리가 우리 형제에게 죄를 지었다. 그가 우리에게 애원할 때에 우리가 그의 괴로운 마음을 보고도 듣지 않아서 그 괴로움이 우리에게 임하였다."라고 하였다. 르우벤이 그들에게 말하기를 "내가 너희더러 그 아이에게 죄짓지 마라고 하지 않았느냐? 그런데도 너희가 듣지 않았다. 그래서 그의 피 값을 치르게 되었다." 하였다. 그들사이에 통역이 있으므로, 그들은 요셉이 듣고 있다는 것을 알지 못했다. 요셉이 그들을 떠나가서 울고, 다시 돌아와서 그들에게 말하다가 그들 중에서 시므온을 끌어내어 그들이 보는 앞에서 그를 결박하였다. (창 42:21-24)

장남인 르우벤은 자신과 형제들에게 닥친 지금의 비극이 과거의 죄의 결과라고 단정했다. 그는 보이지 않는 하나님의 손을 읽으려고 애썼다. 르우벤이 하나님의 손이 그들을 곤경에 처하게 하셨다고 생각한 것은 옳았다. 현재의 상황이 과거의 잘못된 행동과 밀접한 관련이 있다고 생각한 것 또한 옳았다. 하지만 그가 깨닫지 못한 것은 자신들에게 임한 심판 깊은 곳에는 은혜도 함께 있었다는 사실이다. 이야기의 나머지는 아직 쓰여지지 않았지만 르우벤은 일이 어떻게 진행되고 있고 하나님이 지금 이 순간 무슨 일을 하고 계신지를 전혀 알 길이 없었다.

요셉의 계획은 점차로 구체화되기 시작했다. 형들이 가나안으로 곡식을 가져가는 데 쓸 자루 속에 범죄의 증거를 심어 놓았다.

> 요셉이 명하여 그들의 그릇을 곡물로 채우게 하고 그들의 돈은 각 사람의 부대에 도로 넣게 하고, 또 길에서 필요한 먹을 양식도 그들에게 주게 하니, 그래도 하였다. 그들은 자기들의 나귀 위에 양식을 싣고 그곳에서 떠났다. 한 사람이 여관에서 자기 나귀에게 먹이를 주려고 자기 자루를 풀었는데 자기 돈을 보았다. 그것이 자루의 아귀에 있었다. 그가 형제들에게 말하기를 "내 돈을 도로 넣었다. 자, 보아라. 그것이 내 자루속에 있다."하니, 그들이 혼이 나서 떨며 형제끼리 서로 말하기를 "하나님께서 어찌하여 우리에게 이런 일을 하셨는가?"라고 하였다. (창 42:25-28)

이제 한 사람을 제외한 모든 형제를 잡아두는 대신에 요셉은 전술을 바꾸어서 모든 형제를 집으로 보내고 한 사람만 잡아두기로 했다. 시므온만을 인질로 삼기로 한 것이다. 형제들이 곡식 자루를 열었을 때 그 속에 요셉이 넣어둔 돈을 발견하게 되었다. 이제 그들은 자신의 무죄를 증명할 수 없게 되었고 애굽의 관리들이 시므온을 죽일 수도 있다는 것을 깨닫고서 두려움에 떨었다.

"하나님께서 어찌하여 우리에게 이런 일을 하셨는가?"라고 소리친 부분을 읽는다면 형제들이 하나님의 섭리를 어느 정도 깨닫기는 했지만 그들이 생각은 완전히 틀렸다는 것을 알게 된다. 그들은 자신들이 돈을 훔치지 않았다는 것을 알고 있었다. 하지만 범죄의 증거는 자루 속에 있었다. 누가 그 돈을 거기에 두었는가? 누가 그런 부정한 거래를 했는지 알지 못했지만 그들은 궁극적으로 그런 일이 생기게 한 분이 누구인지를 이해했다. 그런 일이 일어난 목적은 알지 못했지만 여하튼 이 모든 사건 속에는 하나님의 보이지 않는 손이 있음을 분별했다.

형제들은 야곱에게 돌아왔고 일어난 모든 일을 그에게 설명했다. 야곱은 큰 두려움과 제어할 수 없는 비탄에 빠졌다.

그들이 자기들의 부대를 비우며 보니, 각 사람이 돈뭉치가 자기 부대 속에 있었으므로 그들과 그들의 아버지가 돈뭉치를 보고 두려워하였다. 아버지 야곱이 그들에게 말하기를 "너희가 나로 자식들을 잃게 하는구나. 요셉도 없어졌고 시므온도 없어졌는데 베냐민마저 데려가려고 하느냐? 모든 일이 나를 해롭게 하는구나."하니, 르우벤이 아버지에게 말하기를 "만일 내가 그를 아버지께로 데리고 오지 않으면 나의 두 아들을 죽이십시오. 그를 내 손에 맡기십시오. 내가 그를 아버지께 돌려드리겠습니다." 하였다.

야곱이 말하기를 "내 아들은 너희와 함께 내려가지 못할 것이니, 그의 형은 죽고 그만 홀로 남았기 때문이다. 만일 너희가 가는 길에서 재앙이 그에게 미치면, 너희는 백발이 된 나를 슬퍼하며 스올로 내려가게 하는 것이다."라고 하였다. (창 42:35-38)

야곱은 상실의 아픔을 경험할 수 밖에 없는 필연적인 이유를 말하며 마음의 슬픔을 쏟아냈다. 야곱은 이렇게 말했다. "요셉도 없어졌고 시므온도 없어졌는데 베냐민마저 데려가려고 하느냐? 모든 일이 나를 해롭게 하는구나" 하지만 야곱은 잘못된 결론에 성급하게 도달했다. 이런 결론은 합당한 것이었는가? 전혀 그렇지 않았다. 요셉이 없어졌다고 단정할 많은 이유가 있기는 했다. 이런 추론을 뒷받침할 경험적 증거가 있었다. 아마도 요셉이 맹수에게 죽음을 당했다고 형들이 말하며 증거로 가져온 피묻은 옷을 야곱은 보관하고 있었을지도 모른다. 그는 아들이 일찍이 증언한 것을 분명 기억하고 있었다.

그들이 요셉의 겉옷을 가져다가 숫염소 한 마리를 죽여 그 겉옷을 그 피에 적시고, 그 채색옷을 아버지에게 가져와 말하기를 "이것을 우리가 발견했습니다. 이것이 아버지의 아들의 겉옷인지 아닌지 살펴보십시오."하였다. 야곱이 그것을 알아보고 말하기를 "내 아들의 겉옷이다. 사나운 짐승이 그를 잡아먹었구나. 요셉이 정말로 찢겼구나." 하고 자기 옷을 찢고 굵은 베옷을 자기 허리에 두르고, 여러 날 동안 그 아들을 위하여 애곡하였다. 그의 모든 아들들과 딸들이 일어나 그를 위로했으나, 그는 위로받기를 거절하며 말하기를 "내가 애곡하며 내

아들이 있는 스올로 내려가겠다." 하고, 아버지는 그를 위하여 울었다. (창 37:31-35)

야곱은 요셉이 죽었다고 믿을 충분한 이유가 있었다. 목격자의 증언도 있었는 데 낯선 사람이 아닌 자식들의 눈으로 본 것이었다. 형제들이 모두 요셉이 죽었다는 사실을 확언했다. 게다가 피 묻은 옷을 증거로 갖고 있었다. 지금처럼 겉옷의 피가 요셉의 피가 아님을 증명할 수 있는 DNA검사 기술이나 혈청학과 같은 기술을 이용할 수도 없다. 실제로 야곱은 형제들의 공모에 희생되었다. 형제들이 요셉이 죽었다는 소식을 전했을 때 야곱은 슬픔에 사로잡혔다. 자기 옷을 찢고 베옷을 입고서 깊은 애도에 들어갔다. 아들과 딸들이 그를 위로하기 위해 왔다. 우리는 딸들의 위로는 진실한 것이었으리라 생각한다. 딸들은 공모에 가담하지 않았고 요셉을 마음으로 애도했으리라 생각한다. 하지만 형제들의 위로는 누가 봐도 위선적인 것이었다. 그들은 옷에 묻은 피가 요셉의 것이 아님을 알고 있었기 때문이다.

그들의 공모는 아버지에게 거짓말을 통해 숨겨왔기 때문에 세월이 지나도 지속되었다. 그들은 아버지의 슬픔을 보았다. 애도도 지켜보았다. 오랜 기간 요셉이 언급될 때 마다 거짓말과 은폐는 불가피했다. 이 모든 이야기는 마치 워터게이트 사건과 비슷하다고 말할 수 있다. 어쨌든 야곱은 요셉이 죽었다고 확신했다.

두 가지 차원의 지식

유명한 철학자 임마누엘 칸트는 유명한 저서 『순수 이성 비판』에서 인간은 두 가지 차원 혹은 두 가지 영역의 지식을 추구한다고 주장했다. 그는 현상계(phenomenal realm)와 본체계(noumenal realm)를 구분했다. 현상계는 오감 즉 보고, 듣고, 느끼고, 냄새 맡고, 맛보는 감각을 통해 인지하는 실재를 의미한다. 자연과학으로 연구되는 영역, 경험적 세계를 지칭한다.

한편 칸트는 본체계가 하나님, 자아, 형이상학적 본질의 세계라고 선언했다. 이성이나 과학적 조사를 통해 본체계를 알 수 없다고 주장했다. 우리는 이성적 혹은 경험적 조사를 통해 현상계에서 예지계로 나아갈 수 없다. 칸트는 하나님, 자아, 본질을 알 수 있는 인간의 능력에 대해서는 부정적으로 생각했다. 그는 우리의 지식이 현상계에 제한된다고 믿었다. 칸트에게 섭리의 영역은 추측과 실천이성의 영역이다. 실천이성을 통해 하나님이 계신 것처럼 살아갈 수 있지만 하나님 혹은 섭리에 대한 실제적 지식은 소유할 수 없다.

분명 야곱은 현상적 지식을 근거로 결론을 내리고 있었다. 이 결론은 야곱이 가진 증거를 통해서 본다면 합리적인 것으로 생각되어야 한다. 야곱은 믿음 아닌 눈에 보이는 것으로 살아가고 있었다. 이런 특별한 경우에 있어서 현상에 근거한 증거는 야곱으로 하여금 잘못된 판단을 하게 했다. 그의 결론은 틀렸다. 실제로 요셉은 더 이상 이 세상에 존재하지 않는 사람이 아니라 살아 있으며 그것도 건강한 상태에서 애굽의 총리대신으로 통치하고 있었다.

야곱은 시므온도 죽었다고 확신했다. 이것도 틀린 생각이었다. 야곱의 아들들이 동생중 하나를 잃어버린 상태에서 집에 돌아온 것이 이번이 두 번째다. 요셉에게 임했던 똑 같은 운명이 이제는 시므온에게 닥쳤다고 결론지을 충분한 이유가 있었다. 하지만 인간적으로 말해서 시몬은 지금 이 순간보다 더 안전한 때는 자기 인생에 없었다. 그는 형제 요셉의 보호 가운데 있었다. 시므온은 요셉을 두려워할 필요가 전혀 없었다. 하지만 야곱도 시므온도 그 현실을 제대로 이해하지 못했다.

그래서 야곱은 최후의 결론에 다다르게 되었다. 요셉과 시므온이 사라진 현실을 보고 야곱은 말했다. "모든 일이 나를 해롭게 하는구나"

모든 것이 합력하여 선을 이룬다

야곱의 한탄은 우리가 살면서 어떤 시점에 울부짖는 것과 매우 비슷하다. 우리는 자신에 대한 연민의 정으로 이렇게 말하곤 한다. "아무도 나를 사랑하지 않아. 모든 사람들이 나를 미워해. 나는 가련한 인간이야." 야곱은 가련한 인간이 될 순간에 있었다. 그는 매사가 자신에게 해롭게 된다고 확신했지만 이보다 잘못된 생각은 없었다. 실제로는 모든 일이 자신에게 이롭게 진행되고 있었다. 하나님은 섭리 속에서 모든 것이 합력하여 야곱과 후손을 위해 선을 이루게끔 일하시고 계셨다. 하지만 바깥의 정황은 정반대인 것처럼 보였다.

기독교 신앙의 격언과도 같은 구호중의 하나는 라틴어로 된 *Deus*

pro nobis 즉 '하나님은 우리를 위하신다'는 구절이다. 신약에서 사도 바울은 선언했다. "만일 하나님께서 우리를 위하시면 누가 우리를 대적하겠느냐?"(롬 8:31). 하나님이 우리를 위하신다는 사실은 섭리 교리의 기본적 개념이다. 하나님은 야곱을 위하셨다. 하나님은 형제들이 시므온을 남겨두고 애굽에서 돌아오기 훨씬 전에 야곱에게 이를 약속하셨다. 하지만 야곱은 어떻게 이것이 가능한지를 이해할 수 없었다. 하나님을 포함하여 모든 상황이 자신에게 해롭게 되어가고 있다고 확신한 바로 그 순간에 모든 것은 하나님의 손에 의해서 자신에게 이롭게 진행되고 있었다. 하나님은 목적이 있어서 요셉을 애굽으로 보내신 것이다. 그 목적은 구속 역사의 모든 단계마다 실행되어 왔다.

야곱이 그토록 슬퍼한 후에 셋째 아들인 유다가 형제들과 함께 애굽으로 돌아가 양식을 얻고 시므온을 되찾아 올 수 있도록 허락해 달라고 야곱을 설득했다. 유다는 베냐민을 무사히 돌아오게 하기 위해 자신의 생명을 담보로 했다. "유다가 그의 아버지 이스라엘에게 말하였다. '그 소년을 저와 함께 보내주십시오. 우리가 일어나 가겠습니다. 그래야 우리가 살고 우리와 아버지와 우리의 자식들이 죽지 않을 것입니다. 제가 그를 보증하겠으니, 아버지는 제 손에서 그를 요구하십시오. 그를 데려다 아버지 앞에 두지 않으면 저는 일생동안 아버지께 죄를 짓게 될 것입니다.'"(창 43:8-9)

야곱은 결국 유다의 탄원과 담보로 설득되었다. 그는 감정이 누그러진 채로 말했다. "너희 손에 돈을 갑절이나 가지고 가서 너희 자루 아귀에 도로 넣어져 있던 그 돈을 너희 손으로 돌려주어라. 아마 그것은 착오였을 것이다. 네 동생도 데리고 가거라. 일어나 그 사람에게 돌아가거라. 전능하신 하나님께서 그 사람 앞에서 너희에게 긍휼을 베푸시고, 그가 너희의 다른 형제와 베냐민을 너희에게 보내기를 원한다. 내가 내 자식들을 잃어야 한다면 잃을 수밖에 없구나."(창 43:12-14)

야곱은 믿음의 한 걸음을 내딛을 준비가 되었다. 모든 일이 파국으로 끝날 수도 있음을 인정했다. 사랑하는 베냐민을 잃을 각오까지 했다. 이번에는 자신의 결정을 후회하지 않았다. 형제들은 애굽으로 돌아가서 곡식을 얻게 되었고 시므온도 되찾았을 뿐 아니라 총리대신이 요셉이라는 것도 알게 되었다. 시므온과 벤야민을 집으로 데리고 오고 요셉이 잘 있다는 소식을 전했을 때 야곱의 기운이 소생한 것을 보게 된다(창 45:27). 그리고 야곱은 선언했다. "이스라엘이 말하기를 '더 이상 바랄 게 없다. 내 아들 요셉이 아직 살아있다니 내가 죽기 전에 가서 그를 보겠다.' 하였다."(창 45:28)

마지막으로 분석컨대 하나님의 섭리는 야곱에게 충분했다. 섭리는 우리에게도 충분한 것이다. 야곱은 살아가면서 하나님이 숨겨진 손을 통해 어떻게 일하시는가를 조금은 맛볼 수 있었다. 그는 섭리가 목적으로 하는 모든 것을 다 보지는 못했지만 상당한 정도로 볼 수 있었다.

6장

섭리와 통치

한 번은 미국 상원의원과 만날 기회가 있었다. 국회의사당의 상원 식당에서 점심을 먹으며 나누었던 대화는 전쟁에 정부가 개입하고 징병제를 통해 시민을 모집하는 것에 초점이 맞추어졌다. 상원의원은 평화주의를 지지했다. 고전적 정당한 전쟁 이론을 놓고 이견을 교환했을 때 상원의원은 놀랄만한 의견을 내놓았다. 그는 "나는 정부가 그동안 시민들로 하여금 어떤 일을 하도록 강제하는 권리를 가진 적이 있는지 믿을 수가 없습니다."라고 말했다. 나는 다음과 같이 응답했다. "그렇다면 당신은 정부가 통치할 수 있는 권한이 없다고 말하는 것처럼 들리네요."

내 대답을 듣고 그는 공허하게 나를 바라보았다. 드디어 상원의원은 내가 한 말이 무엇을 의미하는지를 물어보았다. 나는 정부가 합법적 형태의 강제력을 갖고 있다고 설명했다. 우리는 정부 자체를 "합법화된 강제력(공권력)"으로 정의할 수도 있다. 정부가 법률을 제정할 때 법은 단순한 제안으로 시민들에게 전해지는 것이 아니다. 일종의 강제력을 가지고 지지를 받는 의무사항들이 법률이다. 통과되는 모든 법률은 다른 이들의 자유를 제한한다. 법은 항상 법 집행이 따라오고 법 집행은 강제력이라는 부담을 지닌다. 법을 지키기를 거부하면 법을 집행하는 기관은 다양한 방법으로 내게 법을 지키게끔 강제하는 권세를 행사한다.

하나님의 섭리의 정치적 차원

하나님의 섭리는 정치적 차원이 있는 바, 적어도 두 가지의 중요한 방식으로 정치의 영역에 간여한다. 첫 번째로 하나님의 섭리는 우주를 다스리시는 그 분의 통치를 일컫는다. 하나님이 피조물을 다스리고 통치하시는 한 우주를 다스리시는 정치적 권세를 행사하신다. 예수님이 본디오 빌라도에게 그의 나라는 이 세상에 속하지 않는다고 말씀하셨다고 해서 그 분의 왕권이 이 세상을 통치하지 않는 것을 의미하지는 않는다. 그리스도는 승천 후에 만왕의 왕이자 만주의 주로 하늘 보좌에 앉으셨다. 그리스도는 우주에서 가장 고귀한 정치적 직분을 가지신다. 이 땅의 모든 정치적 관료들은 그리스도의 통치하에 있고 자신들이 권리를 어떻게 행사하는 가에 대해 대답해야 한다.

성경의 중심적 주제 중 하나는 하나님의 나라이다. 이 세상의 왕국은 군주가 다스리는 영역이다. 하나님은 우주에서 가장 위대한 군주이시다. 그는 자연 법칙으로 자연 세계를 다스릴 뿐 아니라 세상의 모든 인간사도 다스리신다. 그는 별들의 진행과 새들의 비행도 조종

한다. 세상의 역사 또한 지배하신다. 나라들과 제국들이 일어나고 인간 역사를 만들게 한다. 어떤 왕도 하나님의 섭리를 떠나서 보좌에 올라간 적이 없다.

성경은 정부가 하나님에 의해서 임명되고 조직된 인간의 제도임을 확실히 말한다. 바울을 이렇게 선포했다.

> 각 사람은 위에 있는 권세들에게 복종하여라. 하나님께로부터 오지 않은 권세가 없으니, 이미 있는 권세들도 다 하나님께서 정하신 것이다. 그러므로 권세를 거역하는 자는 하나님께서 정하신 것을 거역하는 것이니, 거역하는 자들은 스스로 심판을 받게 될 것이다. 통치자들은 선한 행위에 대하여는 두려움이 되지 않고, 악한 행위에 대하여만 두려움이 된다. 네가 권세를 두려워하지 않으려면 선을 행하여라. 그러면 그에게서 칭찬을 받을 것이다. 통치자는 너의 유익을 위하여 일하는 하나님의 일꾼이다. 그러나 네가 악한 일을 행한다면 두려워하여라. 그가 공연히 검을 가진 것이 아니니, 그는 하나님의 일꾼이 되어 악을 행하는 자에게 하나님의 진노를 집행하는 자이다. (롬 13:1-4)

이 구절에서 바울은 권세마다 하나님이 세우신다고 단언한다. 권세는 하나님의 일꾼의 역할을 한다. 한 번은 플로리다 주지사의 취임식을 하는 아침 식사 모임에서 연설을 하도록 요청받은 적이 있다. 그 연설에서 나는 취임이란 여러 면에서 목사를 안수하는 것이나 목사가 부임하는 것과 비슷한 점이 있다고 말했다. 목사나 주지사나 사역을 통해 섬기게 된다. 목사는 교회를 섬기고 주지사는 나라를 섬긴다. 교회와 나라는 다른 역할이 요구되는 다른 제도이다. 교회의 일을 하는 것은 나라의 역할이 아니다. 하지만 두 제도 모두 하나님이 세우셨고 하나님의 다스림 가운데 있다.

18세기의 교회와 국가의 분리 개념과는 다르다. 오늘날 이 개념은 완전히 다른 용어로 이해된다. 원래의 개념은 두 제도 사이의 역할의 명백한 분할을 가리키는 것이었고 경계선을 명확히 하려는 것이었다. 지금에 와서는 굉장한 변화가 일어났고 교회와 국가의 분리는 국가와 하나님의 분리를 의미하게 되었다. 국가는 스스로 다스리는 개념을 원할 뿐 하나님께 책임을 지는 제도가 되기를 원치 않는다. 한마디로 정부는 하나님에게서 독립하기를 원한다.

이는 역사적으로 새로운 것이 아니다. 중세에 군주들은 왕의 신적 권위에 호소함으로써 통치에 정당성을 부여했다. 왕이 즉위식은 보통 교회에서 거행이 되었다. 영국에서 군주는 옛날이나 지금이나 "믿음의 수호자"라는 칭호가 부여되었다. 하지만 자발적으로 하나님의 권위에 복종하는 왕은 거의 없었다. 신정 이스라엘에서 조차도 왕은 경건치 못한 지도자인 적이 많았다.

하나님의 통치에 저항하는 이 세상 주관자들의 모습은 시편 2편에서 읽어 낼 수가 있다.

어찌하여 민족들이 떠들며
나라들이 헛된 일을 꾸미는가?
세상 왕들이 나서며
통치자들이 함께 공모하여

여호와와 그분의 기름 부음을 받은 사람을 대항하며,
"우리가 그 멍에를 벗어 버리고
그 결박을 끊어 버리자." 한다.

하늘에 앉으신 분이 웃으시며
주께서 그들을 비웃으신다.
그 때에 그분께서 그들에게 노하여 말씀하시고,
그들을 그분의 진노로 놀라게 하시며,
"내가 나의 왕을
나의 거룩한 산, 시온에 세웠다." 하실 것이다.

내가 여호와의 칙령을 선포한다.
그 분께서 내게 말씀하셨다.
"너는 내 아들이다.
오늘날 내가 너를 낳았다.
너는 내게 구하여라.
내가 민족들을 네 유업으로 줄것이니,
네 소유가 땅 끝까지 이를 것이다.
네가 쇠 막대기로 그들을 깨뜨리며
질그릇처럼 부술 것이다."

이제 왕들아, 지혜롭게 행하여라.
교훈을 받아라, 땅의 재판관들아.

여호와를 경외함으로 섬기고
떨며 즐거워하여라. (시 2:1-11)

시편은 이 세상 왕들끼리 꾸미는 모략을 이야기한다. 그들은 정상회담을 열고 하나님에게서 독립했음을 선언한다. 그들은 함께 전쟁을 모의하고 모든 군사력을 모아 하늘에 대항한다. 그러나 하나님께서는 이를 보고서 거룩하게 비웃으신다. 인간의 무기고는 전능하신 하나님이 보시기에는 딱총과도 같다.

하나님의 통치와 기름부음을 받은 자를 거부하지 않도록 경고하실 때 비웃음은 곧바로 진노하심으로 바뀐다. 하나님은 군왕들의 어리석음에 대해 꾸짖으시고 철장으로 그들을 깨뜨리시겠다고 경고하신다. 하나님을 떠나 교만함으로 통치하지 말고 두려움과 떨림으로 다스리도록 그들에게 말씀하신다. 두려움과 떨림은 그들의 권위가 하나님으로부터 위임된 것임을 기억하는데서 비롯된다. 모든 권세는 자신에게서 나온 것이 아니라 하나님이 부가적으로 허락하신 것이다. 하늘과 땅의 모든 권세는 아버지께서 아들에게 주신 것이다. 세상의 모든 권세는 주님께 복종해야만 한다.

어떤 의미에서 미국은 신정국가가 아니라고 말한다. 법적인 구조와 체제에 있어서 구약의 이스라엘과는 다르다. 이 땅의 통치는 본질에 있어서 세속적이다. 하지만 이는 차원의 문제이다. 모든 인간 통치는 하나님이 절대적 통치자라는 의미에서 신정적이다. 정치적 지도자들이 인간의 차원에 있어서 신정체제적으로 조직화되어 있지는 않지만 하나님의 섭리라는 측면에 있어서는 모두 하나님의 통치하에 있다고 말할 수 있다.

하나님의 통치는 피조세계를 붙드시고 유지하시는 하나님의 사역의 일부분이다. 최초의 가시적 형태의 통치는 에덴 동산 입구에 나타나 있다.

> 여호와 하나님께서 "보아라, 사람이 선악을 아는 일에 우리들 가운데 하나처럼 되었다. 이제 그가 손을 내밀어 생명나무 열매도 따먹고 영원히 살 수 있게 해서는 안 된다."고 말씀하셨다. 여호와 하나님께서는 그를 에덴 동산에서 내보내시고, 그를 취했던 그 땅을 경작하게 하셨다. 하나님께서 그 사람을 쫓아내시고, 에덴 동산 동쪽에 그룹들과 두루 도는 화염검을 두어서 생명나무의 길을 지키게 하셨다. (창 3:22-24)

에덴 동편에 두신 파수꾼의 화염검은 지상에 나타난 법집행관의 최초의 무기였다.

신학자들은 이 땅의 정부의 기원과 목적에 대해 여러 가지로 논쟁해 왔다. 어거스틴은 정부를 필요악이 아닌 악에 대한 필요로서 이야기했다. 다시 말해 세상 정부가 필요한 것은 죄가 이 땅에 들어 왔기 때문으로 보았다. 정부는 죄인들 사이의 분쟁을 해결하고 서로 속이는 경향이 있는 세상 속에서 공평한 저울을 사용하게 하고 계약 당사자들이 거짓말 하거나 약속을 파기하지 않도록 하기 위해서 필요하다. 정부는 무죄한 자들이 강도나 살인자 같은 범죄의 피해를 당하지 않도록 하는 정의의 도구로서의 역할을 하도록 만들어졌다. 생명을 보존, 유지, 보호하는 것은 정부의 주된 책임이다. 인간이 죄가 없다면 이와 같은 것들은 필요치 않을 것이다.

아퀴나스는 죄가 없는 타락하지 않은 사회에서도 다양한 노동력을 다스리기 위해서는 정부가 필요하다는 의견을 내었다. 하지만 아퀴나스와 어거스틴 모두 악이 실제적으로 존재하기 때문에 정부가 필요하다고 생각했다. 16세기의 개혁주의적 행정가들은 이런 분석에 동의했다. 그들은 정부가 극도로 타락할 수도 있지만 그런 사악한 정부도 무정부상태보다는 낫다는 것을 알았다. 사회는 무정부 상태에서는 오래 지속될 수 없다.

화염검으로 에덴의 문을 지키는 천사는 정부의 존재를 보여주었다. 출입은 제한되었고 화염검은 법을 집행하기 위해 주어진 강제력의 수단이었다. 로마서 13장에서 바울은 다스리는 자들에게 주어진 "칼의 권위"에 대해 말했다. 이런 권세는 하나님이 주신 것이다. 이는 법을 집행할 수 있는 권리이다. 실제로 그것은 권리의 이상의 것이다. 이는 권세자들에게 위임된 책임이다.

정부 관리가 종종 "권세"라고 불리우는 것은 재미있다. 이런 명칭은 그들이 권한을 가지고 있다는 사실을 환기시킨다. 그들은 칼을 소유할 수 있는 권한이 부여되었다.

칼의 힘은 무력으로 위협하는 것 이상의 의미를 갖는다. 국가는 칼을 사용할 권리가 있다. 이 원리는 세상 정부가 범죄자에게 사형을 선고하고 정당한 이유로 전쟁을 수행할 수 있는 권한을 주신 하나님으로부터 온다. 칼은 악을 행하는 자를 억제하고 정의를 도모하기 위한 것이다. 평화로운 국가가 법을 무시하는 침략자의 공격을 받는다면 법을 집행하는 사람들은 나라의 국경을 공격에서 막아낼 책임이 있다. 국제법과 국제적 분쟁에서 나타나듯이 이런 문제들은 지극히 복잡해 질 수 있다.

전쟁에 관한 토마스 아퀴나스의 분석에서 모든 전쟁은 악하지만 전쟁에 개입하는 것이 다 악한 것은 아니라고 말하고 있다. 칼의 사용이 정당화 될 수 있는 상황이 있을 수 있다. 이런 관점은 지상의 통치자들에게 칼을 사용할 수 있도록 위임하시는 하나님이 계시다는 전제를 근거로 한다.

역사를 통해서 알 수 있는 대로 지상의 정부가 하나님이 주신 힘과 권세를 남용하는 때 많았다는 것은 분명하다. 칼이 무죄한 피를 흘리는 데 사용된 적이 여러 번 있다. 이런 일이 발생한다면 지상의 정부는 하나님의 칼이 임하게 될 것을 두려워해야 한다. 하나님은 칼을 잘못 사용한 나라를 심판하실 것이다. 계시록은 이런 관점에서 무시무시한 경고를 주고 있다.

> 또 다른 천사가 하늘에 있는 성전에서 나왔는데, 그도 예리한 낫을 가지고 있었다. 그리고 다른 천사가 제단에서 나왔는데, 그는 불을 다스리는 권세를 가지고 있었다. 그가 예리한 낫을 가진 천사에게 큰 소리로 외쳐 말하기를 "네 예리한 낫을 보내어 땅의 포도송이들을 거두어라. 이는 땅의 포도들이 무르익었기 때문이다." 하니, 그 천사가 낫을 땅에 휘둘러 땅의 포도를 거두어다가 하나님의 진노의 큰 포도주 틀에 던졌다. 포도주 틀이 성읍 밖에서 밟히니, 그 포도주 틀에서 피가 나와 말 굴레에까지 닿았고 천 육백 스타디온이나 퍼져 나갔다.
> (계 14:17-20)

계시록의 서두에서 예수님은 입에서 나오는 예리한 검을 가진 분으로 묘사되고 있다. 이 책의 예언에서 주님이 가진 검을 통해 임하는 심판에 대해 경고하고 있다. 계시록 14장에서 심판의 도구는 일종의 칼인 예리한 낫이다. 위에 인용된 말씀은 공화당 승전가(The Battle Hymn of the Republic)의 근거가 된 본문이다. "내 눈이 주의 오심의 영광을 보네"라는 가사는 남북 전쟁 당시 연합군의 전투가와 합쳐지게 되었다. 하나님이 내전에서 북군과 함께 하신다는 가정에 근거하는 가사이다. 리와 잭슨과 같은 사람들은 남쪽의 권리의 정신이 하나님의 정신과 합하기 때문에 하나님은 남군과 함께 하신다고 믿었다.

하나님이 어느 편에 계신가를 판단하는 방법

분쟁이 있을 때 하나님이 어느 편을 드시는가를 어떻게 판단하는가? 이것을 아는 데는 여러 가지 방법들이 있다. 우리가 할 수 있는 한 가지 방법은 분쟁의 결과를 보는 것이다. 스톤월 잭슨은 전쟁을 하기 전에 기도로 군대를 이끌고 "전쟁은 우리가 하지만 결과는 하나님께 달려 있다" 말하곤 했다. 잭슨이 결과는 하나님의 것이라고 가정한 것은 분명 옳았다. 그는 결과가 섭리의 지배를 받는 것으로 이해했다. 하지만 분쟁 중에 있는 어느 한 편이 전투 혹은 전쟁에 승리한다 해도 하나님이 승리자의 편에 있다는 것을 보증하지는 않는다. 나중에 보겠지만 하나님은 섭리 가운데서 "옳은 편"이 패하도록 하시는 때도 있다.

하나님이 어느 편에 계시는가를 판단하는 다른 방법은 성경에 나타나는 윤리적 원리를 세심하게 적용함을 통해서다. 궁극적으로 하나님은 항상 의의 편에 계신다. 하나님은 악인의 길을 기뻐하시지 않으신다. 잠시 동안 악인이 번성하고 의인이 고난을 당할 수 있지만 하나님의 공의를 통해 악인은 번성하지 못하고 의인이 최후의 보상을 받게 된다. 불의한 상황은 매일 실제적으로 일어난다. 그러나 최후의 심판을 통해 현재 나타나고 있는 불의는 결국 바로 잡아 지게 될 것이다.

보이지 않는 하나님의 영역은 이성이나 경험적 조사와 같은 근거를 통해서는 알 수 없다고 주장한 임마누엘 칸트의 불가지론을 우리는 기억한다. 하지만 칸트조차도 "실천 이성"을 통해 하나님의 존재에 대해 논쟁했다. 그의 논점은 정의와 윤리에 대한 관심에서 흘러나왔다. 그는 "윤리가 의미를 갖기 위해서는 무엇이 필요한가?"와 같은 질문을 통해서 이런 문제를 초월적인 방식으로 접근했다. 그는 황금률을 자기 방식으로 표현한 그 유명한 정언 명령을 이야기했다. 그는 이 명령을 사회가 존속되기 위한 실제적 필요로서 생각했고 "하나님이 없다면 어떤 일도 제약을 받지 않는다."는 도스토예프스키의 금언에 동의했을 것이다.

만약 최고 권위라는 것이 없다면 칸트에게 윤리는 의미가 없고 바람직하지도 않을 것이다. 범죄가 궁극적으로 이득을 가져다 준다면 의롭게 살아야 할 이유가 어디에 있는가? 정의가 세상에서 늘 승리하지는 않기 때문에 칸트는 죽음 이후의 삶이 실제적으로 필요하다는 주장을 펼쳤고 더 중요하게는 정의라는 저울이 결국에 균형을 이루기 위해서는 죽음 이후의 심판이 있어야 한다고 생각했다. 자신의 허무주의에 근거하여 하나님은 죽었고 인간의 존재는 아무런 의미가 없다고 니체는 선언하면서 정반대의 주장을 펼쳤다. 그에게 있어서 윤리는 강자를 편드는 것일 뿐이었다.

칸트의 실천에 관한 논쟁은 섭리로부터 나온 것이 아니라 섭리를 변호하기 위한 논쟁이었다. 그것은 궁극적 통치자로서 일하시는 최고 재판관의 필요를 역설한 것이었다. 이 세상에는 불의가 너무 많이 넘쳐나기 때문에 정의에 있어서 세상의 법정을 우리는 결코 궁극적으로 신뢰할 수가 없다. 정의의 여신은 눈가리개를 다반사로 살짝 내리고 슬쩍 엿본다. 예수님은 불의한 재판관의 비유를 통해 이런 상황을 암시하셨다.

> 예수께서 그들에게 항상 기도하고 낙심하지 말아야 할 것을 비유로 말씀하셨다. "어떤 성읍에 하나님을 두려워하지 않고 사람을 존중하지 않는 어떤 재판관이 있었다. 그 성읍에 한 과부가 있었는데, 그 여자가 그에게 줄곧 찾아가서 말하기를 '저의 대적에게서 저의 억울함을 풀어 주십시오.' 하였으나, 그가 한동안 들어주려고 하지 않다가 그 후에 속으로 말하였다. '내가 비록 하나님을 두려워하지 않고 사람을 존중하지 않으나, 이 과부가 나를 귀찮게 하니, 내가 그 여자의 억울함을 풀어 주어야겠다. 그렇지 않으면 그 여자가 끝까지 와서 나를 괴롭힐 것이다.'" 주께서 말씀하셨다. "그 불의한 재판관이 말한 것을 들어 보아라. 하나님께서 자신에게 밤낮 부르짖는 택하신 자들의 억울함을 풀어 주지 않고 그들을 오래 버려두시겠느냐? 내가 너희에게 말하니, 하나님께서 그들의 억울함을 속히 풀어 주실 것이다. 그러나 인자가 올 때에 세상에서 믿음을 찾아보겠느냐?" (눅 18:1-8)

그리스도는 하나님이 정의를 실현하리라고 약속하셨다. 이 세상 어느 곳에서든 불의로 인해 고난 받는 그 분의 백성의 억울함을 벗게 하시고 그 원수를 갚으실 것이다. 위의 비유에서는 정의의 실현이 더딜 수는 있어도 부정되지 않음을 말하고 있다. 정의는 반드시 실현되기 때문에 하나님의 섭리를 신뢰하라고 가르치고 있다. 위의 비유는 갑작스럽게 들리는 말로 끝이 난다. 비유는 그리스도께서 다시 오실 때에 믿음과 그 믿음이 세상에 존재하는 가에 대한 문제로 마무리 된다.

우리는 그리스도께서 왜 그런 식으로 비유를 마무리 하셨는지 궁금해질 수 밖에 없다. 마치 하나님의 백성들이 정의가 지체되는 문제로 고민할 것을 예상하시는 듯하다. 주님은 인간의 불의가 지속되는 것을 참아내고 하나님의 섭리를 확신하는 믿음을 요구하셨다.

우리는 정치와 하나님 사이를 예리하게 구별하는데 익숙하므로 정치적인 용어로 하나님의 섭리를 이해하는 것이 어려울 수 있다. 하지만 신학은 이 땅의 정부와 하나님의 정부 사이의 틈을 연결한다는 의미에서 매우 정치적이라 할 수 있다. 정치학은 정부에 대한 것이다. 정부는 일상의 삶을 살아내는 삶의 영역을 다루기 때문에 우리에게 매우 중요하다. 우리는 이 세상에서 일어나는 일이 우리에게 직접적인 영향을 주기 때문에 정치에 관심을 갖는다.

미국에 사는 우리들은 연방 및 주 정부가 매일의 삶에 전례가 없이 간섭하는 시대에 살고 있다. 예를 들어 가장 최근에 살펴 본 바에 따르면 소비재와 빵 한 덩어리에 부과되는 각종의 세금이 스물 여덟 가지나 되었다. 정부와 충돌하지 않고는 조금도 살아 갈 수 없는 시대이다. 정부는 고속도로 뿐 아니라 인도에서도 간섭한다. 어디에나 존재하는 듯하다. 정부는 우리 삶의 대부분에 영향력을 주기 때문에 이 가운데 하나님이 어디에 계시는지를 질문해야 한다. 우리는 하나님이 공화당 혹은 민주당에 속한 분이 아니심을 안다. 하나님의 통치는 모든 정당을 초월한다. 하나님은 한 사람의 유권자처럼 인간사에 참여하는 분이 아니시다. 하지만 하나님은 모든 인간 선거에 있어서 결정적인 역할을 하시는 분이다. 선거에서의 승리와 패배는 전적으로 하나님의 섭리의 지배를 받는다.

7장

보이는 손

섭리를 통한 하나님의 통치가 가장 작은 영역까지 미친다는 것을 우리는 살펴보았다. 섭리는 아주 구체적인 것들까지 포함하여 세밀하게 다스리는 것이다. 하지만 하나님의 섭리적 통치는 국가, 왕, 정부의 흥망과 같은 역사의 큰 사건에도 미친다. 이 점에서 하나님의 섭리는 우주와 세계 역사까지 포함하게 크게 다스린다.

하나님이 항상 우리 편이라고 성급하게 가정하는 것은 위험하다는 것을 이미 살펴보았다. 우리는 하나님의 백성이기 때문에 하나님이 항상 우리를 위하신다는 것은(Deus pro nobis) 사실이지만 "우리를 위한다는 것"은 궁극적인 의미에서만 통용되어야 한다. 근접하면서도 즉각적인 의미로 생각해 본다면 하나님이 우리에게 해롭게 행하시는 때가 있다. 따라서 역설적으로는 하나님이 우리에게 맞서는 것처럼 보일 때에도 사실은 우리를 위한 것이다. 아비가 사랑하는 자녀를 징계하듯이 하나님이 때때로 우리의 계획과 일을 좌절시키시는 이유는 궁극적으로 우리를 이롭게 하기 위해 하나님이 일하시기 때문이다.

악한 제국의 흥망

하나님이 항상 우리 나라 편을 든다고 단정할 때 우리는 위험에 빠질 수 있다. 이런 가정은 건전한 신학 보다는 맹목적 애국주의에 기반한다고 할 수 있다. 맹목적 애국주의는 우리 나라가 기독교 국가라고 생각하거나 늘 하나님께서 원하시는 방식으로 행한다고 생각하는 것이다.

로널드 레이건이 미국의 대통령으로 재직했을 때 그는 구 소련을 악의 제국으로 거론한 적이 있다. 나는 그런 평가를 논박하려는 것이 아니다. 스탈린이 통치하던 때에 행해진 학살은 기록적이었다. 하지만 미국은 어떠한가? 내가 살고 있는 나라도 "악의 제국"이라는 욕설을 들을 만한 일을 하지 않는가? 우리 나라가 늘 의로운 방식으로 행하고 항상 옳다고 전제하는 것은 분명한 교만이다. 문제는 하나님이 우리 편인가가 아니라 우리가 하나님 편에 있는가 하는 것이다.

둘째로 동일하게 위험한 또 다른 가정은 하나님이 의로운 국가가 분쟁 중에 있을 때 항상 즉각적인 섭리로 그들의 편을 든다는 것이다. 성경에는 섭리적 통치를 위해 하나님이 악한 국가를 들어 그 보다는 덜 악한 국가를 징계하시는 이야기로 가득 차 있다. 하박국 선지자는 이런 상황으로 인해 고민했다.

선지자 하박국이 본 경고이다.
"여호와시여, 제가 주께 부르짖어도
듣지 아니하시고,

'폭력입니다.' 라고 주께 외쳐도
언제까지 구해 주지 않으시겠습니까?
어찌하여 저로 사악을 보게 하시며,
불의를 목격하게 하십니까?
파괴와 폭력이 내 앞에 있고
소송과 분쟁이 계속되고 있습니다.
그러므로 율법이 무력해지고
정의가 전혀 시행되지 못하니,
이는 악인이 의인을 에워싸고 있으므로
정의가 왜곡되고 있기 때문입니다." (합 1:1-4)

하박국은 애국자였다. 그는 조국을 사랑했고 역사적 불의한 상황으로 인해 괴로워했다. 이스라엘은 외국 군대의 압제를 받았고 하박국은 하나님이 자신의 탄원에 귀 기울이지 않으시고 강포함 가운데 있는 하나님의 백성을 구하시지 않음을 불평했다. 선지자는 계속적으로 탄원을 한다.

여호와시여, 주께서는
영원 전부터 계시지 아니하십니까?
나의 하나님, 나의 거룩한 분이시여,
우리는 죽지 아니할 것입니다.
여호와시여, 주께서 심판하기 위하여 그들을 두셨습니다.
반석이시여, 주께서 바로잡기 위하여 그들을 세우셨습니다.

주께서는 눈이 정결하셔서 악을 보실 수 없으며,
불의를 보고만 계시지 못하시는데,
어찌하여 배역한 자들을 보고만 계시며,
악한 자가 자기보다 의로운 자를 삼켜도 잠잠하십니까? (합 1:12-13)

하박국은 거룩하지 않게 보이는 하나님의 섭리적 행위와 하나님의 거룩한 본성 사이의 괴리를 이해할 수 없었다. 하박국에게 하나님은 너무나 거룩한 존재여서 악을 용인할 수 없는 분이셨지만 하나님은 지금 악한 대적을 그대로 지나치시는 것 같았다. 그는 하나님의 섭리에 대해 연구할 때 나타나는 가장 궁금한 질문을 제기했다. "어찌하여 배역한 자들을 보고만 계시며 악한 자가 자기보다 의로운 자들을 삼켜도 잠잠하십니까?"

그의 불만은 하나님이 의인보다 악인(적어도 더 악한 자들)을 더 이롭게 하시는 것처럼 보이는 것이었다. 하박국의 항의하는 근본적인 이유는 하나님이 불공평하시다는 것이었다. 그는 하나님의 응답을 기다리기 위해서 파수대에 올라갔다. 하나님은 하박국을 잠잠케 했을 말씀을 일찍이 하셨지만 이 모든 의문을 풀어주실 하나님의 말씀을 들으려고 결단했다.

너희는 민족들을 보고 또 주목하여라.
너희는 놀라고 또 놀라게 될 것이다.
너희 생전에 내가 정녕 그 일을 행할 것이니,
너희가 들어도 믿지 않을 것이다.

이제 내가 갈대아 사람을 일으킬 것이니,
그들은 사납고 습한 백성이며
넓은 땅을 돌아다니면서 자기 것이 아닌 거처를 차지하는 자들이다.
그들은 두렵고 무서우며,
심판과 위엄이 자기들에게서 나오고
그들의 말들은 표범보다 빠르며 밤의 늑대보다 사납고,
그 기마병들은 마치 먹이를 덮치는
독수리처럼 날쌔게 날아온다. (합 1:5-8)

여기에서 하나님은 자신의 의도를 이루시기 위해 악한 나라를(갈대아인) 사용하심을 인정하신다. 유대 역사에 있어서 하나님이 자신의 백성들을 징계하시기 위한 막대기로 악한 제국을 들어 쓰신 것이 이 번이 처음은 아니다. 사사기를 보면 자주 반복되는 후렴구가 있다.

이스라엘 자손이 여호와 보시기에 악을 행하고, 바알들을 섬기며, 그들이 이집트 땅에서 자신들을 인도하여 내신 여호와 자기 조상들의 하나님을 버리고, 자기 주변 백성들이 섬기는 다른 신들을 좇아 그 신들에게 절하여 여호와를 분노케 하였다. 그들이 여호와를 버리고 바알과 아스다롯을 섬겼으므로, 여호와께서 이스라엘에게 진노하사 그들의 약탈자의 손에 넘겨 약탈당하게 하시고, 주위에 있는 원수들의 손에 그들을 팔아 넘기시니, 그들이 원수들 앞에서 더 이상 버틸 수 없었으며, 그들이 가는 곳마다 여호와께서 말씀하시고 맹세하신 대로 여호와의 손이 그들에게 재앙을 내리시므로 그들의 고통이 심하였다.

여호와께서 사사들을 세우시고 약탈자의 손에서 그들을 구원하셨으나, (삿 2:11-16)

이스라엘이 하나님의 목전에서 악을 행하였다는 후렴은 자주 반복된다. 한 가지의 패턴이 눈에 띈다. 이스라엘 백성이 악을 행했을 때 하나님은 자신의 백성을 꾸짖기 위해 적국을 일으켜서 그들의 다스림을 받게 하셨다는 것이다. 그러면 그들은 회개하고 구원을 위해 하나님께 부르짖었고 항상 하나님은 이스라엘 백성을 구할 사사를 일으키셨다. 적의 손에서 벗어나게 되었을 때 그들을 기뻐했다. 하지만 그들은 곧 여호와의 목전에 악을 행하는 일을 반복했다. 이런 행태가 반복되면서 이스라엘이 불순종에 빠질 때마다 하나님은 그들을 심판하기 위해 더 악한 나라를 사용하시기를 주저하지 않으셨음이 명백해진다.

하박국이 깨달아야 했던 것이 바로 이 점이다. 하나님은 일시적인 사용을 위해서 악한 나라에 힘을 실어주실 수 있다. 하지만 항상 일시적이었음을 기억해야 한다. 이 악한 나라들은 결국에는 자신의 악함에 대한 보응을 받았다. 인류 역사에 있어서 강대국들은 늘 부패하게 된다. 그리고 하나님의 섭리하신 때가 되면 멸망하게 되었다. 결국 하박국은 자신이 기록한 책에 쓰여진 말씀을 이해하게 되었다. "그러나 여호와는 그의 거룩한 성전에 계시니 온 땅은 그 앞에서 잠잠하여라" (합 2:20)

하나님이 하박국에게 자신을 계시하셨을 때 선지자는 공포에 떨었다.

> 내가 소리를 들으니, 나의 배가 뒤틀리고
> 그 소리에 내 입술이 떨립니다.
> 내 뼛속이 썩어 들어가고
> 내 밑에서 다리가 떨었습니다.
> 그러나 나는 우리를 침략하러 오는 백성에게 임할
> 환난 날에 조용히 기다리겠습니다.
> 비록 무화과나무가 싹을 내지 않고
> 포도나무에 열매가 없으며
> 올리브 나무에 소출이 없고
> 밭은 양식을 내지 못하고
> 우리에 양이 없어지고,
> 외양간에 소가 없을지라도,
> 나는 여호와를 즐거워하며
> 나의 구원의 하나님을 기뻐합니다.
> 주 여호와는 나의 힘이시니,
> 나의 발을 사슴과 같게 하셔서
> 나를 높은 곳들로 다니게 하십니다.
> 지휘자를 따라 나의 현악에 맞춘 기도송이다. (합 3:16-19)

하박국이 불만의 목소리를 높였을 때 하나님은 성전에 계셨다. 땅은 하나님 앞에서 침묵하지 않았다. 하박국도 하나님 앞에서 잠잠하지 않았다. 하나님이 선지자에게 자신을 나타내시자 그는 두려움으로 벌벌 떨었다. 하지만 두려움을 통해서 하나님의 섭리를 새롭게 확신하게 되었다. 그는 믿음의 핵심을 배우게 되었다. 어떤 일이 생기든 그 순간이 아무리 파국적으로 보여도 기쁨과 확신을 위한 이유가 있다는 것이었다. 섭리를 신뢰하는 사람은 높고 위험한 곳에서도 해를 입지 않고 뛰놀 수 있는 사슴의 발을 가지게 된다.

바빌론의 멸망

하나님이 강대국을 다스리신다는 사실은 아마도 바빌론의 왕인 벨사살이 몰락하는 것을 기록한 다니엘서에서 가장 뚜렷하게 볼 수 있을 것이다. 벨사살의 연회 이야기는 하나님의 보이지 않는 손이 눈으로 볼 수 있게 나타난 역사적 한 사건을 포함한다.

> 벨사살 왕이 귀족들 천 명을 위하여 큰 잔치를 베풀고, 그 천 명 앞에서 술을 마셨다. 벨사살이 술을 마시면서 그의 부친 느부갓네살이 예루살렘 성전에서 빼앗아 온 금 그릇, 은 그릇을 가져오라고 명령하니, 이는 왕과 귀족들과 왕비들과 후궁들이 그것으로 술을 마시려 했기 때문이었다. 이에 성전, 곧 예루살렘에 있는 하나님의 성전에서 빼앗아 온 금 그릇들을 가져오니, 왕과 귀족들과 왕비들과 후궁들이 그것으로 술을 마셨다. 그들이 술을 마시고는 금과 은과 동과 철과 나무와 돌로 만든 신들을 찬양하였다. (단 5:1-4)

고대 바빌론 왕국은 세상에서 전무후무한 기적중의 하나였다. 이

나라를 난공불락의 요새와 같았다. 엄청나게 높고 두터운 벽으로 둘러쌓여 있어서 어떤 공격도 막아낼 수 있을 것처럼 보였다. 도시의 부는 오랜 기간의 포위공격도 견뎌낼 만큼 넘쳐흘렀다. 세속의 역사는 이 도시가 어떻게 무너졌고 다니엘이 벨사살이라고 부른 왕이 누구였는가에 대해 의견이 분분하다.

역사가인 크세노폰, 헤로도투스, 요세푸스는 페르시아인들이 바빌론의 왕실이 주최한 환락적인 연회가 열리는 동안 바빌론을 정복했다는데 의견을 같이한다. 그들은 페르시아인들이 유브라데스강에 둑을 쌓아 진입로를 확보하고 군인들이 벽 아래 있는 하수구를 통해 도시안으로 들어갔다고 말한다. 그들의 군대는 도시의 방벽을 허물어뜨리거나 파헤칠 능력이 없었다. 대신 벽 밑으로 들어갈 길을 찾아냈다. 벨사살이 그 때에 그런 연회를 베풀고 있었다는 것은 그가 가진 안정감이 얼마나 대단했는가를 보여준다.

잘 나가는 동양의 군주가 천명이 넘는 하객에게 성대한 잔치를 베푼다는 것은 드문 일이 아니었다. 군중이 많다는 것은 군주의 부와 권세를 보여주는 것이었다. 그런 행사에서 왕이 따로 준비된 식탁에서 높은 자리에 앉아 모든 사람들이 볼 수 있게 하는 것은 하나의 관례였다. 이런 행사에서 벨사살은 유대인의 성전 그릇을 가져오게 해서 포도주를 마시는 데 사용하도록 명했다. 이런 행동은 유대인들에게는 참을 수 없는 치욕이었고 이스라엘의 하나님의 이름을 모독하는 것이었다.

분명 포도주를 마시는 것은 단순히 환락적인 연회에 그치는 것이 아니라 이방신들을 찬양하고 참석한 모든 사람들이 이스라엘의 하나님을 욕되게 하면서 건배를 하는 행위였다. 이를 통해 하나님의 이름이 더욱 더럽혀지게 하기 위함이었다. 이는 사사기 시대에 블레셋 사람들이 언약궤를 탈취하여 다곤 신전에 전리품으로 둠으로써 이스라엘 사람들을 비웃은 사건을 떠올리게 한다. 연회가 베풀어지는 동안 벨사살의 교만은 우리를 놀라게 하는 사건으로 꺾이게 된다.

> 바로 그때에 사람의 손가락들이 나타나서 왕궁의 등잔 맞은편 석회 벽에 글자를 쓰기 시작하니, 왕이 글자 쓰는 손을 보았고 왕의 안색이 변하고 두려운 생각에 사로잡혀 넓적다리 관절이 풀리고 두 무릎이 부딪쳤다. (단 5:5-6)

벨사살의 안색은 눈 앞에서 펼쳐진 광경으로 인해 창백해졌다. 왕은 손 전체가 아닌 손가락만을 보았고 술로 인해 무감각해진 정신이 충격으로 되살아나기 시작했다. 그는 불가사의한 현상을 보고 있음을 깨달았다. 석회석으로 바른 벽 위에 글씨가 나타났을 때 왕의 안색은 즉시로 바뀌었다. 얼굴은 회색빛이 되었고 양심이 찔림을 느꼈다. 성경은 왕의 무릎이 공포로 인해 서로 부딪힐 정도였다고 기록한다. 관절이 이렇게 느슨해진 것은 엉치뼈가 자신의 몸무게를 떠받치지 못할 만큼 약해졌음을 보여준다. 두려움에 사로잡힌 벨사살은 여러 계급의 학자들을 소환해서 자신에게 나타난 글씨의 의미를 밝히도록 했다.

왕이 크게 소리 지르며 주술가들과 갈대아인들과 점쟁이들을 불러오게 하여 바빌로니아의 지혜자들에게 말하기를 "누구든지 이 글자를 읽고 그 해석을 내게 보여 주는 자에게 자주색 옷을 입히고, 그 목에 금 목걸이를 걸어 주겠으니, 그가 이 왕국의 셋째 통치자가 될 것이다."라고 하였다. 그리하여 왕의 모든 지혜자들이 들어왔으나, 그들은 그 글자를 읽지도 못하고 그 해석을 왕에게 알려 주지도 못했다. 그러자 벨사살 왕이 크게 두려워하여 안색이 변하고, 귀족들도 두려워하였다. (단 5:7-9)

벽에 나타난 글씨의 의미를 해석하도록 부름을 받은 세 계급의 학자들이 모두 이방인이었다는 사실은 매우 중요하다. 다니엘이나 다른 유대인들이 즉각적으로 소환되지는 않았다. 이방인들이 해석에 실패하고 나서야 다니엘이 부름을 받았다. 왕이 글자를 읽을 수 있는 사람에게 엄청난 보상을 약속했다는 사실은 왕이 겪은 좌절감의 깊이를 보여주고 있다. 왕은 자색옷, 금사슬, 나라의 셋째 통치자의 자리를 약속했다. 이런 장신구들은 고대세계에서 높은 신분을 상징하는 것들이었다.

벽의 글씨를 해석하도록 다니엘을 부를 것을 제안한 사람은 여왕이었다. 분명 이 사람은 벨사살의 부인이 아니라 왕후였을 것이다(왕의 부인들이 연회에 참여한 것으로 나타나기 때문이다). 그녀가 느부갓네살의 미망인이라면 예언과 해석과 같은 은사가 다니엘에게 있다는 것을 잘 알고 있었을 것이다. 그녀의 제안대로 다니엘은 소환되었다.

이에 다니엘이 왕 앞에 불려 오니, 왕이 다니엘에게 말했다. "네가 내 부왕께서 유다에서 포로로 잡아온 유다 자손 다니엘이냐? 내가 너에 대하여 들으니, 신들의 영이 네 속에 있어 명철과 총명과 특별한 지혜가 네게 있다고 하더라. 지금 내가 지혜자들과 주술가들을 내 앞에 불러서 이 글자를 읽고 그 해석을 내게 알게 하라고 하였으나, 그들이 그 해석을 보여 주지 못했다. 내가 너에 대하여 들으니, 너는 해석을 할 수 있고 어려운 문제도 해결할 수 있다고 하는데, 이제 만일 네가 이 글자를 읽고 그 해석을 네게 알려 주면, 내가 네게 자주색 옷을 입히고 네 목에 금 목걸이를 걸어 줄 것이니, 네가 이 왕국에서 셋째 통치자가 될 것이다. (단 5:13-16)

다니엘은 비위를 맞추려는 벨사살의 말에 별 관심이 없었다. 그는 왕의 제안을 거절하고 벨사살의 부친이 하나님과 조우했던 사건을 상기시켰다.

왕이시여, 지극히 높으신 하나님께서 왕의 부친 느부갓네살에게 왕국과 위엄과 영광과 영예를 주셨습니다. 하나님께서 그분께 주신 위엄으로 말미암아 어느 백성이나 민족이나 다른 언어를 말하는 사람들이나 그분 앞에서 떨고 두려워하였으며, 그분이 원하시는 대로 죽이거나 살리기도 하셨으며, 또 그분이 원하시는 대로 높이거나 낮추기도 하셨습니다. 그러나 그분의 마음이 높아지고 완고해져서 거만하게 행할 때에, 그분께서 왕좌에서 쫓겨나고 영광을 빼앗겼으며, 그분이 사람에게서 쫓겨나 마음이 짐승처럼 되었고 거처는 들나귀와 함께하고 소처럼 풀을 먹고 몸이 하늘의 이슬로 젖었으니, 그때에야 그분이 지극히 높으신 하나님께서 인간의 왕국을 다스리시며 하나님께서 원하

는 자를 그 위에 세우시는 것을 알게 되었습니다. (단 5:18-21)

이 기록의 마지막 부분에는 바벨론의 왕조차도 초월적인 하나님의 섭리의 지배를 받는다는 벨사살에게 경고하는 내용을 담고 있다. 하나님은 인간의 왕국을 지배하시고 통치하시려고 사람을 세우신다. 그리고나서 다니엘은 벽의 글씨를 해석하기에 앞서 벨사살에게 주시는 하나님의 심판의 메시지를 전했다.

그분이 아들이신 벨사살이여, 왕께서는 이 모든 일을 알면서도 마음을 낮추지 않으시고, 오히려 자신을 높여서 하늘의 주님을 거역하고 그 성전의 그릇들을 왕 앞에 가져오게 하여, 왕과 귀족들과 왕비들과 후궁들이 그것으로 술을 마셨습니다. 그리고 왕께서는 보지도 못하고, 듣지도 못하며, 알지도 못하는 금과 은과 동과 철과 나무와 돌로 만든 신들을 찬양하면서도, 왕의 호흡을 주장하시고 왕의 모든 길을 결정하시는 하나님께는 영광을 돌리지 않으셨습니다. (단 5:22-24)

다니엘은 새겨진 메시지가 하나님의 손에서 나온 것임을 설명했다. 그 말씀은 실제로 하나님의 심판을 말하고 있었다. 이유는 "왕의 호흡을 주장하시고 왕의 모든 길을 작정하시는 하나님께는 영광을 돌리지 아니한"데 있었다. 이 말씀은 사도 바울이 아덴의 아레오바고에서 이방 철학자들의 미신을 꾸짖었던 것을 생각나게 한다. 그는 "알지 못하는 신에게" 세워진 제단을 보고서 인간은 오직 하나님을 힘입어 살며 기동하고 존재함을 말함으로써 그들을 꾸짖었다 (행 17:16-32).

이와 같이 다니엘도 자신의 호흡 또한 벽에 글을 쓰신 그 분의 손안에 있음을 벨사살에게 이야기했다.

우리는 여기에 나타난 심판의 심각성에 대해 의아해 할 수 있다. 어쨌거나 벨사살은 유대인이 아니지 않았는가? 그가 이스라엘의 하나님에 대해 알 수 있기를 어떻게 기대할 수 있는가? 벨사살이 두 가지 점에 있어서 죄가 있다고 대답할 수 있다. 첫째로 하나님은 창조세계를 통해서 벨사살과 모든 인류에게 자신의 참된 성품을 계시하셨다. 바울이 로마서 1장에서 가르쳤듯이 이러한 일반계시는 너무나 분명해서 어떤 철학자나 왕도(벨사살의 시대이든 우리의 시대이든) 그것을 무시할 수 없다는 것이다. 두 번째로 벨사살은 자신의 가계에 나타난 하나님에 대한 특별한 지식을 가졌다. 그는 무지를 핑계로 사용할 수 없었다. 이런 말씀과 함께 다니엘은 신비한 메시지를 해석하기 시작했다.

메네, 메네, 데겔, 우바르신 "쓰여진 글자는 이것이니, 곧 '메네 메네 데겔 우바르신' 입니다.
그것의 해석은 이와 같습니다. '메네' 는 하나님께서 왕의 나라를 세어서 그것을 끝내셨다는 것이고, '데겔' 은 왕께서 저울에 달리셨는데, 부족함이 드러났다는 것이며, '베레스' 는 왕의 나라가 나뉘어 메대와 페르시아 사람들에게 넘어갔다는 것입니다." 이에 벨사살이 명하여 다니엘에게 자주색 옷을 입히고 그의 목에 금 목걸이를 걸어 주고 그를 왕국의 셋째 통치자로 선포하였다. (단 5:25-29)

하나님은 벨사살을 저울에 달아보셨고 그에게 부족함이 있음을 보셨다. 그는 너무 가벼웠다. 그는 도덕적 자질에 있어서 결함이 있었다. 그의 왕국은 해체되어야 했다. 바빌론의 영광은 곧 끝나게 되었다. 다른 나라가 바빌론을 정복할 것이다. 그 다음에 본문에서는 "그 날 밤에 갈대아 왕 벨사살이 죽임을 당하였고"라고 선포한다.

성경의 역사에 나타난 이 사건으로부터 "손으로 벽에 쓴 글씨"라는 표현이 탄생했다. 오늘날까지 이 표현은 파괴를 예고하거나 임박한 패배 혹은 심판의 확실성을 말할 때 사용된다. 벨사살의 경우에 벽에 손으로 쓴 글씨는 보이지 않는 섭리의 손이 심판하시는 하나님의 손에서 가시화될 때 인간의 승리는 헛된 것임을 보여주었다.

8장

섭리와 일치(동시 발생)의 신비

내가 자주 받는 질문 중의 하나는 리고니에의 의미에 관한 것이다. 이런 질문을 하는 이유는 내가 리고니에 사역으로 알려진 일에 참여하고 있기 때문이다. 이 질문 뒤에 놓여져 있는 전제는 리고니에라는 말이 영적 혹은 종교적 의미를 가진 심원한 헬라어 단어라는 사실이다. 이런 가정은 틀린 것이다. 나는 이런 질문에 종종 수수께끼같이 답변한다. "리고니에라는 말을 사용하는 이유는 여러 분이 불어 보다는 영어를 사용하기 때문입니다."

이에 관한 이야기는 다음과 같다. 리고니에라는 이름은 약 이 천 명의 인구로 구성된 펜실베니아의 한 작은 마을을 일컫는다. 우리 사역이 설립된 곳이 리고니에라는 계곡에 있다. 우리 사무실이 올란도로 이전했을 때도 그 이름을 그냥 유지했다. 18세기 중반에 리고니에 마을에는 약 만 명 정도의 사람들이 살았다. 이들은 모두 포브스 장군의 통솔하에 있는 영국군인들이었다(이 장군을 기리기 위해 Three Rivers Stadium이 들어서기 전에 포브스 필드(Forbes Field)라는 명칭이 생겨났다). 군인들은 듀크스네 요새를 공격할 준비를 하기 위해 리고니에 요새에 집합했다. 그곳은 프랑스와 인디안 간의 전쟁(The French and Indian War)이 진행되는 동안 전략적으로 중요했다. 당시 프랑스인들이 북부 몬트리올의 요새, 남쪽의 뉴 올리언스, 그 사이의 듀크스네 요새와 더불어 내륙으로 흐르는 물길을 포함한 내지를 점령했다. 뉴 잉글랜드와 버지니아에서 서쪽으로 영국군대가 확장을 하다가 프랑스군대가 장악한 영토에 부딪히게 되었다.

영국의 수상이었던 "대하원의원(the Great Commoner)" 윌리암 피트는 브래독 장군에게 듀크스네 요새를 공격하라고 명령했다. 브래독의 군대는 컴벌랜드 고개를 통해 지금은 서 펜실베니아에 해당하는 요새를 향해 버지니아에서부터 진격했다. 산을 넘어서 중화기와 보급 마차를 이동시키는 것은 너무나 힘든 일이어서 임무를 완성하기가 거의 불가능했다. 설상가상으로 프랑스 군대가 이동 중인 영국군을 공격해서 상당한 손실을 입혔다. 브래독 장군은 전투중 목숨을 잃었다. 브래독의 부관 중 하나는 자신이 타고 있던 말 다섯 마리가 총상을 입었다. 총알이 이 부관의 윗 옷 뒤를 관통했지만 자신의 피부는 전혀 긁히지도 않았다. 놀랍게도 이 부관은 살아서 자신의 경험을 나누었다. 그의 이름은 조지 워싱턴이었다. 그 후에 벌어진 작은 일로 인해 역사의 흐름이 바뀌게 되었다.

처참한 패배 후에 윌리암 피트는 포브스 장군에게 듀크스네 요새를 재차 공격할 계획을 하도록 명했다. 이 번에는 부관인 워싱턴에게 뛰어난 측량 기술을 이용해 정복하기 어려운 지역을 공격한 다른 루트를 찾도록 했다. 열 개의 작은 요새가 보급처로 사용될 수 있도록

8장 섭리와 일치(동시 발생)의 신비 113

건설되었다. 공격이 시작될 마지막 요새가 영주 리고니에를 기념하여 리고니에 요새라는 이름을 갖게 되었다. 그는 윌리암 피트의 내각에서 일하다가 추방된 프랑스인이었다.(뿌리(Roots)에 나오는 그 유명한 쿤타 킨테를 아프리카에서 미국으로 옮긴 노예선이 로드(Lord) 리고니에였음을 역사는 밝히고 있다.)

프랑스와 인디안 간의 전쟁이 진행되면서 공격을 위해 건설된 열 개의 요새중 아홉 개는 적에게 점령되었다. 끝까지 살아남은 요새가 리고니에였다.(오늘날까지 리고니에 요새의 전투는 리고니에 요새 기념일이 있는 매해 가을마다 재현된다.)

영국이 리고니에 요새로부터 프랑스를 향해 진격했을 때 프랑스 군대는 이를 미리 간파하고 듀크스네 요새를 불태워버리고 영국 군대를 피해 도주했다. 영국군은 요새를 다시 건설하고 수상의 이름을 따 피트 요새라고 명명했다. 나중에 이 요새는 피츠버그라는 이름으로 바뀌고 "동쪽으로 향하는 관문"으로 알려진 도시가 되었다. 이보다 훨씬 전에 세인트 루이스가 그 명칭을 사용했다. 영국군이 이 지역을 장악하면서 내륙으로 통하는 수로가 서쪽으로 확장하는데 이용되기 시작했다. 강을 통한 교통은 비츠버그에서 시작되었고 오하이오 강을 따라 미시시피와 뉴올리언스까지 이르게 되었다.

나는 지금의 피츠버그에서 자라났다. 어린 시절 인디안의 공격 위협은 없었다. 그것은 옛날 이야기로 통했다. 하지만 초등학교 시절에 피츠버그의 중심가에서 "돌출부"라 불리는 곳까지 필드 여행을 하곤 했다. 바로 그곳에서 알레게니와 모논가헬라 강이 합류하여 그 유명한 오하이오 강을 형성했다.

미국 역사의 진행을 바꾼 사건들이 서로 합류된 것은 지리적으로 중요한 지점들이 합류된 것과 연관되었던 것은 참으로 놀랍다.

합치의 교리(Doctrine of Confluence)

합치(confluence)라는 말은 둘 혹은 그 이상의 흐름이 "합쳐서 흘러가는 것"을 의미한다. 이 말은 "함께" 흐르는 것을 의미하는 라틴어의 어근에서 파생되었다. 합치라는 말은 동의어인 일치의 의미로 표현될 수 있다. 합치라는 개념은 하나님의 섭리 교리를 이해하는데 중요하다. 이는 섭리 교리의 한 측면이 일치 혹은 합치의 특성을 가진 교리이기 때문이다.

일치(또는 동시 발생) 교리는 하나님의 섭리 사역이 사람을 대행자로 삼아 실행되어진 역사적 사건들을 가리킨다. 다시 말해서 대행자인 사람이 행동하는 것과 동시적으로 하나님이 그들을 통해서 일하신다는 것을 의미한다. 우리가 알고 있는 대로 웨스트민스터 신앙고백에서는 다음과 같이 진술되어 있다.

하나님께서는 장차 일어날 모든 일을 영원부터 자신의 뜻에 따라 가장 지혜 있고 거룩한 계획에 의하여 자유롭고 불가변적으로 작정하셨다. 그러나 하나님은 결코 죄의 창시자도 아니요 인간들에게 허락하신 의지를 강압하시지도 아니하시고 제 2의 원인들의 자유와 우연성이 결코 제거 되는 것이 아니라 확보되고 확립되는 것이다.

아주 중요한 개념이 신앙고백의 이 항목에 담겨 있다. 첫째로 하나님이 죄의 창시자가 아니라는 성경적 원론에 대한 언급이다. 즉 하나님은 죄를 범하시지 않으실 뿐만 아니라 피조물이 죄를 짓게끔 강압하시는 분이 아니라는 것이다. 또한 이 세상에서 일어나는 모든 일을 무엇이나 하나님이 작정하신다는 것을 이 신앙고백은 명시한다. 인간의 행동들을 작정하시지만 피조물의 의지를 결코 침범하시거나 제이 원인을 무효화하시지 않으신다.

가장 놀라운 비밀

이제 우리는 기독교 신앙에 있어서 가장 놀라운 비밀을 깊이 살피려고 한다. 이 비밀은 창조주의 섭리적 역사와 피조물의 실제 사역 사이의 상호연관성에 집중하려고 한다. 이 문제를 파고들기 전에 우선은 신비와 모순의 중요한 차이를 알고 있어야 한다. 내가 저술한 거의 모든 신학 책에서 이런 차이를 설명할 필요가 있음을 발견했다. 이 부분을 아무리 강조해도 지나치지 않은 것은 이런 구별이 기독교적 사고에 너무나 중요하기 때문이다.(마음을 바꾸는 것이 여자의 특권이라면 구별을 하는 것은 신학자의 특권이다.)

모순은 정의하기 쉽다. 이는 논리의 고전적 규칙을 통해 정의된다. 비모순의 법칙은 A가 동시에 A이면서 A가 아닐 수 없다는 것을 말한다. 즉 어떤 것이 동시에 같은 의미에 있어서 참이며 거짓일 수 없다는 것이다. 나는 동시에 아버지이면서 아들일 수 있다. 하지만 동일한 의미 혹은 동일한 관계에 있어서는 그렇게 될 수 없다. 나무는 식물이면서 동시에 그늘의 원인이 될 수 있다. 하지만 동시에 같은 의미로 나무이거나 나무가 아닐 수는 없다.

하나님은 주권적이고 인간은 자유롭다고 말하는 것은 용어상 모순이 아니다. 그러나 하나님이 주권적이고 인간은 자율적이라고 말하는 것은 모순이 될 수 있다. 하나님이 주권을 가지신다면 인간은 자율적(스스로에게 법)이 될 수 없는 것이다. 인간이 자율적이라면 하나님은 주권적이실 리가 없다. 이 두 개념은 상호 배타적이다. 서로 상대를 말살한다. 주권적인 하나님이 자율적인 피조물과 함께 존재한다는 것은 저항할 수 없는(irresistable) 물체와 움직일 수 없는(immovable) 물체가 함께 존재하는 것과 같다.

저항할 수 없는 힘을 행사하는 물체와 함께 있는 움직일 수 없는 물체에 대해 잠시 생각해보자. 그 후에 다음의 고전적 질문을 깊이 생각해 보자 "저항할 수 없는 힘이 움직이지 않는 물체와 만난다면 무슨 일이 생기는가?"

무승부는 있을 수 없다. 움직이지 않는 물체가 움직인다면 더 이상 움직이지 않는 물체가 아니다. 만약 그 물체가 움직이지 않는다면 저항할 수 없는 힘은 저항할 수 없는 힘이 더 이상 아니다. 다른 대안은 없다.

움직이지 않는 물체는 그 자체로 생각해 본다면 이성적으로 가능한 개념임을 아는 것은 중요하다. 마찬가지로 저항할 수 없는 힘도 이성적으로 가능한 개념이다. 이성적으로 불가능한 것은 이 두 가지가 동시에 존재한다는 개념이다.

하나님의 주권과 인간의 자율성의 개념도 마찬가지이다. 따로 떼어놓고 생각해 본다면 이성적으로 가능한 개념이다. 하나님의 주권이라는 개념은 자기 모순적이지 않다. 동일하게 인간의 자율이라는 개념도 자기 모순적이지 않다. 자기 모순적이 되는 것은 이 두 가지가 상호적으로 존재한다는 개념이다. 이 중 하나가 진실이라면 다른 쪽은 진실이 될 수 없다.

이처럼 합리적인 가능성을 가지고 생각해 보는 것은 비교적 쉬운 일이다. 하지만 용어를 조금만 바꾸어버리면 문제는 더욱 어려워진다. 인간 자율이라는 말은 절대적 자유를 의미한다. 하나님과 같은 절대적 존재는 주권과 자율을 동시에 가질 수 있다. 다시 말해 완전한 자유와 절대적 주권을 동시에 갖는 것이 가능하다. 두 가지 특성이 한 존재에 공존할 수 있다. 하지만 이 두 가지 특성이 두 존재에 공존할 수 없는 사실을 우리는 보고 있다.

자율에는 못 미치는 자유의 개념이 있다는 사실을 아는 것은 중요하다. 즉 한계 내에서 자유를 가지는 존재를 생각할 수 있다. 진짜 문제는 하나님의 주권과 인간의 자유 사이의 관계를 규정하려고 할 때 진짜 문제가 생겨난다. 주권이라는 속성은 필연적으로 하나님에게 속한 것 같다. 하나님이 주권적이 아니라면 하나님이 되실 수 없다. 마찬가지로 자유는 필연적으로 도덕적 행위자에게 속한 것 같다. 인간이 자신의 행동에 대해 책임져야 한다면 어느 정도의 자유를 갖고 있어야 한다. 자유는 절대적일 필요가 없다. 자율적일 필요가 없는 것이다. 피조물이 제한적이나마 어느 정도라도 자유를 갖는다면 그 자유에 대해 책임을 져야 한다.

하나님의 주권과 인간의 제한된 자유라는 개념은 상호 배타적이지 않다. 성경을 통해 인간은 주권을 갖지 않음을 알고 있다. 성경에서 인간의 자유가 하나님의 주권을 제한한다고 말하는 자들이 있다. 만약 그렇게 된다면 하나님이 아닌 인간이 주권을 가질 것이다. 인간의 자유가 하나님의 주권을 제한하는 것이 아니다. 하나님의 주권은 절대적이며 제한이 없다. 오히려 하나님의 주권이 인간의 자유를 제한한다. 하나님의 주권은 인간의 자유를 초월하고 다스린다. 우리는 하나님이 허용하는 범위에서만 자유롭다.

이런 구별이 하나님의 섭리와 인간의 행위사이의 관계에서 나타나는 성가신 문제들을 어느 정도 해결해 주지만 완전한 해결책을 제시하지는 않는다. 여전히 하나님의 섭리라는 측면에서 인간이 어떻게 자유로울 수 있냐는 문제가 남아 있다. 하나님이 앞으로 일어날 사건들을 작정하신다면 그것이 인간의 의지적인 행위에 어떻게 영향을 주는지 궁금하지 않을 수 없다.

이에 답하는 데 자주 사용되는 한 가지는 하나님의 허용적 의지를 말하는 것이다. 하나님의 작정적 의지와 구별해서 이야기 되는데 작정적 의지는 작정하시는 일은 무엇이든지 주권적으로 일어나게 하시고 허용적 의지는 피조물의 도덕적 행위에 대한 여지를 두는 것이다. 하지만 이런 해결책은 문제를 과도하게 단순화시키는 경향이 있다. 하나님이 전능하시다면 분명 어떤 사건이 실제로 일어나지 않도록 하실 수 있는 능력이 있으시다. 내가 오늘 오후에 죄를 짓기로 선택한다면 하나님이 원하시기만 하면 내가 죄짓는 것을 막을 능력이 있으시다. 그는 전능하시기 때문에 내가 죄짓는 것을 막을 권리 또한 있으시다. 하나님이 내 죄를 허락하신다면 이는 내 죄를 지지하신다거나 죄를 적법하게 하는 의미에서 허락을 말하는 것도 아니다. 하나님은 죄를 멈추도록 개입하지 않으셔서 그 일이 일어나게 내버려 두실 수 있다. 이것이 허용적 의지가 말하는 의미다. 하나님은 그 일이 일어나게 허용하신다. 하지만 일어나도록 허용하는 바로 그 일을 허용하시기로 여전히 선택하신 것이다. 다시 말해 하나님은 일을 멈추게 하실 수도 있었지만 멈추지 않도록 결정하시기 때문에 선한 의도에 따라 허용적 의지를 행사하신다. 어떤 의미에서 하나님은 일이 일어나거나 일어날 수 없도록 작정하신다.

우리는 이런 식의 추론을 피조물의 도덕적 행위 뿐 아니라 그런 행동을 유발한 인간의 욕구에까지 적용시킬 수 있다. 죄를 사모하는 인간의 성향도 역시 하나님의 주권적 통제 하에 있다. 하나님이 섭리 가운데 "허락"하시지 않으면 죄를 사모할 수도 없다. 하나님의 궁극적 의지와 일치하지 않으면 허락하시지 않는다. 한마디로 하나님이 어떤 의미에 있어서 작정하시지 않으면 인간은 죄를 저지를 수도 없다. 이에 대해 나중에 충분히 살펴볼 것이지만 지금은 관찰하는 정도에서 머무를 것이다. 어떤 의미에 있어서 하나님이 모든 일이 발생하도록 작정하셨다고 말하는 것은 어거스틴이 사용한 중요한 표현이다. 어거스틴은 어떤 의미에서라는 한정적 구절을 사용하여 하나님의 주권과 인간의 책임사이의 관계의 비밀한 측면이 있음을 보여주고자 했다.

여기에서 보게 되는 비밀은 그냥 지나칠 수 없는 것이다. 상호 모순적인 힘들이 궁극적으로 작동하는 것은 불가능하지만 비밀에 속한 것들이 모순 없이 작동하는 것은 불가능하지 않다는 것을 우리는 살펴보았다. 비밀과 모순 사이에는 큰 차이가 있다. 이 둘은 공통적인 것들을 서로 공유할 수 있지만 분명 다른 종류의 것이다. 비밀과 모순 사이의 가장 큰 공통점은 우리가 이들을 제대로 이해하고 있지 못하다는 것이다. 비밀은 우리가 이해하지 못하는 진실한 것으로 정의할 수 있다. 비밀이 우리가 이해할 수 없는 것이라고 말하지 않은 것을 주목하라. 비밀로 여겨졌던 것들 중에 의문이 풀린 많은 예들이 역사 속에 있었다. 현재의 비밀이 풀리지 않는다고 말하는 것은 지식의 정점 즉 전지한 상태에 이르는 것을 전제로 한다.

신학의 가장 기본적인 이치중의 하나는 하나님의 불가해성이다. 라틴어 finitum non capax infinitum(유한자는 무한자를 이해할 수 없다)는 여기에서 적용이 된다. 천국에서 조차도 우리가 이해할 수 없는 하나님의 속성들이 있을 것이다. 영화로워진 상태에서도 우리는 여전히 유한한 존재이며 피조물로 남아 있을 것이다. 성경은 천국에서는 현재 우리가 알고 있는 일들을 훨씬 더 이해할 것이라는 충분한 이유를 제시하지만 거기에서도 우리의 지식에는 한계가 있을 것이다.

우리가 살펴보았듯이 비밀과 모순 사이의 접촉점은 우리가 이들 중 어느 것도 이해하지 못한다는 사실에 있다. 모순은 본질적으로 이해할 수 없는 것이다. 이해될 수 없기 때문에 이해되지 않는 것이다. 이 문제로부터 자주 그리고 치명적인 결과를 낳게 하는 이탈은 하나님이 모순적인 것을 이해할 수 있다고 주장하는 것이다. 이것이 사실이라면 이는 기독교에 치명적인 결과를 가져온다. 실제로 모순되는 것이 하나님의 지성을 통해 해결될 수 있다면 하나님이 말씀하시거나 계시하신 어떤 것도 의심할 수밖에 없다는 것을 의미한다. 우리에게 거짓된 모순들이 하나님에게 참이 될 수 있다면 하나님이 진리로서 계시하신 것과 정반대되는 내용들이 실제로는 참일지 거짓일지를 알 방법이 없을 것이다. 하나님이 모순되는 것을 고수하신다면 어쩌면 하나님의 마음 속에는 그리스도와 적그리스도, 순종과 불순종, 선과 악의 차이도 없을 것이다.

모순의 양극단이 인정되는 변증법적 신학에 아첨하기 보다는 하나님도 실제적 모순은 모순으로 아신다는 사실을 명확히 하자. 하나님도 동시에 동일한 관계성 속에서 하나님이 되시거나 되시지 않는 것은 있을 수 없다. 기독교 신앙에는 역설과 비밀의 여지가 많이 있지만 모순에는 그런 여지가 전혀 없다. 하나님은 모든 비밀과 역설을 이해하실 수 있지만 모순은 모순된 것으로 생각하신다.

비밀과 모순은 그것들에 대한 우리의 이해력이 부족하다는 공통점을 갖고 있으므로 많은 이들은 그 개념을 혼동하는 데 별로 긴장감을 느끼지 않으며 기독교 진리 안에 모순이 존재한다는 것을 기꺼이 인정하려는 상황까지 나타난다. 부조리한 결론으로 도피하는 경향으로 인해 하나님은 불합리하며 거짓을 말하시는 분으로 만들어지며 성령은 혼동을 조성하시는 분이 되어버린다. 선의의 모순을 단지 비밀이라고 말하는 것은 결코 적절한 것이 아니다. 모순은 절대진리를 왜곡한다. 그러나 비밀은 그렇지 않다. 하나님이 주권적이며 어떻게 동시에 인간이 자율적이 되는지를 이해할 수 없기 때문에 우리는 이 두 가지를 비밀로 확정해서는 안된다. 이 명제들은 동시에 생각하게 되면 비밀을 넘어서서 모순이 되어버린다. 적어도 이들 중 하나는 거짓이 되어야 한다.

교회는 모순적인 주장에서 벗어나기 위해 역사적 고백을 하는데 있어 주의를 기울여 왔다. 한번은 어느 철학교수가 삼위일체의 교리에 대해 조롱하는 말을 들은 적이 있다. 그는 이 교리가 명백한 모순을 주장하기 때문에 어불성설이라고 이야기했다. 이 교수는 그런 혐의를 제기하는데 있어서 좀 더 현명했으면 좋았을 것이다. 하나님이 실체에 있어서 하나이고 위격에 있어서 셋이라고 말하는 것은 모순이 아니다. 이것은 사유의 법칙을 위반하지 않는다. 실제로 밴 다이어그램 테스트(test of Venn diagrams)(집합과 그 관계를 나타내기 위해 원을 사용하는 논리체계)는 삼위일체의 교리가 모순이 아니라는 것을 증명하는데 사용할 수 있다. 실제로 교회가 하나님이 실체에 있어 하나이고 동시에 같은 의미로 실체에 있어 셋이거나 위격에 있어서 하나라고 선언한다면 이 공식은 모순이며 왜곡일 것이다. 교회는 그런 고백을 한 적이 없다. 하나님이 A에 있어서 한 분이시고 A에 있어서 셋이라고 선언하지 않는다. 그 대신 A에 있어서 한 분이시고 B에 있어서 셋인 분이라고 말한다. 이제 실체에 있어서 한 분이시고 위격에 있어서 셋인 존재는 현재 우리가 이해할 수 있는 능력의 범위를 넘어선다. 우리에게는 심오한 비밀로 남아 있는 것이다. 하지만 이는 모순이 아니다.

성경적 신앙의 통합성이 중요하기 때문에 이런 점을 설명하려고 이렇게 애를 쓰고 있다. 부조리한 이 시대에 신앙을 고백하는 그리스도인조차도 이런 혼란에 빠져 기독교의 절대진리를 왜곡하게 된다. 하나님의 섭리 교리는 특별히 일치 교리와 관련해서 많은 비밀로 가득 차 있다. 비밀이 모순으로 변질되어서는 안 된다. 하나님의 본질과 성품은 타협가능한 것이 되지 않기를 소망한다.

    이 시대에 공격받는 것은 특별히 하나님의 본질이다. 이 공격은 회의주의자뿐 아니라 복음주의자로 자처하는 사람들의 말과 글을 통해서도 이루어진다. 하나님의 본질과 성품에 대한 근본적이 이해가 변질되면서 그 결과로 하나님의 섭리에 대한 교리도 항상 변질되게 된다. 인간의 존엄성과 도덕적 책임에 대한 근거를 보호하려는 노력에 있어서(이 두 가지는 고귀하며 필수불가결한 관심사이다), 우리는 하나님에 대한 이해가 너무나 약화된 나머지 하나님의 본질과 성품이 침식되지 않도록 주의를 기울여야 한다.

9장

요셉의 색동옷: 일치의 단면

일치 교리는 성경의 여러 부분에서 찾아 볼 수 있다. 예를 들자면 그리스도에 대한 유다의 변절로 말미암아 결국 유다는 그리스도를 배신하고 동시에 그리스도는 십자가에서 처형당한 사례에서 볼 수 있는 것이다. 그의 악한 행동은 예언이 이루어진 것으로서 예수님이 재판을 위해 이방인들에게 넘겨지는 도구로서 사용되었다. 가야바, 헤롯, 본디오 빌라도 모두가 인류 역사의 가장 극적인 순간에 자신의 역할을 다했지만 가장 큰 책임을 져야할 사람은 유다였다.

유다가 최후의 심판대에 서서 속죄에 기여한 대가를 요구할 수 있을까? "내가 없었다면 성금요일이 불길한 금요일이 되었을 것이다."라고 말할 수도 있지 않을까? 성금요일이라는 제목으로 그리스도의 죽음을 기념한다는 것은 우리가 그 날의 사건을 인간의 악한 동기가 처음부터 개입되었지만 인류역사에 있어 가장 기념비적인 날로 여김을 보여주는 것이다. 하나님이 속량을 위해 유다의 범죄를 사용하셨기 때문에 유다가 자신의 공을 위해 그런 악행을 하려고 시도했다면 그 노력은 분명 실패로 끝났을 것이다. 하나님은 구속의 섭리 속에서 이런 악으로부터도 선을 만들어 내시지만 이런 사실이 유다가 범죄의 책임에서 면제되는 것은 아니다.

이는 바로에게도 동일하게 적용될 수 있다. 바로의 굳은 마음이 없었다면 출애굽도 없었을 것이다. 이집트의 군주가 출애굽에 기여한 대가로 천국에서 과연 상을 요구할 수 있을까? 결코 그럴 수 없다.

일치의 큰 음모

사단의 충동질로 욥의 가축을 도적질한 갈대아인들이 욥이 고난을 통과하게 한 대가를 요구 할 수 있을까? 욥의 이야기는 연기자들이 많이 등장하는 드라마라고 할 수 있다. 출연진에는, 욥, 스바사람들, 갈대아인들, 사단, 그리고 하나님이 있다. 욥을 괴롭힌 자는 누구인가? 하나님인가? 사단인가? 갈대아인인가? 일치의 큰 음모에 이들 모두가 관여되어 있다.

갈대아인의 죄책성에 대해 생각해 보자. 그들이 욥을 공격하여 친 것에 대해 사단에게 책임을 돌리는 그들의 변명을 하나님의 정의의 법정에서 들을 수 있다. 다음으로 마귀를 주목해 보라. 마귀는 "하나님이 그렇게 하게 만들었다"고 변명한다. 이런 종류의 책임 전가는 에덴 동산에서 맨 처음 일어났다. 아담은 자신의 범죄에 대한 책임을 하와에게 돌렸고 하와는 뱀에게 책임이 있다고 말했다. 뱀은 하나님을 빼곤 아무에게도 책임을 돌릴 자가 없었다.

실제로 사단은 욥의 가축을 훔치도록 갈대아인들을 강요하지 않았다. 그들은 갑자기 자신들의 의지와는 상관없이 욥의 물건을 훔치도록 강요당할 만큼 순수하고, 순전하며 도덕적인 처녀같은 사람들이 아니었다. 그들은 애초부터 소도둑들이었다. 하나님은 욥 주위에 장벽을 두어 인간과 사단의 공격으로부터 그를 보호했다. 장벽이 제거되었을 때 사단은 욥을 칠 수 있는 기회를 잡게 되었다. 사단은 욥의 가축을 줄곧 탐내왔던 갈대아인의 사악한 욕구를 이용했다. 욥을 시험하는 하나님의 목적은 사단의 비방이 거짓임을 밝히고 하나님의 권능과 영광을 드러내기 위함이다. 사단의 목표는 하나님을 비웃고 인간이 스스로 선택할 수 있다면 하나님보다는 사단을 섬긴다는 것을 증명하려는 것이었다. 갈대아인들은 자신들만의 음모를 품고 있었다. 그들은 욥이 그들의 손에 놓여지게 된 우주적 드라마에는 전혀 관심이 없었다. 그들은 오로지 소와 물질적 이득에만 관심이 있었다. 여기에서 우리는 여러 가지 동기를 가진 다양한 출연진들을 보게 되는데 이 모두가 하나님의 뜻을 이루기 위해 함께 작용하고 있다. 이렇게 일치하는 작용(synergism)은 일치(concurrence)라는 비밀의 한 예이다. 성경에서 일치의 가장 분명한 예는 요셉의 역사에 나타나 있다. 요셉의 문제는 그가 불과 열 일곱 살이었을 때 시작되었다. 요셉은 야곱이 나이 들어 얻은 자식이어서 편애의 대상이 되었다. 이로 인해 요셉의 형제들은 심히 질투하고 분노하게 되었다. 요셉에 대한 증오는 자신의 신비스런 꿈을 형제들에게 말하면서 더욱 깊어지게 되었다.

이스라엘은 노년에 요셉을 얻었으므로 여러 아들들보다 요셉을 더 사랑하였으며 그를 위하여 채색옷을 만들었다. 요셉의 형들은 아버지가 모든 형제들보다 요셉을 더 사랑하는 것을 보고 그를 미워하였고 요셉에게 평안하게 말할 수 없었다. 요셉이 꿈을 꾸고 자기 형들에게 말하니, 그들은 요셉을 더욱 미워하였다. 요셉이 형들에게 말하기를 "내가 꾼 이 꿈을 들어보십시오. 우리가 밭 가운데서 곡식 단들을 묶고 있었는데, 보십시오. 내 곡식 단이 일어나 우뚝 서고, 형들의 곡식 단들은 빙 둘러서서 내 곡식단을 향해 절하였습니다." 하니, 요셉의 형들이 그에게 "네가 정말로 우리 위에 왕이 된다는 것이냐? 네가 정말로 우리를 다스리겠다는 것이냐?" 말하고 그 꿈과 그 말 때문에 요셉을 더욱 미워하였다. 요셉이 다른 꿈을 다시 꾸고 그것을 형들에게 말하기를 "보십시오. 내가 또 꿈을 꾸었는데 해와 달과 열한 별들이 내게 절하였습니다."라고 하였다. 그가 아버지와 형들에게 그 이야기를 하니, 아버지가 그를 꾸짖으면서 말하기를 "네가 꾼 이 꿈이 무엇이냐? 나와 네 어머니와 네 형제들이 정말로 가서 땅에 엎드려 네게 절하겠느냐?" 하였다. 형들이 그를 시기하였으나, 아버지는 그 말을 간직하였다. (창 37:3-11)

야곱은 요셉의 꿈의 문제로 마음이 괴로웠지만 형들은 더욱 언짢아했다. 그들은 요셉을 제거할 계획을 세우기 시작했다.

형들이 요셉을 멀리서부터 보고, 그가 자기들에게 다가오기 전에 그를 죽이기로 모의하고 서로 말하기를 "보아라, 저 꿈꾸는 자가 오고 있다. 이제 오너라. 그를 죽여 구덩이에 던지고 '흉악한 짐승이 그를 잡아 먹었다.' 말하자. 그의 꿈이 어떻게 되는지 보자." 하는 것을 르우벤이 듣고 그들의 손에서 요셉을 구하려고 말하기를 "우리가 목숨을 빼앗지는 말자."라고 하였다. 르우벤이 또 그들에게 말하기를 "너희는 피를 흘리지 마라. 그를 광야의 이 구덩이에 던지되, 그에게 손을 대지는 마라." 하였으니, 그가 요셉을 그들의 손에서 구하여 아버지에게 돌려보내려고 했기 때문이었다. (창 37:18-22)

논의가 요셉을 살해할 계획으로 이어지자 르우벤이 중간에 다른 계획을 제안하려고 나섰다. 그는 요셉을 해치지 말고 구덩이에 던지고 손을 대지 말자고 설득했다. 르우벤은 구덩이에 몰래 돌아와 요셉을 구할 생각이었다. 하지만 이 계획은 애굽으로 향하는 한 무리의 장사꾼들을 보고 다른 제안이 제시됨으로써 수포로 돌아가게 되었다.

마침내 요셉이 그의 형들에게 이르렀을 때, 그들은 요셉의 겉옷, 곧 그가 입고 있던 채색옷을 벗기고 요셉을 붙들어 구덩이에 던져 버렸는데, 그 구덩이는 비어 있었고 그 안에 물이 없었다. 그들이 앉아서 음식을 먹고 있는데, 눈을 들어 보니, 보아라, 이스마엘 사람 상인들이 길르앗으로부터 오고 있었는데, 그들은 낙타에 향품과 유향과 몰약을 싣고 이집트로 내려가고 있었다. 그때 유다가 자기 형제들에게 말하였다. "우리가 우리 형제를 죽이고 그의 피를 감춘들 무슨 유익이 있겠는가? 우리가 그를 이스마엘 사람들에게 팔고, 우리 손을 그에게 대지 말자. 그는 우리 형제이고, 우리의 살붙이이다." 그러자 그의 형제들은 그 말을 듣고 따랐다. 그때 장사하는 미디안 사람들이 지나가고 있었는데, 그들이 요셉을 그 구덩이에서 끌어올리고, 은 스무 개를 받고 이스마엘 사람들에게 요셉을 팔았으며 그 사람들은 요셉을 이집트로 데려갔다. (창 37:23-28)

유다는 넷째 큰형이었다. 르우벤은 맏형으로서 족장의 축복과 나라의 약속을 받을 권리가 있는 자였다. 하지만 르우벤은 요셉을 죽이고 그것을 통해 이득을 얻기 위한 계획을 다른 형제들과 도모했다.
이후의 요셉의 삶에 나타나는 사건들은 알렉산더 뒤마의 몬테 크리스토 백작에 나오는 내용과 흡사하다. 우선 요셉은 애굽 정부의 고위 관료인 보디발의 노예로 팔려갔다. 하지만 포로와 노예 생활 속에서 요셉은 훌륭하게 살았고 맡겨진 일을 잘 감당함으로써 주인의 칭찬을 얻게 되었다. 그 후 요셉은 보디발의 아내의 성적 유혹을 거부하면서 억울하게 고소를 당했다. 수치를 느낀 보디발의 아내는 요셉에 대한 복수를 요구했고 요셉은 감옥에 갇히고 그곳에서 몇 년을 지내게 되었다. 그는 조상들의 하나님을 예배하던 문화로부터 떨어지고 그에게 소중했던 모든 것에서 고립된 채 이방 땅에 있게 되었다. 우리는 그와 같은 잃어버린 세월 속에서 요셉이 어떻게 믿음을 일관되게 유지할 수 있었는지가 궁금해진다. 하지만 그는 믿음을 지켰다. 보디발의 아내의 불법적 유혹을 거부할 수 있던 것은 그의 믿음 때문이었다.

경호대장이 요셉을 자기 모든 소유를 주관하게 하는 관리인으로 삼은 이후로 여호와께서 요셉으로 말미암아 이집트 사람의 집에 복을 주셨으니, 여호와의 복이 그 집과 밭에 있는 그의 모든 소유에 내렸다. 그

주인이 자기의 모든 소유를 요셉의 손에 맡기고, 자기가 먹는 음식 이외에는 아무 일에도 간섭하지 않았다. 요셉은 용모가 아름답고 얼굴이 잘생긴 사람이었다. 이 일들 후에 그의 주인의 아내가 요셉에게 눈짓을 하며 말하기를 "나와 동침하자." 하니, 요셉이 거절하며 자기 주인의 아내에게 말하기를 "보십시오, 나의 주인이 집안의 어떤 일에도 내게 간섭하지 않고, 그의 모든 소유를 내 손에 맡겼습니다. 이 집안에서는 나보다 큰 이가 없으며, 주인의 아내인 당신 말고는 아무것도 내게 금하지 않았습니다. 그런데 내가 어떻게 이 큰 악을 행하여 하나님께 죄를 지을 수 있겠습니까?" 하였다. (창 39:5-9)

구약의 특징 중 하나는 많은 결점을 가진 믿음의 영웅들을 묘사하는 것이다. 이 영웅 가운데 많은 사람들이 치명적인 도덕적 결점을 보여주는 셰익스피어의 영웅들과 비슷한 말로 묘사되고 있다. 하지만 그런 결점을 요셉에게서 찾으려면 현미경이 필요하다. 그는 일생의 스토리 속에서 거의 그리스도와 비슷한 정도의 덕을 가진 자로서 비춰진다. 보디발의 아내의 접근을 거부했을 때 그는 주인인 보디발에게 죄를 범할 수 없고 그에게서 얻은 신뢰를 저버릴 수 없다고 말했다. 그것을 넘어서서 그는 그녀의 욕구에 동의하는 것은 하나님께 죄를 짓는 것을 의미함을 알고 있었다. 그는 그럴 마음이 없었다. 하나님에 대한 순종 때문에 요셉은 감옥에 들어가게 되었다. 거기에서 요셉은 많은 동료 죄수들을 친구로 만들었다.

요셉을 붙잡아 감옥에 넣었는데 그곳은 왕의 죄수들이 갇혀 있는 곳이었고 요셉이 그 감옥에 갇혔으나, 여호와께서 요셉과 함께 하시고 그에게 인애를 베푸셔서, 그가 그 감옥의 간수장에게 은혜를 얻게 하셨다. 간수장이 감옥 안에 있는 죄수들을 모두 요셉의 손에 맡기니, 거기서 이루어지는 모든 일들을 요셉이 맡아서 처리하였으며, 간수장은 요셉의 손에 맡긴 것은 무엇이든지 참견하지 않았다. 이처럼 여호와께서 요셉과 함께 하셨고 그가 하는 일을 형통하게 하셨다.
(창 39:20-23)

감옥에서도 요셉은 탁월했다. 그는 모범수였고 간수의 존경을 얻었다. 감금되었던 기간에도 하나님은 그와 함께 하셨고 그의 따스한 자비로 요셉을 보호하셨다. 요셉은 형제들의 버림을 받았고 이후 보디발에게서도 버려졌으나 하나님은 그를 버리시지 않았다.

감옥에서 사귀었던 친구들도 그를 낙담케 했다.

그들이 요셉에게 말하기를 "우리가 꿈을 꾸었는데, 그것을 해석할 사람이 없다." 하니, 요셉이 그들에게 말하기를 "해석은 하나님께 있지 않습니까? 제게 말씀해 주십시오." 하였다. 술 맡은 시종장이 그의 꿈을 요셉에게 설명하였다. "꿈에 보니, 내 앞에 포도나무가 있었고, 그 포도나무에는 가지가 셋이 있었는데, 그 나무는 싹이 트자마자 꽃이 피고 포도송이가 익었다. 내 손에는 바로의 잔이 있었는데, 내가 포도를 따서 바로의 잔에 즙을 짜서 그 잔을 바로의 손에 드렸다." 요셉이 그에게 말하였다. "그 해석이 이러합니다. 가지 셋은 사흘입니다. 앞으로 사흘 있으면, 바로가 시종장의 머리를 들어 당신의 직무를 회복

시킬 것이니, 시종장께서는 예전에 하던 대로 바로의 잔을 그의 손에 바치게 될 것입니다. 시종장의 일이 잘되면 저를 기억하시고, 부디 제게 호의를 베풀어서 저를 바로에게 알려 이 집에서 구해 주십시오. 저는 히브리 사람들의 땅에서 강제로 끌려왔고, 여기서도 감옥에 갇힐 만한 일을 제가 하지 않았습니다. (창 40:8-15)

요셉이 술 맡은 자와 떡 굽는 자의 꿈을 해석한 후에 술 맡은 자는 바로를 섬기는 직위로 복귀했다. 하지만 그는 요셉을 잊고 말았다. 요셉은 감옥에서 계속 번민했다. 하지만 오래지 않아 바로는 자신의 현인들중 아무도 해석할 수 없는 무시무시한 꿈으로 괴로워하게 되었다. 드디어 술 맡은 자가 요셉을 기억하게 되었고 그의 재능을 바로에게 알렸다.

요셉이 성공적으로 바로의 꿈을 해석했을 때 자신의 영토에서 두 번째로 높은 지위를 내림으로써 보상해 주었다. 이 모든 일은 후에 요셉이 형제들과 재회할 수 있도록 하기 위한 발판을 마련해 주기 위해 일어났다. 드라마가 절정에 달하고 요셉의 진짜 정체가 형제에게 드러났을 때 그들은 요셉의 복수를 두려워하며 공포에 떨었다.

요셉의 형제들이 아버지가 죽은 것을 보고 말하기를 "혹시 요셉이 우리를 미워하여 우리가 그에게 한 모든 악을 반드시 우리에게 갚지나 않을까?" 하여, 요셉에게 말을 전하기를 "당신의 아버지께서 돌아가시기 전에 명령하시기를 '너희는 요셉에게 이같이 말하여라. 네 형제들이 네게 악을 행하였더라고 이제 그들의 허물과 죄를 용서해라.' 하셨습니다. 당신 아버지의 하나님의 종들인 우리의 죄를 용서하하십시오." 하니, 요셉은 그들이 자기에게 말할 때 울었다. 그의 형제들이 또 가서 요셉 앞에 엎드리고 말하기를 "저희는 당신의 종입니다." 하니, 요셉이 그들에게 말하기를 "두려워하지 마십시오. 제가 하나님을 대신하겠습니까? 형님들이 저를 해하려 하였으나, 하나님께서는 그것으로 선을 이루어 오늘처럼 많은 백성을 살리셨습니다. (창 50:15-20)

일치의 비밀에 담긴 하나님의 더 크신 목적

요셉은 아버지의 바램에 따라서 형제들을 용서했다. 형들의 죄과를 간과한 것은 아니었지만 이 문제에 있어서 하나님의 크신 목적에 주의를 기울였다. 요셉은 말했다. "형님들이 저를 해하려 하였으나 하나님께서는 그것으로 선을 이루어 오늘처럼 많은 백성을 살리셨습니다." 요셉이 한 이 말은 성경에 나타나는 일치 교리의 핵심이라 할 수 있다. 하나님은 섭리 속에서 요셉의 모든 인생 속에 개입하셨다. 요셉이 애굽에 이르게 된 것은 하나님의 손에 의한 것이었다. 그렇다고 해서 형님들이 자신들의 악한 행위에 대한 책임에서 면제되는 것은 아니지만 하나님은 형님들의 악한 음모를 통해서도 그 뜻을 이루기 위해 일하시고 계셨다.

요셉은 하나님과 형님들의 의도가 어떤 차이가 있는 지를 강조했다. 의도라는 개념은 사람에게 있는 인격과 의지의 중심부에 놓여 있다. 자발적인 행동은 의도를 포함한다. 심장이 박동하는 것은 비자발적인 행위이다. 나는 심장이 박동하기를 원하지만 내가 의도한다고 해서 심장이 뛰는 것은 아니다. 반대로 도덕적 행위는 의도한 바 대로 행해지는 이성적인 행동이다. 즉 행하기로 의도된 행동들이다. 실제로 사고의 경우를 대비해서 법에는 범죄가 구성되는 지를 판별하기 위한 장치들이 있다. 죄의 경중은 의도한 바에 따라 달라진다. 우리가 다른 사람의 차를 들이받으려고 계획하지는 않았다 해도 과속으로 운전하고 있었다면 상황은 달라진다. 과속으로 운전하는 중에 다른 사람의 차에 충돌한다면 부주의에 대한 책임을 져야 한다.

하나님의 의도는 항상 선하다. 주님에게는 회전하는 그림자가 없으시고 태만에 빠지시는 분도 아니다. 하나님은 요셉이 노예로 팔리도록 분명 의도하셨다. 하지만 그 목적은 전적으로 거룩한 것이었다. 하나님이 자신의 목적을 이루기 위해 사용하셨던 수단은 피조물들의 악한 의도였다. 그들은 하나님의 의도와는 전적으로 다른 것을 의도했다. 그들은 악한 의도를 갖고 있었다. 그들은 악한 일을 저질렀으며 이에 대한 책임을 갖고 있다.

우리는 이미 한 아기의 울음소리가 역사의 진행을 어떻게 바꾸었는지를 살펴보았다. 하나님은 간난 아기였던 모세를 섭리 속에서 돌보셨던 것처럼 요셉의 삶 속에서 일어났던 모든 일을 다스리셨다. "만약에"라는 가정을 통해 요셉은 어떻게 되었을지 생각해 보자. 만약 색동옷이 없었다면 요셉의 삶은 어떻게 바뀌었을까? 아마도 형들의 시기와 질투가 그토록 심하지는 않았을 것이다. 질투가 없었다면 미디안 상인들에게 팔려가지도 않았을 것이다. 그리고 미디안 상인들이 반대 방향으로 지나가고 있었다면 요셉은 애굽으로 갈 일이 없었을 것이다. 애굽으로 가지 않았다면 보디발에게 팔려갈 일도 없었을 것이다. 다른 누군가가 요셉을 샀다면 보디발의 아내와 마주칠 일도 없었을 것이다. 그렇다면 감옥에 갈 일도 없었을 것이다. 감옥에 가지 않았다면 술 맡은 장관과 빵 굽는 장관과도 만날 일이 없었을 것이다. 술 맡은 장관과 만나지 않았다면 바로의 꿈을 해석할 일도 없었을 것이다. 바로와 만나지 않았다면 요셉은 결코 애굽의 총리대신이 되지 못했을 것이다.

이런 식으로 계속 생각해 보자. 요셉이 총리대신이 되지 못했다면 유대인들은 고센 땅에 정착하지 못했을 것이다. 그렇다면 애굽에서 유대인들이 노예가 될 필요도 없었을 것이다. 노예가 되지 않았다면 모세라는 이름을 가진 아기를 구할 필요도 없었을 것이다. 모세가 없다면 출애굽도 없고 출애굽이 없다면 율법도 없을 것이다. 이런 식으로 해서 예수님과 십자가의 구속까지 계속 생각할 수 있다.

"만약에"라는 수 많은 질문들을 종합적으로 생각해 보면 요셉의 색동옷이 없는 경우에는 기독교도 없고 인간 역사의 모든 국면들은 다른 식의 결말로 이어졌을 것이라는 결론에 이르게 된다. 바로 여기에 일치의 비밀이 있다. 하나님이 선하게 의도하셨기 때문에 그의 종 요셉은 형님들의 시기와 질투의 희생이 되었다.

분명 하나님은 다른 계획을 통해 구원을 이루어 가셨을 수도 있다. 하나님은 일을 완성시키기 위해 요셉의 색동옷이 필요하지는 않았다. "만약에"라는 질문을 해 보면 그렇게 생각할 수 있다. 재미있는 추측이지만 한계를 갖고 있다. 하나님은 인간의 역사를 놓고 그런 가정을 행하시지 않는다. 하나님의 섭리적 다스림은 심각한 사역이다.

요셉의 삶 가운데 일어났던 일은 성경에 기록된 대로 일어났다. 바로 하나님의 완전하신 의도에 따라 정확하게 일어났다. 하나님이 의도하신 것은 무엇이든지 일치의 비밀을 배경으로 해서 일어났다.

10장

제일 원인과 제이 원인

우리는 끊임없이 무수한 질문들을 한다. 우리는 호기심을 가진 피조물이며 모든 종류의 질문들을 하고 싶어한다. 우리는 언제, 어디서, 누구, 무엇에 대해 질문을 한다. 아마도 가장 흥미있는 질문은 "어떻게"와 "왜" 일 것이다. "왜"라는 물음은 궁극적으로 형이상학적인 질문으로 이어진다. 우리는 "왜"라는 질문으로 시작하여 연속으로 일곱 가지 질문을 통해 어떤 영역이든지 사람이 갖고 있는 지식의 전부를 가늠할 수 있다. 이어서 "~때문에"라는 간단한 대답에 이르게 될 것이다.

대학 4학년생으로서 얼간이 생물학이라는 애칭이 붙은 한 과목을 이수한 적이 있다. 이 과목은 신입생이 듣는 수준의 기초 생물학 과정이었다. 나는 신입생 때 헬라어를 수강하느라 필수과목이었던 이 과정을 미루어 두었고 과목 시간표와 계속 충돌이 생겼다. 4학년이 되어서 철학을 전공하게 되었고 이 때가 돼서야 기초 생물학을 들어야 한다는 것은 매우 고통스러운 일이었다.

그 과목을 들으면서 두 가지 사건이 기억에 생생하다. 첫 번째 사건은 첫 수업에서 교수님이 최종 원인이 존재한다는 교리 즉 목적론의 문제는 수업의 범위에서 벗어난다고 선언하셨을 때였다. 목적론은 수업의 범위를 벗어나는 문제를 파고드는 것이라고 교수는 말했다. 나는 철학을 전공하는 학생으로서 목적론의 문제에 매우 관심이 있었기 때문에 이런 교수의 이야기에 매우 실망했고 과학적 탐구가 어떻게 목적론적 질문을 무시할 수 있는지를 이해할 수 없었다.

목적론은 목적과 목표를 연구하는 학제로서 "왜"라는 질문에 초점을 맞춘다. 하지만 교수님은 "왜"라는 질문은 수업에서 다룰 내용이 아니라고 설명했다. 생명이 있다는 것은 생물학을 하는데 있어서 이미 주어진 사실이다. 왜 생명이 있냐는 질문은 과학이 다룰 부분이 아니다. 대신에 "어떻게"라는 질문에 더 많은 관심을 가져야 한다고 말한다. 생명은 어떻게 유지가 되는가? 어떻게 작동하는가? 어떻게 재생산되는가?

두 번째 사건은 시험을 볼 때 한 가지 질문을 놓치면서 일어났다. 때때로 우리는 정확한 답을 통해서보다 오류를 통해 더 많은 것을 배우게 된다. 시험문제는 "어떻게 하면 고체가 액체로 바뀌게 되는가?"라는 것이었다. 나는 이런 변화는 분자 운동이 증가함을 통해서 일어난다고 대답했다. 대답은 잘못된 것으로 채점이 되었다. 이때까지 나는 학문의 길을 가면서 시험 점수에 대해 의문을 절대로 제기해서는 안 된다는 원칙을 이미 확립했고 학생은 교수위에 있어서는 안 되고 점수에 대한 교수의 결정은 법과도 같다고 믿고 있었다. 그것은 변화되어야 할 주제가 아니라 "메대와 바사의 법"과도 같았다. 하지만 이

시험지를 돌려 받고 내가 서술한 답이 틀렸다고 적힌 것을 알게 되었을 때 그동안 취했던 원칙을 어기게 되었다. 나는 실제로 점수에 대해서는 그리 신경쓰지 않았지만 혼란스러움을 느꼈다. 나는 내 답안이 옳았다고 생각했고 선생님이 왜 그것을 틀린 것으로 적었는지를 이해할 수 없었다. 그래서 그 교수님에게 가서 여쭤보았다. 그녀는 질문에 대한 정확한 대답은 "열을 가하는 것"이라고 설명했다.

고체에 열을 가하게 되면 어떤 일이 일어나는가를 질문했을 때 교수님은 "분자 운동이 늘어난다"고 대답했다. 이 대답에 나는 더욱 혼란스러웠다. 나는 그녀에게 바로 그것이 시험 질문에 대답하려 했던 것이라고 말씀드렸다. 교수님은 "기술적으로는 옳은 대답이지만 내가 원하는 답은 아니다"라는 말씀을 하셨다. 교수님은 더 단순한 답을 원했다. 그녀는 내 대답이 물질의 표면에 대한 것을 원했지 더 깊은 수준으로 들어가는 것은 원하지 않았다.

이 경험에서 나는 중요한 교훈을 얻었다. 때때로 우리는 지식의 문제에 있어서 스스로를 기만해야 한다는 것이다. 우리는 어떤 작용에 있어서 일어나는 일을 묘사할 때 총체적으로 설명했다고 생각하는 경향이 있다. 묘사는 일종의 설명이지만 질문에 대한 최종적인 해결책이 아니다. 묘사가 자세할수록 우리는 "왜"라는 실재에 관한 질문에 답을 했다고 생각한다.

San Pablo 『조약돌』(the Sand Pebbles)이라는 소설에서는 배의 기관실에서 일하는 한 동양인이 엔진이 어떻게 작동되는가를 설명하면서 일어나는 재미있는 한 사건을 이야기한다. 그는 엔진에 대해서는 아무것도 모른다. 그저 상황에 따라 임기응변식으로 일할 뿐이다.

엔진이 쿵쿵 소리가 날 때 작동을 바로 잡기 위해서 눈금반을 어떻게 바꾸어야 하는지를 알고 있다. 나도 종종 그런 느낌을 갖는다. 세상의 모든 사람들이 핵전쟁으로 멸망하고 나와 아내만 유일한 생존자로 남게 된다면 어떻게 될 까 상상한 적이 있다. 인류 문명은 적어도 과학의 측면에 있어서는 곧 바로 석기 시대로 회귀할 것이다. 예를 들어 밤이 되면 집에 전기로 불을 밝힐 일이 없을 것이다. 아주 단순한 과정이다. 불이 필요할 때는 전기 스위치만 올리면 되었다. 그러면 불이 들어온다. 그래도 불이 안 들어오면 전구를 확인하고 과열되었으면 교체하면 되었다. 그래도 작동이 안되면 휴즈를 점검하면 되었다. 휴즈가 끊어지지 않았다해도 상황을 바꿀 선택권은 여전히 남아 있었다. 전기회사에 전화를 하는 것이었다. 다른 모든 수단이 실패할 때는 촛불을 밝히면 되었다. 불을 밝히는 것은 단순한 문제이다. 하지만 전구를 만들거나 전력을 생산하는 법은 알지 못한다. 빛이 들어오는 원리는 알지 못한다. 빛이 얼마나 빠른 속도로 여행하는지는 알지만 왜 그런 속도로 나아가는지는 모른다. 사실 나는 빛이 무엇인지를 알지 못한다.

    전기와 빛에 대해 나보다 더 많은 것을 아는 사람들이 있지만 정전이 되었을 때 나와 동일하게 기본적 조치를 취할 것인지는 의심스럽다. 그들에게 빛과 전기의 본질이 비밀로 여전히 남아 있을 것인지도 의심스럽다.

인과율의 미로

나는 하나님의 섭리를 이해할 때 관련되는 비밀과 유사하기 때문에 이 문제를 거론하고 있다. 우리는 사건을 여러 가지 수준에서 조사할 수 있지만 결국에는 대답할 수 없는 "왜"와 "어떻게"라는 질문과 조우하는 지점에 이르게 된다. 하나님의 행위와 인간의 행위 사이에 일치가 있음을 보지만 그들이 어떻게 혹은 왜 일치하는 지를 확실히 알 수 없다.

일치라는 질문은 우리가 생각해 본 가장 복잡한 문제 중의 하나인 인과율의 미로로 우리를 인도한다. 우리는 목적인(final causes), 동력인(efficient causes), 질료인(material causes)과 같은 형상인(formal causes)을 통해 원인을 여러 차원으로 구별할 수 있다. 도움이 되는 구별이지만 총체적인 것은 아니다. 다른 중요한 구별은 제일 원인과 제이 원인 사이의 구별이다. 웨스트민스터 신앙고백은 그렇게 구별한다.

> 하나님께서는 장차 일어날 모든 일을 영원한 때부터 그의 뜻에 따르는 바 가장 지혜 있고 거룩한 계획에 의하여 자유롭고 불가변적으로 정하셨다. 그러나 하나님은 결코 죄의 창시자도 아니요 인간들의 의지를 침해하는 분도 아니시다. 제이 원인들의 자유나 우연성을 결코 제거하지 않고 오히려 확립하는 분이시다. (신앙고백 3장 1절)

이 고백의 5장에는 다음과 같이 기술되어 있다.

> 만사는 제일 원인이 되시는 하나님의 예지와 작정에 따라 변함이나 틀림이 없이 발생한다. 그러나 하나님께서는 이것이 필연적이든 자유에 의해서든 아니면 우연적으로든 간에 동일한 섭리에 의하여 만사가 제이의 원인들의 성질에 따라 발생하도록 하나님은 작정하셨다.
>
> (신앙고백 5장 2절)

　　제일 원인과 제이 원인 사이의 구별은 웨스트민스터 신앙고백이 작성되었던 17세기의 철학적 분위기에 뿌리를 두고 있다. 이 시대의 철학자들은 코페르니쿠스적 혁명과 과학의 새시대가 동트면서 나타난 여러 결과에 대해 관심을 갖고 있었다. 섭리에 대한 확신은 자연법칙의 새로운 발견으로 인해 침식당하기 시작했다. 하나님이 자연의 영역과 어떻게 관계하시는가에 초점을 맞춘 질문들이 나타났다.

　　프랑스의 철학자이자 수학자인 르네 데카르트는 인과율의 문제 특히 정신과 물질, 생각과 행위의 질문과 씨름했다. 그는 물질적인 작용이 어떻게 생각을 일으키는 것이 가능하고 생각이 어떻게 행동으로 변화되는지 알고 싶었다. 그는 진충성(extension)의 개념으로 물질을 정의했다. 물질은 무게와 측정 가능한 진충성을 갖는다. 하지만 "생각이라는 것이 얼마나 큰가?" 혹은 "생각은 무게가 얼마나 나가는가?"와 같은 무게가 나가는 것에 관한 생각에 대해 이야기할 수는 있지만 비유적으로만 가능할 뿐이다.

　　인과율에 대한 연구에서 데카르는 생각이 어떻게 행위가 되고 행위가 다시 생각을 낳는지도 살펴보았다. 데카르트가 연구한 것의 예를 들기 위해 내가 공부하는 내용을 살펴보자. 나는 노트북 컴퓨터로

이 책을 쓰고 있다. 나는 어떤 단어를 쓰고자 하는지 생각하고 난 후에 손가락은 키보드위의 자판을 두드리게 되고 그리고 나서 단어들이 화면에 나타난다. 이따금씩 잘못된 자판을 누르기 때문에 철자가 항상 정확한 것은 아니다. 하지만 이 순간에 자판을 실제로 두드리는 것은 물리적 행위이다. 키보드에 단순히 앉아서 저절로 화면에 단어들이 나타나는 생각을 하고 있는 것이 아니다. 물리적 행위는 생각을 페이지(혹은 화면)상의 단어로 전환하기 위해서 필요하다.

조금 전에 누군가가 방으로 들어왔을 때 내 생각은 중단되었다. 그 사람을 보았을 때 물리적 감각을 포함하는 경험적 인지상태로서의 목격은 내 생각을 변화시켰다. 지금 이 순간에 데카르트는 질문할 수 있다. 이런 일이 어떻게 일어나는가? 생각이 어떤 식으로 손가락을 움직이게 하고 방으로 들어가는 사람의 물리적 행위가 어떻게 당신의 사고를 변화시키는가?

데카르트는 상호작용이라 불리우는 이론을 전개시키면서 이 질문에 대답했다. 그는 사고와 행위 그리고 행위와 사고 사이의 전환은 특정한 점에서 발생한다고 추측했다. 그는 점이라는 개념을 선택했다. 수학에서의 점은 물리적인 것과 정신적인 것, 연장과 비연장 사이에 걸쳐 있는 것이기 때문이다. 점은 공간을 점유하지만 한정적인 측량값을 가지지 않는다. 그것은 물고기도 아니고 가금류도 아니다.

데카르트의 연구는 데카르트 학파에 속한 학생들에 의해서 수행되었다. 이들 중 말브랑슈와 퀼링크스는 우인론(occasionalsim)이라 불리는 이론을 주창했다. 우인론자로서 이들은 우주의 인과관계에 있어서 신을 위한 여지를 남겨두는데 관심을 가졌다. 이들은 제이 원인과 같은 것은 없다고 주장했다. 즉 이 세상에서 사물 사이의 직접적인 인과관계는 없는 것이다. 대신 둘 사이의 어떤 행동 혹은 관계는 하나님의 직접적인 개입 때문에 생겨난다. 내가 삽을 집어들 때 그렇게 하려고하는 생각 때문에 그 일이 일어난 것이 아니다. 팔을 들거나 삽을 지탱한 것이 직접적인 원인이 아니다. 원인이 되는 힘을 행사한 듯이 보이는 이런 행동들은 그런 일이 발생하도록 하나님이 개입하시기 때문에 일어난 일 뿐이라고 이들은 설명한다. 삽을 드는 주체는 내가 아니라 하나님이시다. 인과관계의 신적 행위는 눈에 보이지는 않으나 그래도 실제적인 것이다.

이 분야의 어떤 철학자들은 다른 식으로 설명한다. 예를 들어 라이프니쯔는 단자론이라 불리우는 복잡한 체계를 발전시켰다. (단자는 확장되지도 않고 나누어지지도 않으며 해체할 수도 없는 우주의 기본적인 혹은 궁극적인 구성체이며 소우주가 되는 개체이다.) 단자론을 통해 라이프니쯔는 하나님이 영원 속에서 작동하게 만든 두 개체 사이의 상호작용이 있다고 추측했다. 그는 자연 속에서 자명하게 나타나는 인과관계를 영원 속에서 하나님이 미리 계획하신 것으로 설명하는 바 사전에 설정된(pre-established) 조화의 법칙에 대해 이야기했다. 스피노자는 일종의 범신론적 일원론인 본체철학을 통해 이 문제를 생각했다.

이 이론들은 서로 상충되었고 결국 데이비드 흄의 회의주의로 이어졌다. 그는 18세기의 철학자로서 인과관계의 법칙에 관련한 여러 가정들에 도전했다. 흄은 우리가 인과관계에 대한 직접적인 지각이 불가능하기 때문에 어떤 사건의 원인을 알 도리가 없다고 주장했다.

우리가 경험하는 것은 근접한 사건의 통상적인 관계라고 그는 말했다. 우리는 행간을 읽고 이 사건들에 대한 인과관계를 덧붙일 뿐이다. 그는 여러 가지 방법으로 이에 대해 설명했다. 이 방법들 가운데 하나가 유명한 당구공의 유추이다.

당구를 칠 때 무슨 일이 생기는가? 공들이 당구대 위에 놓여있다. 당구채, 흰 공, 수자가 적힌 공들이 있다. 게임의 목표는 특정한 공들을 특정한 구멍으로 들어가게 만드는 것이다. 우리는 당구채를 들고 조준을 하고나서 물리적 힘을 행사하여 타구, 즉 당구채가 움직이도록 만든다. 당구채의 끝이 하얀 공을 때리고 공은 굴러가기 시작하여 목적구를 때리게 된다. 정확하게 조준되고 의도하지 않은 회전력이 공들에게 주어지지 않는다면 목적구는 의도한 구멍에 들어가고 점수를 획득하게 된다.

이렇게 모든 동작을 분석하게 되면 특정한 과학법칙을 논하게 된다. 이들 중 어느 것도 외부에서 힘을 가하지 않으면 물체는 원래의 상태로 남아있는 경향을 띤다고 말하는 관성의 법칙과는 상관이 없다. 마찬가지로 운동중에 있는 물체는 외부 힘이 개입하지 않으면 운동하고 있는 상태를 유지하려고 한다. 우리는 가만히 있는 공들과 당구채를 가지고 당구 게임을 시작한다. 우리 몸의 동작은 당구채가 움직이게 하는 외부 힘이다. 당구채의 움직임은 정지해 있던 흰 공에 힘을 부여하여 움직이게 만든다. 이 지점에서 정지해 있던 흰 공의 관성을 깨뜨린 것은 외부 힘이다. 움직이는 흰 공의 힘은 목적구에 힘을 가해 움직이게 만든다. 목적구는 게임에 있어서 동작을 받는 대상이자 동작을 하는 주체이다.

당구를 잘 치는 사람은 흰 공이 목적구를 친 후에 어디에서 멈출지에 항상 관심을 갖는다. 다음 번 공을 쉽게 칠 수 있도록 하기 위해서 흰 공을 통제하려고 노력한다. 그는 목적구가 흰 공을 움직이게 하는 영향력을 갖는 외부힘이 된다는 사실을 알고 있다. 당구대의 마찰력은 두 번째로 맞는 공과의 각도 혹은 공이 벽을 맞고 튀어나오는 것과 동일한 요소가 된다.

이런 시나리오를 통해서 힘과 관련한 법칙을 적용시키는 데는 어느 정도의 통제가 있다는 생각을 하게 된다. 당구 게임에서 개입되는 요소로서 벡터, 각도, 회전력, 속도 등을 생각할 수 있다. 하지만 흄은 이런 요소들 중 어느 것이 실제 존재하는지를 알 수 없다고 말했다. 이들은 모두 기만적인 외양을 통해 기회원인론 혹은 일종의 미리 설정된 조화론임을 숨기고 있을 수 있다. 우리는 실제적 힘이 존재하고 이 힘들은 흄이 확률지수라 명한 방식으로 고도로 예측 가능하다고 전제한다.

흄의 회의주의적 분석의 또 다른 예는 비와 젖은 잔디 사이의 관계에 관한 것이다. 비가 내린 직후에 잔디가 젖게 되는 것을 우리는 보게 된다. 비가 내리는 것과 잔디가 젖는 것 사이의 인과관계가 있다고 우리는 가정한다. 흄은 우리가 확실히 알 수 있는 전부는 근접한 사건을 목격하는 것이라고 말했다. 즉 사건은 연속적으로 서로 연결된다. 우리는 그런 근접한 사건들이 규칙적으로 일어나는 것을 보기 때문에 이들 사이의 "통상적 관계"를 보게 된다. 이런 관계가 잔디를 젖게 한 것이 실제로 비라는 것을 증명해 주지는 않는다. 비가 내릴 때 마다 잔디를 젖게 만드는 습관을 가진 눈에 보이지 않는 도깨비가 있을지도 모른다. 매우 어리석은 생각일 수 있지만 흄은 매우 진지한 의도를 갖고 이야기했다. 그는 외부적 실재에 대한 인간의 지각의 한계와 궁극적 실재에 접근하는데 있어서의 경험적 지각의 한계를 보여주고 있었다.

사람들은 흄을 종종 오해한다. 그가 인과관계의 개념을 완전히 무너뜨렸다고 자주 생각한다. 그는 그렇게 하지 않았다. 특정한 결과에 대해 특정한 원인을 확실성을 갖고서 파악할 수 없다고 말하는 것과 아무런 인과관계 없이 어떤 결과가 발생할 수 있다고 말하는 것은 별개의 것이다. 그렇게 말하는 것은 비이성적인 것이다. 결과는 정의대로 하자면 선행하는 원인을 갖는 일이다. 인과관계의 법칙은 모든 것(everything)이 원인을 가져야 한다고 말하지는 않는다. 그렇다면 하나님도 원인이 있어야 할 것이다. 대신 그것이 말하고자 하는 것은 모든 결과(effect)는 원인을 가져야 한다는 것이다. 원인을 파악할 수 없다고 해서 원인이 없다고 선언할 수 있는 권리는 우리에게 없다.

제일 원인과 제이 원인 사이의 구별은 과학적이며 신학적인 이유 때문에 생겨난다. 이는 하나님의 행위와 피조물의 행위 사이의 관계를 완전히 설명하려는 것이 아니라 묘사하기 위한 것이다. 제이 원인은 피조물이 행사하는 힘을 일컫는다. 제일 원인은 세상의 진행에 있어서 하나님의 행사를 통해 나타나는 원인을 일컫는다.

웨스트민스터 신앙 고백의 신학자들은 제이 원인들이 실제적이며 우리가 행사하는 힘들은 실제적 힘이라고 강조했다. 하지만 이 세상에서 행사되는 어떤 힘이라고 효력을 발휘하기 위해서는 하나님의 힘에 의존해야 한다. 이 생각의 배경은 17세기 합리주의자들과 18세기의 경험주의자들의 철학적 추측과 더불어 성경 자체의 가르침에서 나온다. 아마도 가장 중요한 것은 사도 바울이 아덴의 마르스 언덕에서 철학자들과 토론한 데서 볼 수 있을 것이다.

> 바울이 아레오바고 가운데 서서 말하였다. "아테네 사람들아, 내가 너희를 보니, 모든 면에서 종교심이 많다. 내가 두루 다니며 너희의 예배 대상들을 살펴보았는데, '알지 못하는 신에게'라고 새긴 제단도 보았다. 그러므로 너희가 알지 못하고 경배하는 이것을 내가 너희에게 알게 하겠다. 우주와 그 안에 있는 모든 것들을 창조하신 하나님께서는 하늘과 땅의 주님이시므로 손으로 지은 신전들에게 계시지 않으시고, 또한 무엇인가가 부족한 것처럼 사람들의 손으로 섬김을 받지도 않으신다. 그분께서는 모든 이들에게 생명과 호흡과 모든 것들을 친히 주신다. 그분께서 인류의 모든 민족을 하나로부터 만드시고 그들을 온 땅 위에 살게 하셨으며, 그들이 사는 때와 거주지의 경계를 정하셨는데, 이는 혹시 그들이 하나님을 더듬어 찾고자 하면 그분을 찾게 하시려는 것이니, 그분께서는 과연 우리 각자에게서 멀리 떨어져 계시지 아니하신다. 우리가 그분 안에서 살고 움직이고 존재하기 때문인데, 너희의 시인들 중 어떤 이들도 말하기를 '우리도 그분의 자손이다.' 하였으니, (행 17:22-28)

고대 철학 세계에서 사상가들을 괴롭혔던 가장 어려운 세 가지 질문은 궁극적 실재에 대한 질문, 운동의 본질에 대한 질문, 생명의 본질에 대한 질문이었다. 현대의 이론적 사상의 가장 복잡한 세 가지 질문을 종합할 수 있다면 여전히 존재, 운동, 생명에 대한 질문이 될 것이다. 1세기 이후로 많은 진보를 이루었지만 이들 개념은 기념비적인 수수께끼로서 남아있다.

바울은 "우리가 그분 안에서 살고 움직이며 존재한다"라고 선언했다. 하나님만이 스스로 존재할 수 있는 능력을 갖고 있다. 모든 피조물은 하나님의 존재를 떠나서는 살 수 없다. 마찬가지로 하나님의 힘을 떠나 있는 운동 혹은 생명의 힘은 존재하지 않는다. 우리가 이 세상에서 행사하는 원인적 힘이 무엇이든 그것이 효력을 발생하기 위해서는 하나님의 힘에 의존해야 함을 의미한다. 제이 원인은 근접한(proximate) 원인이다. 제일 원인 즉 하나님은 궁극적이며 독립적이다. 우리가 행사하는 원인적 힘은 하나님의 힘에서 비롯되며 하나님의 힘에 늘 의존한다.

하나님이라는 원인은 근접한 원인과 구별되는 원격의(remote) 원인으로 생각될 수 있다. 모든 이차적인 혹은 근접한 원인들은 하나님이라는 제일 원인에 의존한다.

우리는 일치의 교리에서 이 관계를 보게 된다. 요셉의 삶의 드라마에서 하나님은 고난의 일차적이며 원격의 원인이었으며 한편 형들의 행동은 이차적이면서 근접한 원인이었다.

이런 구별은 중요하며 도움이 된다. 하지만 이런 종류의 구별을 통해서도 문제의 핵심을 파고들지 않았음을 기억해야 한다. 여전히 은밀하게 역사하는 하나님의 섭리를 감추고 있는 비밀의 요소가 남아 있기 때문이다.

11장

섭리와 역사

역사 공부는 때때로 "그 분의 이야기(His story)를 연구하는 것"이라고 일컫는다. 이 말은 모든 역사는 하나님의 섭리를 풀어서 보여주는 것임을 암시한다. 19세기에는 이런 생각이 보편적이었다. 당시의 철학자들은 포괄적인 역사철학을 고안하는데 사로잡혀 있었다. 예를 들어 헤겔은 역사란 관념들(ideas)을 종합하는 과정이라고 불렀다. 마르크스는 가진 자와 가난한 자들 간의 갈등을 통해서 역사를 설명하려 했다. 이 때의 화두는 진화였다. 진화는 역사를 간단한 것에서 복잡한 것으로 진보의 정점을 향해서 무작정 달려가는 점진적 발전과정으로 묘사했다.

19세기는 전례가 없는 낙관주의의 시대였다. 교육과 과학에 대한 믿음으로 인해 철학자들은 하여금 인류는 성년의 시대에 접어들었고 역사적 유아기와 청소년기를 지나 완전한 성숙으로 나아가고 있다고 믿게 되었다. 이제 질병과 가난, 전쟁, 사회악은 해결될 것이라 생각했다. 인간 정신의 내재적 선에 대한 무분별한 확신이 있었다. 인간의 업적을 통해 이상적인 낙원에 진입할 것이라 기대되었다.

20세기 초에 1차 세계대전의 발발로 인해 낙관주의라는 거품이 걷히기 시작했다. 이 전쟁조차도 모든 전쟁을 종식하지는 못했다. 베르사유 조약에 불만을 갖던 히틀러는 파리를 점령하리라는 부도수표와 다름없는 약속을 했고 나중에 보복 공격을 통해 약속한 추가적 생존공간(Lebensraum)을 손에 넣게 되었다. 그는 육백만 명의 유대인 시신 위에서 춤을 췄다. 홀로코스트 사건은 한 세대의 비관적 실존주의자들을 양산해 냈으며 이들은 비트족 세대의 유행에 심취하게 되었다. 유토피아는 살 곳이 없다는 헬라어의 의미를 갖고 있다.

하바드의 소로킨은 20세기 초반을 역사가 기록된 시기 가운데 가장 잔인했던 세계로 규정했다. 이것은 베트남, 사막의 폭풍, 보스니아, 팔레스타인 전쟁과 우리 시대를 휩쓸었던 다른 국제적 전쟁이 있기 전이었다. 소로킨의 분석에 의하면 서구 역사상 가장 평화로운 두 시기는 1세기와 19세기였다고 한다. 인간 문명이 약속한 진보가 실제로는 퇴보였는가를 철학자들이 질문하기 시작했다.

성경적 역사관

세계 역사에 대한 초월적 계획이 있을까? 성경은 명백하게 그렇다고 가르친다. 역사에 대한 성경적 관점은 고대 헬라의 관점과 극명하게 대조된다. "신은 죽었다"고 믿는 철학자인 프리드리히 니체는 그의 박사 논문에서 고대 헬라세계에 나타나는 두 가지 역사관의 충돌에 대해 썼다. 하나는 아폴로가 상징하는 고대 세계의 관점이다. 이는 목적, 질서, 조화, 균형의 관점이다. 고대 그리이스의 예술은 조화와 일관성의 형식을 묘사했다. 무질서 대신 질서있는 세계를 선호했다. 한편 디오니시우스로 상징되는 관점이 있었다. 디오니시우스 숭배는 특유의 무질서하고 방탕한 축제로 유명했다. 여기에선 무질서가 질서의 세계에 대해 승리를 거둔다.

니체는 디오니시우스적 관점을 받아들였다. 그는 영원한 순환이라는 신화가 승리하는 것에 대해 말했다. 이는 역사의 순환적 관점으로 "그들이 말들을 쐈지 그렇지?(They Shoot Horses, Don't They?)"라는 영화에 나오는 마라톤 댄스처럼 역사는 특정한 시작과 종결이 없이 무한 반복된다는 시각이다.

역사에 대한 이와 같은 비관적인 관점은 헬라의 관점보다 더 오래 전에 나타났다. "하늘 아래에서"가 아닌 "해 아래"에서 살아가는 삶에 대한 부정적 관점은 전도서에 잘 나타난다.

> 다윗의 아들, 예루살렘 왕, 전도자의 말씀이다.
> 전도자가 말한다. "헛되고 헛되며 헛되고 헛되니, 모든 것이 헛되다."
> 사람이 해 아래서 수고하는 모든 수고에서 무슨 유익을 얻을까?
> 한 세대가 가면 또 한 세대가 오지만 땅은 영원히 그대로 있다.
> 해가 떴다가 지며, 제자리로 급히 돌아가 거기에서 다시 떠오른다.
> 바람은 남쪽으로 불다가 북쪽으로 돌아가며, 계속해서 돌며 불다가 그 불던 곳으로 다시 돌아간다.
> 강물이 모두 바다로 흘러가지만 바다는 넘치지 않으며,

강물은 흐르던 곳으로 돌아가고 거기서 다시 흘러간다.
만물이 피곤한 것을 사람이 말로 표현할 수 없으니,
눈은 보아도 만족이 없고 귀는 들어도 차지 않는다.
이미 있던 것이 다시 있을 것이며 이미 했던 일을 다시 할 것이니,
해 아래에는 새로운 것이 없다. (전도서 1:1-9)

이 본문에 나타나는 절망적 어조는 일반적인 성경적 세계관을 반영하지는 않는다. 그 보다는 태양너머를 바라보지 못하는 회의주의자의 시각을 묘사하는 것이다. 헛되고 헛되다는 울부짖음은 인간 존재에 대한 궁극적인 의미를 찾지 못하는 허무주의자들의 신념이다. 영원으로 이어지지 않는 현재라는 차원의 벽에 자신의 삶이 막힌 세속주의자의 울부짖음이다. 여기에서 언급되는 헛됨은 교만이나 자신감의 헛됨을 말하는 것이 아니다. 이는 무익함이 헛됨을 말하는 것으로 이런 식으로 표현할 수 있다. 무익하다고 말하는 것을 포함한 모든 것이 무익한 것이다.

무익함에 대한 강조는 순환적 역사관과 관련되어 있다. 이는 태양이 떠오르는 상황을 묘사하며 태양은 끊임없는 것처럼 보이는 반복적 형태 속에 있다. 자연주의적 회의주의는 헤밍웨이의 특징으로서 그의 가장 대표적인 작품 중 하나인 「태양은 다시 떠오른다」에 잘 반영되어 있다. 마찬가지로 바람은 남으로 불었다가 다시 북으로 되돌아오면서 순환하게 된다. 이런 이미지는 해 아래 새것이 없다는 결론을 지지해 주며 셰익스피어에 나오는 다음 대사를 생각나게 한다.

가엾은 연극배우는 무대 위에서 한 시간 동안 뽐내며 걷지만 더 이상 아무도 그에게 귀 기울이지 않는다. … 그가 하는 말은 바보가 지껄이는 이야기이며 아무런 의미도 갖지 않는 소리로 가득차 있다.

역사에 대한 순환적 관점은 바보가 들려주는 이야기이다. 그것은 열정, 깊은 관심과 염려로 가득 차 있지만 결국은 아무런 의미도 없다.

이런 종류의 회의주의가 이 시대에 만연되어 있다. 우리가 사는 시대는 세속주의의 시대이면 세속주의는 단순히 문화적 형태 혹은 삶의 방식이 아니다. 이는 세계관이다. 하비 콕스는 자신의 저서『세속도시』에서 세속이라는 말은 우리가 사는 세상을 묘사하는 두 가지의 라틴어중 하나에서 파생되었다고 설명하고 있다. 이 단어중 하나는 mundus라는 말로 공간적 차원에서의 이 세상, 바로 이곳을 일컫는다. 영어 단어인 mundane(세속적인)라는 말이 파생된 단어이다. 다른 단어는 saeculum으로 시간적 차원에서의 이 세상으로 지금을 일컫는다.

세속주의의 핵심 개념은 역사와 관련이 있다. 이는 모든 역사가 "지금 여기"라는 차원에 묶여 있다고 가정한다. 시간은 있어도 영원은 없다. 영원에 이를 수 있는 길은 없으며 매일 매순간 경험하는 시간을 초월하는 것은 존재하지 않는다. 우리는 한번 살다가 가는 사람으로 쾌락을 추구하며 사는 것은 지금이 존재하는 모든 것이기 때문이다. 주의(ism)로서의 세속주의는 그 생각 안에 하나님의 섭리가 존재할 자리가 없다. 영원이라는 개념이 들어설 수가 없기 때문이다.

반면에 역사에 대한 히브리적 사고는 직선적이며 순환적이지 않다. 원은 시작점과 종료점이 없다. 직선적 역사관은 시작점이 있다. 시작이 있다는 것은 역사에 대해 성경이 가르쳐 주는 첫 번째 교훈이다. 창세기의 첫 말씀은 "태초에"라고 선포한다. 따라서 성경의 처음 단어들은 삶과 세상에 대한 세속적 관점과 충돌한다. 그 다음에 나오는 단어는 세상의 관점과 더욱 극명하게 충돌한다. "태초에 하나님이…" 기독교와 세속주의 사이의 충돌 지점에 도달하기 위해 그 다음에 나오는 "천지를 창조하시니라"라는 말씀까지 거론할 필요도 없다.

역사에 대한 성경적 관점은 시간상의 시작과 함께 출발한다. 성경에 나오는 태초라는 말씀과 함께 하는 것이다. 물리적 범주를 떠나서 시간에 대해 생각할 수는 없다. 시간은 둘 이상의 물체 사이의 상대적 움직임을 통해 측정된다. 숫자가 적혀 있는 눈금판을 돌아가는 초침이나 해시계의 표면을 움직이는 그림자나 모래시계에서 떨어지는 모래를 통해 우리는 시간을 인지한다. 시간의 경과는 일종의 움직임이며 물리적인 물체가 없이는 시간의 경과를 알 수 없다. 이런 면에서 시간은 우리에게 수수께끼와 같다.

"시간이 쏜살같이 간다" 혹은 "시간이 날아 간다"와 같은 표현을 써서 시간의 연대기적 흐름을 언급한다. 성경적 관점에서 보면 시간의 흐름과 경과에는 종점, 곧 목적(telos)이 있다. 역사는 목적을 가지며 그 목적은 하나님이 영원 속에서 확립하신 것이다. 역사가 의미가 있고 목적이 있다는 개념은 하나님의 섭리 교리에 필수적이다.

성경에 대한 현대의 회의적이고 비판적인 관점에서 보면 성경이 관심을 갖는 역사는 일반적인 역사가 아니라 구원의 역사(독일어로 Heilsgeschichte)라는 특별한 종류의 역사라고 주장한다. 이 역사는 구속사라고도 불린다. 이런 관점을 가진 자들 가운데 많은 사람들은 일반적인 역사에 대한 성경의 관계는 존재하지 않거나 불필요한 것이며 성경의 기록이 역사적으로 정확한가 하는 문제는 중요하지 않다고 결론을 지었다. 그들은 중요한 것은 구원 역사의 계시라고 말한다.

아마도 20세기의 가장 중요한 신약 비평학자는 루돌프 불트만일 것이다. 불트만은 신약 신학의 불트만 학파의 아버지로 성경을 현대적 세계관에 맞게 조정하여 해석하는 새롭고 급진적인 해석시스템을 도입했다. 그는 성경이 세상과 역사에 대한 고대적이며 오류가 있는 관점에서 기록된 것이라 확신하며 무시간적 신학(theology of timelessness)이라는 새로운 신학을 정립하려고 했다. 불트만에게 구원은 직선적이지도 않고 역사적이지도 않다. 구원은 결정적인 시점에 일어나는 것이다. 이는 구원은 세상 역사라는 수평적 평면위의 시공간에 쓰여지는 것이라기 보다는 수직적이라는 관점이다. 구원은 데카르트의 좌표와 유사한 시간은 차지하지만 특정한 경과시간을 갖지 않는 "순간"에 일어나는 것이다. 순간은 어느 정도의 시간을 갖는가? 얼마나 많은 순간이 모여 1초, 1분, 1시간이 되는가? 구원은 실존적인 만남 결정적인 신앙의 순간에 "위로부터 갑자기" 발생하는 것이다.

불트만은 성경적이고 역사적인 상황으로부터 구원을 분리해 버렸다. 역사와 구원에 대한 불트만의 관점은 성경적 범주와는 완전히 다른 것이고 성경적 신앙보다는 기독교를 실존적으로 재조명한 것을 더 많이 반영한다. 역사적 기독교는 일반 역사와의 관계와 함께 존재하거나 사라진다. 화란의 신약학자인 헤르만 리델보스는 성경의 역사는 구원의 역사인 것이 사실이지만 또한 구원이 나타나는 실제 역사임을 밝힌 적이 있다.

아마도 불트만을 가장 활발하게 비판했던 사람은 유럽의 학자의 오스카 쿨만일 것이다. 쿨만은 주로 불트만을 겨냥해서 쓴 논쟁적인 세 권의 책을 저술했다. 이중 첫 번째 책이 "그리스도와 시간"이라는 책이다. 이 책에서 쿨만은 시간에 대한 언급과 관련해서 신약 성경에 사용된 다양한 단어들을 탐구했다. 그는 예수님이 자주 자신의 때가 아직 오직 않았다는 말씀 속에 나타난 "때(hour)"라는 단어를 연구했다. 그는 두 가지의 헬라어 단어의 중요성을 지적했다. 바로 크로노스(chronos)와 카이로스(kairos)라는 단어이다. 두 단어 모두 시간이라는 말로 번역할 수 있다.

크로노스라는 용어는 일반적인 시간의 흐름을 일컫는다. 소위 우리가 말하는 연대기라는 의미와 상통한다. 이 헬라어 단어로부터 정밀시계(chronometer) 혹은 연대기(chronicle)와 같은 단어가 파생한다. 카이로스라는 말은 좀 더 이국적이다. 이 단어와 정확하게 상통하는 영어단어는 없다. 내가 생각할 수 있는 가장 가까운 의미를 가지는 것은 '역사적으로 중요한'(historic)이라는 단어이다. 우리는 역사적으로 중요한(historic)과 역사적(historical) 사이를 구별할 수 있다. 시간 속에 발생하는 모든 사건은 역사적(historical)인 것이다. 하지만 시간 속에서 일어난 모든 사건들이 역사적으로 중요한(historic)것은 아니다. 우리는 역사적인 중요성을 갖는 사건에 대해서 역사적으로 중요한(historic)이라는 단어를 사용한다. 우리는 이 단어를 역사의 진행을 바꾸거나 변경한다고 생각되어지는 사건에 사용한다. 예를 들어 독립선언문에 서명을 한 것은 미국역사에 있어서 역사적으로 일어난

(historical) 것일 뿐 아니라 역사적으로 중요한(historic) 사건이다. 마찬가지로 증권시장의 붕괴, 진주만 폭격, 존 에프 케네디의 암살은 역사적으로 중요한(historic) 사건들이다.

 신약성경에서 역사적으로 중요한 사건은 중요성을 잉태한 것들이다. 이는 과거가 최고점에 달하고 그 후에 따르는 모든 사건들에 결정적인 영향력을 갖는 순간이다. 그리스도의 탄생은 그러한 사건으로서 세례, 십자가형, 부활, 승천과 더불어 오순절에 일어난 사건도 동일한 중요성을 갖는다. 구약에서는 홍수와 출애굽이 역사적으로 중요한 사건들일 것이다. 이런 사건들은 구속 역사적인 중요성으로 가득 채워져 있고 역사에 대한 하나님의 중요한 목적을 계시한다. 하나님의 구속사역은 역사라는 장 속에서 발생한다. 카이로스는 역사를 초월하는 것이 아니다. 이는 본체계(noumenal realm), 혹은 신화적 영역에서 일어나는 일이 아니다. 이는 실제 역사에서 실제 사람들을 포함하는 실제 세계에서 일어난다. 바로 이것이 역사와 신화와의 근본적인 차이이다. 쿨만을 비판하는 사람들이 지적하듯이 성경은 신화의 책이 아니다. 유대교는 이미 비신화화되어 있고 일반 역사에 접근하는 방식에 있어서 다른 고대의 신화적 종교와는 명백히 다르다. 헬라인들은 아테네 여신이 제우스의 머리에서 새롭게 태어난 바 역사적인 사실인가에 대해서는 전혀 개념치 않았다. 기독교는 예수님이 실제 역사 속에서 성육신한 하나님이신가와 진실로 시공간 속에서 부활하셨는가에 대해 관심을 가졌다. 베드로는 다음처럼 고백했다.

 너희에게 우리 주 예수 그리스도의 능력과 재림을 알게 한 것은, 우리가 교묘하게 만든 이야기를 따라서 한 것이 아니다. 우리는 그분의 크신 위엄을 직접 목격한 자들이다. 지극히 큰 영광 중에서 그분에게 음성이 들려오기를 "이는 내 사랑하는 아들이니, 내가 그를 기뻐한다." 하실 때에 그분께서 하나님 아버지께로부터 존귀와 영광을 받으셨다. 우리가 그 거룩한 산에서 그분과 함께 있을 때 하늘에서 들여오는 이 음성을 들었다. 또 우리에게는 더 확실한 예언의 말씀이 있어 어두운 곳을 비추는 등불과 같으니, 너희는 날이 새어 너희 마음속에 샛별이 떠오를 때까지 이 말씀에 주의하는 것이 좋다. (벧후 1:16-19)

신약성경 기자는 그들의 눈을 통해서 보고 귀를 통해서 들은 것에 대해 진술하려고 했다. 감각을 통해 지식을 얻는 것을 꺼리던 영지주의적 기록과는 극명한 대조를 이룬다. 신약은 영지주의적인 책이 아니다. 그것은 실제로 시공간에서 일어난 사건을 선언하기 위해 기록한 것이다.

카이로스라는 말은 역사 속에서 시작된 순간 뿐 아니라 역사의 정점, 결말에도 관심을 갖는다. 현재 일어나는 사건 뿐 아니라 과거의 사건들과 아직 일어나지 않은 미래의 사건도 다룬다. 우리는 이런 사실을 예수님과 귀신이 만나게 되는 재미있는 사건에서 볼 수 있다.

예수께서 건너편 가다라 지방에 들어가셨을 때에 악령 들린 두 사람이 무덤들 사이에서 나오다가 예수님을 만났는데, 그들은 대단히 사나워서 아무도 그 길로 지나갈 수 없었다. 그때에 그들이 외치며 말하였다. "하나님의 아들이시여, 당신이 우리와 무슨 상관이 있습니까?

때가 오기도 전에 우리를 괴롭히려고 여기에 오셨습니까?" 마침 그들에게서 멀리 떨어진 곳에 방목하는 많은 돼지 떼가 있었으므로 악령들이 간청하여 말하기를 "만일 당신이 우리를 쫓아내시려거든, 우리를 저 돼지 떼 속으로 들여보내소서." 하므로 예수께서 그들에게 "가라." 하고 말씀하시니, 그들이 나와서 돼지들 속으로 들어갔으며, 그 온 돼지 떼가 비탈길을 따라 바다 속으로 내리 달아 물에 빠져 죽었다. 돼지들을 치던 자들이 달아나 성읍으로 들어가서 이 모든 일, 곧 악령 들렸던 자들의 일을 전하니, (마 8:28-33)

얼핏 보면 이 구절은 예수님이 귀신들과 타협을 하신 것처럼 보일 수 있다. 귀신들은 예수님을 하나님의 아들로 인식하고 있고 "때가 되기 전에" 그들을 괴롭게 할까봐 불평했다. 헬라어 본문으로 이 단어가 카이로스이다. 귀신들은 하나님이 미래의 카이로스적인 순간, 즉 특정한 시간을 예비하셔서 하나님의 진노와 처벌에 처하게 되고 지옥 구덩이에 던져질 때가 온다는 것을 분명히 알고 있었다. 귀신들은 또한 하늘과 땅의 모든 권세가 하나님의 아들에게 주어졌지만 그 권세가 아버지에 의해 영원 가운데 확립된 미래의 사건을 위한 시간표를 변경시키지 않는 것도 알고 있었다.

어쨌든 예수님은 마귀를 지옥에 보내시지 않았다. 내 추측은 귀신들이 옳았기 때문에 그렇게 하신 것이 아니라 이를 위한 때 즉 카이로스가 아직 아니었기 때문이었다. 예수님은 사람들에게서 귀신을 쫓아내지 않으셨다. 그 때는 귀신들린 사람들의 구속을 위한 것이었고 귀신들의 통제에서 경험되는 고통에서 놓이기 위함이었다. 구속을 위한 시간이었지만 귀신들이 영원한 벌에 처할 때는 아니었다.

어떤 이들은(아마도 동물애호가들) 예수님이 귀신들을 돼지에게로 보내어서 애궂게 동물들이 필요없는 고난을 당하게 하셨다고 불평을 한다. 이런 비난은 창조의 질서와 하나님의 세계에서 인류가 청지기로서 감당하는 역할을 잊은데서 기인한다. 우리는 동물의 세계를 다스리는 역할을 부여 받았다. 물론 동물을 학대할 수 있는 권리를 갖는 것은 아니지만 이 경우에 예수님은 두 명의 사람을 구속하기 위한 수단으로 돼지떼를 사용하셨다. 인류를 위해 동물이 희생된 것은 유대교 역사에서 처음은 아니다. 이 원리는 구약의 제사제도에서 깊이 뿌리 내려 있다.

우리는 이 지역에서 농부가 돼지떼를 키우며 무슨 일을 했는가를 질문할 수 있다. 돼지는 부정한 동물이었기 때문이다. 귀신들은 부당하게 벌에 처한 것이 아니었다. 그들은 예수의 권세에 복종해야 했고 사람들에게서 나가라는 명령에 순종해야만 했다.

역사의 모든 순간에 있어 연대기적 시간은 섭리의 보이지 않는 손과 감독하에 있다. 카이로스적 사건의 구체적 순간들은 구속적 가치에서 뿐만 아니라 계시적 가치에 있어서도 풍성함을 갖는다. 구체적인 순간들은 일반적인 사건들에 대한 증거의 성격을 갖는다. 일반 역사라는 틀 속에서 일어나는 구속사건은 모든 역사가 하나님의 손에 있다는 깊은 확신을 우리에게 가져다 준다. 이는 우리 삶속의 갈림길은 헛됨이나 무익함을 표현하는데 있지 않음을 의미한다. 역사의 이야기는 바보들에게 남겨져 있지 않다.

성경은 정해진 방향을 향해 나아가는 시간에 관심을 갖는다. 시간은 중요하다. 이전의 시간은 지나가 버리고 우리는 현재 "마지막 때"를 살아가고 있다. 현재는 세상을 위한 갈림길의 시간이다. 모든 순간이 중요성을 갖는 시간이다. 세상의 모든 인간들이 회개하고 그리스도를 받아들이도록 부르심을 받는 시간이다. 바울이 마르스의 언덕에서 말했던 것과 같다.

알지 못하던 시대에는 하나님께서 눈감아 주셨으나, 지금은 어디에서나 누구든지 회개하라고 사람들에게 명령하셨으니, 이는 하나님께서 정하신 사람을 통하여 세상을 의로 심판하실 날을 정하시고, 그분을 죽은 자들 가운데서 일으키시어 모든 이들에게 믿을 만한 증거를 주셨기 때문이다. (행 17:30-31)

12장

구속 역사와 세속 역사의 교차점

구속 역사는 일반역사의 상황 가운데서 발생한다. 그것은 실제 시공간에서 일어난다. 하지만 구속 역사에는 초월적이며 수직적인 차원이 확실히 있다. 구속 역사에서 영원은 일시와 교차한다. 영원은 시간과 교차한다. 무한이 유한을 만난다. 두 차원이 교차하기 때문에 완전히 불연속적인 관점에서 이들을 바라보는 것은 부적절하다. 그리스도의 삶은 세계 역사라는 틀안에서 시작한다.

그 무렵에 아우구스투스 황제가 칙령을 내려서 온 세계가 호적 등록을 하게 하였으니, 이 첫 번째 호적 등록은 구레뇨가 시리아의 총독이었을 때에 실시한 것이다. 모든 이들이 호적 등록을 하기 위하여 각각 자기 고향으로 갔으며, 요셉도 다윗 가문의 자손에 속한 자였으므로, 갈릴리의 나사렛 동네에서 베들레헴이라 불리는 유대의 다윗의 동네로 올라갔다. 그가 자기와 정혼한 마리아와 함께 호적 등록을 하러 갔는데, 그때에 그 여자는 임신 중이었다. 그들이 거기에 머물러 있는 동안에 그 여자가 해산할 날이 차서, 첫아들을 낳아 그를 포대기에 싸서 구유에 뉘었는데, 여관에는 그들이 들어갈 곳이 없었기 때문이다. (눅 2:1-7)

예수님은 로마의 문화가 꽃을 피우고 군사적 정복이 정점에 있었던 로마의 평화 시기(Pax Romana)에 태어나셨다. 아우구스투스 씨저가 권좌에 올랐던 때이다. 유명한 삼두 정치 가운데 서로 죽이는 권력 투쟁과 율리우스 씨저가 폼페이의 반신상 밑에서 암살을 당한 후 젊고 재능있던 옥타비안이 로마정부를 전례가 없던 수준까지 올려 놓았다.

로마 제국은 군대의 이동을 손쉽게 해주는 교통 체계를 도입했다. 로마의 각 지역을 연결해주는 도로 시스템은 세상이 부러워할 만한 것이었다. 도로는 매우 효율적으로 고안되고 설계된 후에 건설되어서 일부는 지금까지도 남아있다. 게다가 로마인들은 미국 정부가 모방해야 할 정도의 효율적인 우편제도를 발전시켰다.

이러한 문화적 이점을 제쳐놓고 초기 기독교 교회의 급속한 발전을 상상하기란 불가능하다. 복음은 로마의 도로와 우편제도를 통해 세상으로 흘러들어갔다. 신약의 상당 부분은 이런 제도를 통해 기록되고 유통된 편지와 서신들의 결과이다.

때때로 로마 정부는 세금징수를 주된 목적으로 한 인구조사를 실시했다. 주민들은 출생지에서 호적신고를 해야 했다. 때론 상당한 여행이 불가피한 의무사항이었다. 그런 호구조사가 일어나는 동안 예수님은 태어났고 미가 선지자가 수세기 전에 미래의 메시아가 태어날 지리적 장소에 대해 예언한 것이 성취되었다.

12장 구속 역사와 세속 역사의 교차점

> 그러나, 너 베들레헴 에브라다야,
> 네가 유다 족속들 가운데 작을지라도
> 나를 위해 이스라엘을 다스릴 자가 네게서 나올 것이다.
> 그의 근원은 태고적 영원부터이다.
> 그러므로 임신한 여자가 해산하기까지는
> 그들을 그냥 버려둘 것이나
> 그 후에 그의 형제들의 남은 자가
> 이스라엘 자손들에게로 돌아올 것이다.
> 그가 여호와의 능력,
> 곧 여호와 그의 하나님 이름의 위엄으로 서서
> 꼴을 먹이실 것이다.
> 그리하여 그들이 평안히 거할 것이니,
> 이제 땅 끝에서까지 그가 크게 될 것이다. (미 5:2-4)

　베들레헴의 작은 마을인 다윗 성은 하나님이 메시아가 태어날 장소로 뽑은 곳이었다. 하지만 요셉과 약혼한 처녀 마리아는 나다나엘이 어떤 선한 것도 나올 수 없다고 말할 수 밖에 없었던 환경을 가진 나사렛에 살았다. 신약성경은 베들레헴에서 예수가 나신 것을 역사에 나타난 우연이라고 말하지 않았다. 아우구스투스 씨저의 법령 때문에 요셉과 마리아가 이 마을로 이사가게 된 것은 우연이 아니었다. 씨저의 정치적 권세 뒤에는 하나님의 초월적인 섭리가 있었다. 아우구스투스는 전혀 몰랐지만 그의 법령은 구약의 예언이 사실임을 드러내고 하나님의 말씀이 이루어지도록 하기 위해 하나님이 사용하신 도구일 뿐이었다.

성경은 예수님이 때가 차서 태어나셨다고 선언한다. "찼다"라고 번역된 말은 헬라어로 *pleroma*이다. "찼다"라는 말은 이 단어의 어감을 잘 살리지 못한다. *Pleroma*는 완전한 의미에서의 충만, 폭발해 버릴 상황까지 이르는 충만함을 일컫는다. 물을 잔에 채울 때 가장자리에 닿을 때까지 채우지 않는다. 마실 물을 잔에 채울 때는 내용물이 쏟아지지 않도록 약간의 여유를 둔다. *Pleroma*에서 말하는 충만은 수도꼭지 밑에 잔을 놓고 물을 틀어 계속 흐르게 할 때 일어나는 상황과 더욱 비슷하다. 잔은 채워지고 옆으로 물이 넘치기 시작한다. 이런 경우에 더 이상 물이 채워질 공간은 잔에 남아있지 않다.

"때가 차매"라는 말은 역사가 그리스도의 탄생을 위해 무르익었다는 것을 의미한다. 과거의 모든 크로노스와 이전에 지나간 모든 카이로스가 이 순간에 모아졌다. 예수님은 하나님이 세상에 기초를 놓으신 그 순간부터 작정하신 특정한 시간과 장소에서 태어나셨다. 누가는 이런 단어로 사건을 기록한다. "거기 있을 그 때에 해산할 날이 차서." 하지만 이것은 마리아의 잉태와 일반적인 임신기간이 채워진 것 뿐 아니라 이 순간을 위한 모든 세월들이 완성된 것을 의미한다.

가이사와 수리아의 총독 구레네에 대한 누가의 언급은 세상 역사 한 가운데에 성육신에 대한 기록을 위치시키려는 의도에서 나온 것이다. 섭리는 제일 원인과 제이 원인, 세속 역사와 구속 역사를 서로 만나게 한다. 세속 역사의 기록 속에 놓여 진 것은 그리스도의 탄생만이 아니다. 그의 죽음 또한 때가 찼을 때 일어났다. 사도신경은 아우구스투스에 대해 거론하지는 않지만 다른 역사적 인물인 예루살렘 총독으로 있던 로마 관리, 본디오 빌라도를 언급한다. "본디오 빌라도에게 고난을 받으사"라는 구절은 매주 수 많은 사람들이 암송을 한다. 왜 빌라도를 언급하는 것일까? 헤롯 혹은 가야바를 언급하지는 않았을까? 역사가들과 신학자들은 빌라도가 구속 역사에서 독특한 역할을 감당했기 때문이라고 추측한다. 예수에 대한 사형을 선고한 사람은 바로 빌라도였다. 그는 메시아에게 유죄판결을 내린 이방인 지배자였고 메시아가 이방인의 손에 넘겨질 것이라는 예언이 성취되게 했다.

빌라도는 공인의 역할을 한 것이었지만 그것은 평범한 관리를 넘어서는 역할이었다. 그는 그리스도에 대한 심판을 선언하기 위해 섭리 속에서 하나님이 지명하신 자였다. 신약은 아무도 하나님에게서 그리스도의 생명을 취할 수 없다는 점을 상세히 말한다. 예수님은 자신의 양떼를 위해 자신의 생명을 능동적으로 내어놓는 일을 하셨다. 이런 관점에서 예수님은 빌라도의 권세에 대해 재미있는 대화를 나누셨다.

> 그러자 빌라도가 말하기를 "네가 나에게 말하지 않겠다는 것이냐? 내게는 너를 놓아 줄 권세도 있고 십자가에 못 박을 권세도 있다는 것을 알지 못하느냐?" 하니, 예수께서 그에게 대답하셨다. "위에서 네게 주지 않으셨다면, 너는 내게 대하여 아무 권한도 갖지 못하였을 것이다. 그러므로 나를 너에게 넘겨준 자의 죄는 더 크다." (요 19:10-11)

예수님은 자신보다 높은 권력과 권세를 가졌다고 하는 빌라도에게 도전하셨다. 예수님을 말씀하셨다. "위에서 주지 아니하셨더라면 나를 해할 권한이 없었으리니" 이 말씀은 인간의 능력을 일컫는다.

"아니하셨더라면"이라는 말은 어떤 일이 일어나기 전에 충족되어야 할 특별한 조건을 지칭한다. 이 말씀은 빌라도의 권력 혹은 권세는 꼭 필요한 조건에 의존함을 보여준다. 그 조건은 하나님이 권세와 권위를 주는 것이다.

예수님을 심문하는 동안 빌라도는 자신이 깨달을 수 있는 것 이상의 의미를 전달하는 말을 하게 되었다.

그러자 빌라도가 다시 총독 관저로 들어와서 예수님을 불러 말하기를 "그대가 유대인의 왕이냐?" 하니, 예수께서 대답하셨다. "이것은 네가 스스로 하는 말이냐? 아니면 다른 사람들이 내게 대하여 네게 한 말이냐?"
빌라도가 대답하기를 "내가 유대인이냐? 너의 동족과 대제사장들이 너를 내게 넘겨주었으니, 네가 무슨 일을 행하였느냐?"라고 하므로, 예수께서 대답하셨다. "내 나라는 이 세상에 속한 것이 아니다. 내 나라가 이 세상에 속한 것이라면, 내 부하들이 싸워서 내가 유대인들에게 넘겨지지 않게 하였을 것이다. 지금 내 나라는 여기에 있는 것이 아니다." 그러자 빌라도가 말하기를 "그러면 네가 왕이 아니냐?" 하니, 예수께서 대답하셨다. "네가 말한 대로, 내가 왕이니, 내가 이것을 위하여 태어났고 이것을 위하여 세상에 왔다. 이는 진리에 대하여 증언하기 위한 것이니, 진리에 속한 자는 누구나 내 음성을 듣는다."
빌라도가 그 분께 말하기를 "진리가 무엇이냐?"라고 하였다. 그가 이것을 말한 후에 다시 유대인들에게 나가서 말하였다. "나는 그에게서 아무 죄도 찾지 못하였다." (요 18:33-38)

예수님은 왕이었지만 빌라도가 이해하는 그런 의미의 왕이 아니었다. 이 대화를 나눈 후에 빌라도는 군중들에게 선포했다. "나는 그에게서 아무 죄도 찾지 못하였노라"고 한 말은 공인으로서의 공식적 심판이었다. 하지만 그의 판단에는 그 이상의 의미가 있었다. 빌라도는 자신의 심판이 얼마만큼이나 진실된 것인지를 알 수 없었다. 그는 예수님에게서 아무런 잘못도 찾을 수가 없었기 때문에 아무 죄도 발견할 수 없었다. 분명 빌라도의 판단은 제한된 것이었다. 그는 십자가형을 정당화할 수 있는 로마법률을 위반한 혐의를 예수님에게서 발견할 수 없다고 단순히 선포하고 있었다. 하지만 더욱 깊고 넓은 의미에서 빌라도는 하나님의 심판을 말하고 있었다. 이 사람에게는 로마법뿐 아니라 하나님의 법의 측면에서도 절대적으로 잘못이 없었다. 빌라도 앞에 선 분은 죄가 없으셨다. 도살되기 위해 준비되고 있는 흠없는 어린 양이었다.

빌라도는 그리스도에 대해 또 다른 선고를 내렸는데 겉으로는 악의가 없어 보인다.

그러자 빌라도가 예수님을 데려다가 채찍질하였다. 군인들이 가시로 관을 엮어서 예수님의 머리에 씌우고 자주색 겉옷을 입히고, 그분께 나와서 "유대인의 왕, 만세." 라고 말하며 그분의 뺨을 때렸다. 빌라도가 다시 밖으로 나와서 그들에게 말하기를 "보아라, 내가 그 사람을 너희들에게 데려오겠다. 이는 내가 그에게서 아무 죄도 찾지 못했음을 너희가 알게 하려는 것이다." 하였다. 예수께서 가시관을 쓰시고 자주색 겉옷을 입으신 채 밖으로 나오시니, 빌라도가 말하였다. "보아

라, 이 사람이다." (요 19:1-5)

라틴어로 "보아라, 이 사람이다"는 ecce homo이다. 이 두 단어가 교회사에서 주목을 받은 것은 이상하게 여겨질 수 있다. 본문의 상황 속에서 예수님은 조롱받는 상황가운데 있었던 것 같다. 예수님을 사로잡은 자들은 왕을 상징하는 의복을 그에게 입혔고 왕권을 가지신 예수님을 멸시하는 행동을 했다. 빌라도의 말은 단순히 "이 사람을 보라"는 의미이다. 하지만 고대의 신학자들은 이 말 속에서 섭리에 의해 촉발된 의도하지 않은 이중의미를 발견한다. 예수님이 자신을 주목해 보는 세상 앞에서 서있었을 때 그는 하나님이 아닌 "이 사람"으로서 자신을 나타내신 것이다. 실제로 그곳에 서신 분은 단순한 한 사람이 아니었다. 그는 바로 그 사람(the Man)이었다. 그 사람은 새로운 인류를 대표하여 오신 두 번째 아담이었다. 그는 인간을 창조한 목적을 완전하게 실현했고 하나님의 신적 형상을 취하심으로써 하나님의 성품을 반영하고 나타내셨다. 히브리서 저자는 선언했다.

> 옛적에 선지자들을 통하여 여러 번, 여러 모양으로 조상들에게 말씀하신 하나님께서, 이 마지막 날들에 아들을 통하여 우리에게 말씀하셨으니, 하나님께서 그 아들을 만물의 상속자로 세우시고, 또 그분을 통하여 온 세대를 지으셨다. 그 분은 하나님의 영광의 광채이시고 본체의 형상이시다. 또한 자신의 능력의 말씀으로 만물을 붙드시고, 죄를 정결케 하는 일을 하시고, 높은 곳에 계신 위엄 있는 분의 오른쪽에 앉으셨다. (히 1:1-3)

예수님이 하나님의 영광의 "광채"이며 "그 본체의 형상"으로 묘사됨을 기억하라. 여기에서 예수님은 하나님으로서 뿐 아니라 인간으로도 계셨다. 빌라도가 이 사람을 주목하라고 세상에 호소한 것은 비웃으려는 의도를 초월하는 계획이었다.

탄생과 삶과 죽음에 있어서 예수님은 인간 역사의 한복판에서 하나님의 구속적 목적을 수행하신다. 모든 세속 역사가 예수님 탄생을 기점으로 표기되는 것은 아이러니컬하다. 나는 이 책을 1995년에 쓰고 있다. 이 연대는 A.D.라는 표기를 덧붙일 수 있다. A.D.는 라틴어로 *anno domine* 즉 "주의 해"를 의미한다. 모든 역사는 때가 차매 오셨고 그 오심을 통해 모든 시간을 정의할 수 있게끔 하셨던 그 분을 통해 맞추어진다.

에스더의 운명의 순간

구속 역사와 세속 역사가 교차하는 또 다른 예는 에스더의 이야기식 역사에서 볼 수 있다. 에스더서는 조금은 이상한 책이다. 어떤 사람들은 에스더가 구약의 계시보다는 페르시아 제국의 세속 역사의 한 부분에 더 가깝게 보이기 때문에 정경에 속하지 않는다고 주장했다. 어떤 학자들은 이 책이 하나님에게 초점을 맞추지 않기 때문에 비신학적이라고 말하기까지 했다.

하지만 그와는 정반대이다. 에스더서는 섭리라는 하나님의 보이지 않는 손의 역사를 나타내기 때문에 잔이 넘치기 직전까지 물이 채워져 있는 것과 같다. 이 책은 세속 역사를 언급하며 시작이 된다.

이 일은 아하수에로 시대에 있었던 일이다. 아하수에로 왕은 인도에서 에티오피아까지 백이십칠 도를 다스리고 있었다. 그때에 아하수에로 왕이 도성인 수산에서 왕의 보좌에 앉았는데, 그가 다스린 지 삼 년째 되는 해에 왕이 모든 고관과 신하를 위하여 잔치를 베푸니, 페르시아와 메대의 장수와 각 도의 기족과 고관들이 그 앞에 모였다. 그가 여러 날, 곧 무려 백팔십 일 동안이나 그 나라의 영광스러운 부요함과 그의 찬란하고 위엄스러운 명예를 과시하였다. 이 기간이 끝나자, 왕은 큰 자로부터 작은 자까지 도성인 수산에 있는 모든 백성을 위하여 왕궁의 정원에서 이레 동안 잔치를 베풀었다. (에 1:1-5)

큰 잔치가 벌어지는 동안 왕은 모여 있던 귀인들에게 보이기 위해 여왕인 와스디를 불러냈다. 왕의 목적은 사람들과 관리들에게 여왕의 아름다움을 보이려 한 것이었다. 아하수에로의 입장에서는 자부심의 행동이었다. 하지만 와스디는 왕의 명령을 무시하고 오기를 거절해서 왕의 분노를 사게 되었다. 왕의 체통은 상처를 입었고 그의 권위는 도전에 직면했다. 왕은 지혜로운 자들의 조언을 구하여 제어하기 힘든 왕비를 어떻게 다루어야 할 지를 결정하기를 원했다. 아래에 나타나는 대답은 그곳에 모여 있던 사람들의 불안감을 반영했다.

므무간이 왕과 고관들 앞에서 대답하였다. "와스디 왕후가 왕께만 잘못을 범한 것이 아니라 고관들과 아하수에로 왕의 모든 도의 백성들에게도 잘못을 범한 것입니다. 왕후의 행실이 모든 여자들에게 알려지면, '와스디 왕후는 아하수에로 왕이 왕 앞으로 나오라고 명령하였어도 나오지 않았다.' 하면서 자기 남편들을 업신여길 것입니다. 페르시아와 메대의 귀부인들이 왕후의 행실을 들은 오늘 당장 왕의 모든 고관들에게 이같이 말할 것이므로, 업신여김과 분노가 걷잡을 수 없게 될 것입니다. 만일 왕께서 좋게 여기신다면, 왕명을 내려 와스디가 왕 앞에 나오지 못하게 하시고 이것을 페르시아와 메대의 법전에 기록하여 고치지 못하게 하시며, 왕께서는 왕후의 자리를 와스디보다 나은 사람에게 넘겨주십시오." (에 1:16-19)

다음은 와스디를 대신할 여왕을 찾는 일이었다. 왕을 즐겁게 할 아름다운 처녀를 찾기 위한 작업의 일환으로서 화려한 미인 컨테스트가 왕국 전체에서 거행되었다. 마치 신데렐라 이야기의 첫 장과 같았다.

왕국에는 바빌론에 포로로 잡혀갔던 사람들 가운데 속해있던 유대인 모르드개가 살고 있었다. 그의 삼촌의 딸이 그녀의 부모가 죽어 고아가 되었고 모르드개는 그녀를 데리고 와서 자신의 딸처럼 돌보고 키웠다. 그녀의 이름은 에스더였다. 미인 컨테스트를 거치고 나서 에스더는 새로운 여왕으로 뽑히게 되었다. 모르드개는 그녀에게 그녀의 혈통을 밝히지 말 것과, 유대인으로서 페르시아의 왕비의 자리에까지 올랐음을 드러내지 말 것을 일러 주었다.

그런 가운데 왕은 하만이란 사람을 페르시아의 모든 왕자보다 높은 자리에 올려 놓았고 모든 종들은 그에게 경의를 표해야 한다고 명령했다. 그러나 자신의 유대교적 신념 때문에 모르드개는 하만 앞에 무릎을 꿇기를 거절했다. 모르드개에게 복수를 하려는 분노의 시도 속에서 하만은 그뿐 아니라 그 땅에 있는 모든 유대인을 멸하려고 했다. 하만은 아하수에로에게 왕은 제국의 모든 유대인들을 멸하라는 칙령을 내리도록 제안했고 개인적으로는

이 명령을 수행하는 자들에게 은 만달란트의 상을 주겠다고 약속했다. 이는 유대인을 집단학살하려는 시도였다.

왕의 칙령은 "메대와 바사의 법령"으로서 취소될 수 없는 것이었다. 유대인들이 이 소식을 들었을 때 그들 가운데 커다란 두려움과 통곡이 있었다. 그들은 자신들이 처한 상황이 더 이상 희망이 없다고 생각했다. 모르드개는 자신의 옷을 찢고 베옷을 입고 재를 뒤집어 썼다. 그리고 필사적으로 에스더에게 그녀의 백성을 위해 중보할 것을 요구하는 메시지를 보냈다. 에스더의 첫 번째 대답은 그리 영웅적인 것은 아니었다.

"남녀를 불문하고, 부름을 받지 않고 안뜰로 나아가는 자는 모두 사형에 처하는 것이 왕의 규례입니다. 왕의 신하들과 왕의 각 도 백성이 다 알고 있듯이, 왕이 그에게 금 홀을 내미는 경우에만 살 수 있습니다. 그런데 내가 부름을 받고 왕에게 나아가지 못한 지 이미 삼십 일이나 됩니다." 하였다. (에 4:11)

이 전갈을 받았을 때 모르드개의 마음은 슬픔에 잠겼다. 그는 에스더에게 답장을 보내었고 상황의 위중함을 생각하고 역사 속에서의 자신의 역할을 재고하도록 요청했다.

모르드개가 에스더에게 회답해 말하였다. "당신은 왕궁에 계시니, 모든 유다 사람들 중에서 혼자 모면할 것이라고 스스로 생각하지 마십시오. 만일 이러한 때 당신은 잠잠히 계시면 유다 사람은 다른 곳으로부터 놓임과 구출을 얻을 것이지만, 당신과 당신의 아버지 집은 멸망할 것입니다. 당신이 왕후의 위를 얻은 것이 이때를 위함인지 누가 알겠습니까?" (에 4:13-14)

에스더에게 한 모르드개의 대답과 부탁은 하나님의 섭리를 염두에 둔 것이었다. 모르드개는 그녀가 유대인의 멸망에서 혼자만 벗어나리라고 생각하지 말라고 경고했으며 중요한 질문 하나를 제기했다. "당신이 왕후의 위를 얻은 것이 이 때를 위함인지 누가 알겠습니까?" "이 때를 위함인지"라는 말은 섭리의 의미가 넘쳐 흐른다. 이 때는 위기의 때로서 이스라엘의 역사에 있어서 카이로스적 순간이다. 자신의 백성을 구원하기 위해 인간 대리인을 사용하시려는 간섭의 시간이었다. 에스더에게는 운명의 시간이었고 이를 위해 태어난 시간이었다.

에스더의 두 번째 대답은 첫 번째와는 근본적으로 다르다. 그녀는 자신의 소명을 심각하게 생각하며 대답했다.

"가서 수산에 있는 모든 유다 사람을 모으고 저를 위해 금식하되, 사흘 밤낮 동안 먹지도 말고 마시지도 마십시오. 저와 제 시녀들도 그렇게 금식하겠습니다. 그런 다음 규례를 어기고서라도 왕에게 가겠으니, 죽어야 한다면 죽겠습니다." 하니, (에 4:16)

이 말과 함께 에스더는 자신을 섭리에 맡겼다. 그녀는 메대와 바사의 법률을 이해하고 있었다. 왕의 명령에 감히 도전했다가 처하게 된 와스디의 운명도 잘 알고 있었다. 하지만 자신이 성공하리라는 실낱 같은 희망을 갖고 백성을 위해 행동하기로 결정했다.

사흘째 되는 날 에스더가 왕후의 예복을 입고 왕궁 맞은편에 있는 왕궁의 안뜰에 섰는데, 왕은 왕궁에서 궁의 대문을 마주 보고 왕좌에 앉아 있었다. 왕이 왕후 에스더가 뜰에 선 것을 보았을 때 왕의 눈에 사랑스러웠으므로, 왕이 그의 손에 든 금 홀을 에스더에게 내미니, 에스더가 다가가서 금 홀의 끝을 만졌다. 왕이 그 여자에게 말하기를 "에스더 왕후여, 그대에게 무슨 일이 있느냐? 그대의 소원이 무엇이냐? 왕국의 절반이라도 주겠다." 하니, (에 5:1-3)

여왕은 부름을 받지 않은 채로 왕궁 안뜰로 들어갔다. 그녀는 왕의 분노를 살 수 있는 위험을 감수했던 것이다. 그녀는 왕의 대답을 기다렸다. 왕이 그녀에게 금 홀을 내민 것은 안뜰로 들어온 것은 허락한다는 뜻이었다. 청을 들어주겠다는 허락이 주어졌다. 에스더는 왕에게 그녀와 하만을 위해 준비된 잔치에 와달라고 부탁했다. 그러는 동안 하만은 모르드개를 달기 위한 장대를 준비했다. 잔치에서 아하수에로는 에스더의 요구가 무엇인지를 물었고 그녀를 위해 나라의 절반이라도 주겠다는 의지를 표명했다.

왕후 에스더가 대답하였다. "만일 제가 왕 앞에서 은총을 입었고 왕께서 기뻐하신다면, 저의 간청대로 저의 생명을 제게 주시고 저의 소원대로 저의 민족을 제게 주십시오. 참으로 저와 저의 민족이 팔려 멸망과 죽임과 진멸을 당하게 되었습니다. 우리가 남종과 여종으로 팔려만 가도 저는 잠잠하겠습니다. 그래도 그 대적이 왕의 손실을 보충하지는 못할 것입니다."
아하수에로 왕이 에스더 왕후에게 말하기를 "대체 그런 일을 마음에 품었던 자는 누구이며, 어디 있느냐?" 하니, 에스더가 대답하기를 "대적과 원수는 바로 이 사악한 하만입니다." 하였다. 그러자 하만은 왕과 왕후 앞에서 두려움에 사로잡혔다. (에 7:3-6)

에스더가 하만의 사악한 음모를 설명했을 때 메대와 유대의 법이 바뀌게 되었다. 유대인에 대한 칙령은 취소가 되었고 모르드개를 위해 준비된 장대에 하만이 달리게 되었다. 에스더는 자신이 부름받은 일을 수행했다. 구속의 역사가 바사의 역사속으로 진입해 들어왔고 신적인 것과 인간적인 것이 교차함으로써 유대인들의 구원이 이루어졌다.

13장

섭리와 교회

나는 지난 주일에 어느 교회에 초청받아 설교를 하게 되었다. 청중의 수는 150명 가량되었다. 강단에 올라가서 수백 만명의 사람들 앞에서 설교를 해야 하니 위축됨을 느낀다고 말했다. 청중들은 이 말에 의아한 표정으로 나를 보았다. 참석한 사람들 너머로 중계하기 위한 텔레비전은 그곳에 없었기 때문이었다. 나는 하나님의 백성으로 모여서 드리는 예배에는 하늘의 모든 천사들과 천사장들이 함께 한다고 설명했다. 그 뿐 아니라 우리는 모든 성도의 교제 즉 우리보다 앞서 하늘에 간 모든 믿는 자들과 함께 모였다. 게다가 우리가 특정한 장소에서 이렇게 모여 있는 그 순간에 수 백만명의 다른 성도들도 세계 전역에 모여 있었다.

하나님의 백성이 예배를 위해 모일 때 시간과 영원이 만나고 하늘과 땅 사이의 가로지름이 있다. 이런 사실을 지적한다고 해서 생소하다고 느껴서는 안 된다. 이미 성경의 여러 부분에 기록되어 있기 때문이다. 히브리서 기자의 설명을 생각해 보라.

너희가 이른 곳은 만질 수 있는 불붙은 산과 어두움과 흑암과 폭풍과, 나팔 소리와 말씀하는 음성이 아니다. 그 소리를 들은 자들은 자신들에게 더 이상 말씀하지 아니하시기를 간청하였으니, 이는 "짐승이라도 그 산에 이르거든 돌에 맞아 죽게 하여라." 하신 명령을 감당하지 못했기 때문이다. 그 보이는 것이 얼마나 두려웠던지 모세도 "너무나 두렵고 떨린다."라고 말하였다. 그러나 너희가 이른 곳은 시온 산과 살아 계신 하나님의 도성 곧 하늘의 예루살렘과 무수한 천사와 하늘에 기록된 장자들의 총회와 교회와 만민의 심판자이신 하나님과 온전하게 된 의인들의 영들과, 새 언약의 중보자이신 예수님과 아벨의 피보다 더 나은 것을 말하는 뿌려진 피이다. (히 12:18-24)

이 본문에서 기자는 구약의 시내산에서 이스라엘 백성들이 모였을 때 경험했던 두려움과 공포의 순간을 가리키고 있다. 사람들은 이 순간을 위해 자신을 정결케 했고 산에 올라가거나 산 아래에 발을 들여 놓기만 해도 죽음을 당할 것이라는 경고를 들었다. 삼일동안 그들은 이 사건을 기대하며 기다렸다.

셋째 날 아침에 천둥소리가 나고 번개가 치며 짙은 구름이 산 위를 덮고 아주 큰 나팔 소리가 들리니, 진에 있는 모든 백성들이 떨었다. 모세가 하나님을 만나려고 장막으로부터 백성들을 데리고 나왔다. 그들이 산기슭에 서 있는데, 시내 산에 연기가 자욱하니, 이는 여호와께서 불 가운데서 그곳에 내려오시기 때문이었다. 그 연기가 옹기 가마 연기같이 올라가고 온 산이 크게 진동하였으며, 나팔 소리가 점점 크게 울렸는데, 모세가 말씀을 드리자 하나님께서 음성으로 대답하셨다. 여호와께서 시내 산 꼭대기에 내려오셔서 모세를 그 산꼭대기로 부르시므로 모세가 올라갔다. 여호와께서 모세에게 "내려가서 백성에게 경고하여라. 그들이 나 여호와를 보려고 경계선을 넘어 들어오므로 많은 사람이 죽지 않도록 하고, 또 여호와에게 가까이 오는 제사장들도 자신들을 성결하게 하여 나 여호와가 그들을 치지 않도록 하여라."고 말씀하셨다. (출 19:16-22)

이 때는 모세가 하나님을 만나서 자신의 손으로 십계명을 받기 위해 시내산으로 올라 갔던 것이다. 시내산에서 하나님은 사람의 눈에 자신을 숨기는 짙은 구름, 천둥과 커다란 나팔 소리로 자신의 임재를 사람들에게 나타내셨다. 이는 오늘날 보통의 주일 예배에서 사람들이 경험하는 것과는 너무나도 다른 모습이다.

이후에 이스라엘 백성들은 성막과 성전에서 자신들과 함께 하시는 하나님과의 만남에 집중했다. 성막은 "회막"이라고 불리운다. 성막은 휴대용이어서 이스라엘 백성들이 어디로 가든 하나님은 그들과 함께 가셨다. 열 두 지파가 야영을 할 때는 부족의 텐트를 원형으로 설치했고 성막은 중간에 설치되어서 하나님이 그들 가운데 계심을 보여 주었다. 하지만 하나님은 그들 가운데 계실 뿐 아니라 광야에서 그들을 인도하실 때 앞서서 가셨다. 후에 성전이 그들의 주된 성소로 기능하기 위해 지어졌을 때 그들은 하나님을 만나기 위해 통상적으로 "시온으로 올라간다"고 말했다.

하지만 신약이 기록되었을 때 상황은 변화했다. 성전 예배는 끝이

났다. 아론의 제사장직은 종료되었다. 구약의 희생제사 제도를 위한 의식은 그리스도의 제사장적 사역 가운데 최고조에 달했다. 새로운 제도가 설립되었다. 새로운 언약이 비준되었다. 옛 제도는 앞으로 올 것의 그림자일 뿐이었다. 그리스도께서 십자가에 달리심으로 성전의 휘장이 갈라졌다.

히브리서는 성전이 파괴되어 이스라엘의 제사 관습이 끝난 A.D. 70년 직전에 기록되었다. 옛 것은 완전히 새로운 제도로 교체되며 사라져가고 있었다.

옛 제도는 앞으로 올 새로운 것들의 그림자일 뿐이라는 신약 성경의 언어와 비유적 표현은 플라톤의 언어를 생각나게 한다. 이는 신약이 진부한 플라톤주의의 재탕이라는 말이 아니다. 전혀 그렇지 않다. 하지만 플라톤 사상의 어떤 부분과 유사한 것은 사실이다. 플라톤의 이데아 이론에서 궁극적 실재의 영역은 영원한 실재의 이데아적 영역의 측면에서 그려진 것이었다. 지상의 물리적 영역은 담아두는 용기(receptacle)의 영역으로 생각되었다. 플라톤은 용기 즉 그릇을 영원한 이데아의 불완전한 모방으로 정의했다. 플라톤에게 물리적인 모든 것은 실제적인 것의 그림자로서 그의 유명한 동굴의 비유 속에서 볼 수 있는 벽 위의 그림자와 같은 것이기 때문이다. 플라톤이 생각하지 못했던 것은 물리적인 세계 속에 이데아가 실재로 존재한다는 것이었다. 그에게는 역사 속에 나타나는 하나님의 성육신을 위한 공간이 없었다.

성경적인 범주는 플라톤적이지 않지만 성경에서는 그림자에 대해 이야기한다. 이 그림자들은 구속의 역사에 있어서 중요한 역할을 한다. 이들은 앞으로 올 실재에 대한 전조, 암시로서 기능한다. 그 실재는 그리스도 안에서 도래했다. 플라톤은 하늘과 땅을 나누는 이원론의 긴장을 피할 수 없었다.

그리스도 안에서 우리는 영원한 것과 일시적인 것을 연결해 주는 사다리와 교량을 갖는다. 그리스도는 자신의 제사장적 사역 속에서 하늘과 땅을 연결하셨다. 그의 사역은 지상에서 완성되었지만 자신의 백성들에게 하늘의 영역에 이를 수 있도록 했다. 바울은 이에 대해 에베소서에서 말한다.

우리 주 예수 그리스도의 아버지 하나님을 찬양하자. 하나님께서는 그리스도 안에서 하늘에 속한 모든 영적인 복으로 우리에게 복을 주신 분이시다. 그분께서 창세전에 우리로 사랑 안에서 그분 앞에 거룩하고 흠이 없게 하시려고 우리를 그리스도 안에서 택하셨으며, 그분의 기뻐하시는 뜻을 따라 우리를 예정하시어 예수 그리스도로 말미암아 그분의 아들로 받아들였으니 이는 그분의 사랑하시는 아들 안에서 우리에게 거저 주시는 그분의 은혜의 영광을 찬미하게 하려는 것이다. 우리가 그분 안에서 하나님의 은혜의 풍성함을 따라 그분의 피로 말미암아 구속, 곧 죄 용서를 받았다. 하나님께서 모든 지혜와 총명으로 우리에게 넘치게 하시어, 그리스도 안에서 미리 세우신 그분의 기뻐하시는 의도를 따라 그분의 뜻의 비밀을 우리에게 알리셨으니, 이 비밀은 때가 찬 경륜을 위한 것이며, 그리스도 안에서 만물, 곧 하늘에 있는 것들과 땅에 있는 것들을 다 통일시키려는 것이다. (엡 1:3-10)

이 말씀은 우리에게 어느 정도 신비스럽게 들리는데 다름아닌 그리스도의 완성된 사역을 가리키며 자신의 대속을 통해 하늘의 성소로 들어가셔서 자신의 백성들이 하늘에 다다를 수 있도록 하셨음을 암시하는 것이다. 우리와 그리스도와의 연합에는 신비한 점들이 있다. 교회는 그리스도의 신비한 몸이다. 우리가 예배를 위해 모일 때 그는 우리 가운데 계시며 우리는 하늘에 그와 함께 있게 되는 것이다. 하나님의 백성에게 있어 예배는 하늘을 맛보는 것 자체이다. 이 땅의 예배에서 우리는 일반적 역사와 구속의 역사가 함께 만나는 것을 기념한다. 이런 교차함이 우리 눈에는 보이지 않지만 실제로 일어나는 사실이다.

보이지 않는 교회

신학의 역사에는 보이는 교회와 보이지 않는 교회 간에 구별이 있다. 어거스틴의 사상에서 두드러지게 나타나는 이런 구별은 한 가지 이상의 이유로 인해 중요하다. 첫째로 지구상의 보이는 교회에는 선택되지 않은 자들을 포함하고 있다는 사실에 주목한다. 지구상의 교회는 알곡과 함께 가라지도 포함하고 있다. 어거스틴은 신자와 불신자들이 섞여 있는 모임이라고 불렀다. 실제로 믿음을 고백하는 모든 사람이 자신이 고백하는 그 믿음을 갖지는 않는다. 예수님은 입으로 자신을 공경하지만 마음은 그에게서 먼 사람들에 대해 경고하셨다. 또한 심판의 날에 사람들이 "주여 주여"하며 자신을 부를 것이지만 예수님은 "나에게서 떠나라 ... 도무지 너희를 알지 못하느니라"라는 등

골이 오싹하는 말로 답하실 것이라고 경고하셨다.

보이지 않는 교회는 우리 눈에 보이지 않기 때문에 보이지 않는다고 한다. 하나님만이 사람들의 마음을 읽을 수 있다. 하나님은 사람의 마음을 살피시지만 우리는 외모를 바라본다. 교회는 하나님에게 보이지 않은 적이 없다. 하나님의 시야에 교회는 환히 다 보인다. 어거스틴은 이런 구별이 사람이나 집단으로 교회를 나누지 않는다고 생각했다. 그는 보이지 않는 교회는 본질적으로 보이는 교회 내에 존재한다고 주장했다. 마찬가지로 칼빈은 보이지 않는 교회를 예배와 섬김을 통해서 보이게 하는 것이 참된 신자 즉 하나님의 백성의 의무라고 말했다.

하지만 보이지 않는 교회에는 다른 의미도 있다. 이미 하늘에 있는 성도까지 포함한 더 넓은 의미에서의 회중을 우리가 볼 수 없다는 의미이다. 이는 시내산 자락이나 예루살렘의 지상 성전에서는 더 이상 발견되지 않는 교회이다. 이 교회는 이제 살아계신 하나님의 도성, 하늘의 예루살렘에 존재한다. 이는 셀 수 없는 천사들의 모임, 총회를 포함하는 교회이며, 하늘에 기록된 장자의 교회이다. 완전하게 된 의로운 사람들의 영혼을 포함하는 교회이다.

교회의 천상적 측면에 대해 성경이 무수히 말하고 있는 상황에서 이런 생각이 우리에게 낯설게 여겨지는 것은 실제로 이상한 일이다. 우리는 우물가의 여인에게서 분명하게 나타나는 사고의 늪에 빠져 있는 것 같다.

그 여자가 말하기를 "주님, 제가 보기에 당신은 선지자이십니다. 저희 조상들은 이 산에서 예배하였는데, 당신들은 예배할 곳이 예루살렘에 있다고 합니다." 라고 하니, 예수께서 말씀하셨다. "여자야, 내 말을 믿어라. 이 산에서나 예루살렘에서나 상관없이 너희가 아버지께 예배할 때가 온다. 너희는 알지 못하는 것을 예배하지만, 우리는 아는 분께 예배하니, 이는 구원이 유대인들에게서 나기 때문이다. 그러나 참 예배자들이 영과 진리로 아버지께 예배할 때가 오는데, 지금이 그 때이다. 아버지께서는 자기에게 이렇게 예배하는 자들을 찾으신다. 하나님은 영이시므로, 그분께 예배하는 자들은 영과 진리로 예배해야 한다." (요 4:19-24)

수가의 여인은 하나님을 예배하는 것은 지역적 문제라고 생각했다. 유대인들과 사마리아인들 사이의 분쟁은 어디에서 즉 예루살렘 혹은 그리심산에서 하나님을 예배하는 것이 옳으냐 하는 문제에 초점이 맞추어져 있었다. 이는 무소부재하시지 않는 제한된 하나님이 임재하신다고 그들이 믿었다는 것을 암시하지는 않는다. "어디에서"의 질문은 하나님이 어디에 계시냐는 질문이라기 보다는 예배를 위해 교회는 어디에서 모여야 하느냐의 질문이었다. 이는 하나님이 어디에서 자신의 백성들을 만나냐는 질문을 포함했다.

여인의 질문에 대한 예수님의 대답은 표면상 단순히 나타나는 것보다 깊이가 있었다. 하나님은 영이시다는 것은 새로운 지혜가 아니었다. 예수님은 "하나님은 영이시니 그의 임재가 그리심이나 예루살렘에 제한되지 않는다."고 말씀하시지 않으셨다. 물론 이 말씀도 충분히 사실이기는 하지만 말이다. 예수님은 칼빈이 유한한 것은 무한한 것을 포함할 수 없다는 공리를 이해하셨다. 다만 예수님은 "어떻게"

예배하느냐에 대한 질문에 더 많은 말씀을 하셨다. 하나님은 영이시기 때문에 그 분을 "영으로" 예배하는 것은 옳은 일이다. 참된 예배는 영적인 예배로서 또한 "진리로" 행해져야 한다. 하나님의 백성의 예배는 중요한 변화를 수반해야 한다. 예수님은 때가 오고 있으며 이미 그 때가 도래했으며 새로운 종류의 예배를 예고한다고 말씀하셨다. 그렇다고 해서 구약에 나타난 예배가 영적이 아니거나 진리에 합당하지 않다는 것을 의미하지는 않았다.

그리스도의 성육신과 함께 대제사장이 이 땅에 계셨다. 옛 것은 지나가고 있었다. 성전의 휘장은 곧 찢어질 것이고 성전 자체가 곧 파괴될 예정이었다. 우리의 메시아는 하늘의 성소로 들어가셔서 성도의 교제를 위한 문을 여실 순간이었다.

하나님은 특별한 섭리를 통해 그 분의 교회를 돌보신다. 땅에서 아벨의 피가 울부짖는 것에서부터 출애굽과 포로에 이르기까지 하나님은 섭리적 돌보심을 통해 남은 자들을 지키셨다. 새 언약의 교회는 새로운 기초, 즉 구약의 선지자들의 터와 모순되지 않는 사도들의 터 위에 세워질 것이다. 새로운 것이 옛 것을 파괴하는 것이 아니라 그 위에 지어졌다. 새 것은 섭리적 돌보심과 함께 지어졌다.

이르시되 너희는 나를 누구라고 하느냐

예수께서 그들에게 말씀하시기를 "그러면 너희는 나를 누구라고 하느냐?" 하시니, 시몬 베드로가 대답하여 말하였다. "주님은 그리스도이시며 살아 계신 하나님의 아들이십니다." 예수께서 그에게 대답하여 말씀하셨다. "바요나 시몬아, 네가 복이 있다. 이를 네게 계시하신 분은 사람이 아니라 하늘에 계신 내 아버지이시다. 나 또한 너에게 말한다. 너는 베드로이다. 내가 이 반석 위에 내 교회를 세우겠으니, 하데스의 세력이 그것을 이기지 못할 것이다. 내가 너에게 하늘나라의 열쇠들을 주겠으니, 네가 땅에서 무엇이든지 매면 하늘에서도 매여져 있을 것이고, 네가 땅에서 무엇이든지 풀면 하늘에서도 풀려져 있을 것이다." (마 16:15-19)

예수님은 베드로를 반석이라고 부르셨다. 그리고 이 반석 위에 주님의 교회를 지으시겠다고 선언하셨다. 교회사에 나타나는 경향을 보면 로마 카톨릭 교회는 이 호칭에 너무나 많은 의미를 부여하고 있는데 반해 개신교는 거의 의미를 부여하지 않고 있다. 예수님은 이 반석 위에 교황 제도를 세우시지 않았지만 주님의 교회를 지으시기 위한 사도적 기초를 말씀하셨다.

예수님은 또한 지옥문이 자신의 교회를 이기지 못할 것이라고 선언하셨다. 이것은 무엇을 의미하는가? 한 가지 이상의 의미가 있을 수 있기 때문에 해석하기가 쉽지 않다. 첫 번째 경우에 지옥에 대한 지칭은 요새에 대한 입구를 의미한다. 고대 세계에서 큰 도시들은 높은 성벽으로 둘러 쌓여 있었다. 이들은 요새화된 도시였고 적대적 세력의 공격에 견딜 수 있도록 지어졌다. 도시의 입구는 종종 크기와 무게에 있어서 엄청난 규모였고 성에 대한 공격을 이겨낼 수 있도록 지어졌다. 이런 의미에서 문은 방어적 구조물이었다. 따라서 지옥문이 교회를 이길 수 없다고 말하는 것은 교회는 공격을 취하는 군대로 칭함을 의미한다. 교회는 복음의 힘으로 세상으로 진격하며 지옥의 요새가 이길 수 없는 존재이다.

가능성은 좀 적지만 지옥문에 대한 언급은 교회를 호전적으로 공격하는 사단의 세력이 등장함을 말하려는 것일 수 있다. 이 경우에 공격을 취하는 쪽은 지옥의 세력이며 교회는 그에 대한 방어를 하고 있는 것이다. 이런 해석에서는 교회가 결코 악의 세력에 정복되지 않는다는 그리스도의 약속을 붙든다.

나는 예수님께서 시몬 베드로에게 이 말씀을 하셨을 때 어떤 관점을 가지셨는지 확신할 수 없다. 하지만 한 가지는 분명한데 두 해석 모두 교회에 대한 하나님의 약속에 대한 건전한 관점을 표현한다는 것이다. 신약 성경은 분명하게 복음으로 진격하는 힘이 지옥의 본거지보다 더 큰 힘을 갖는 다는 것을 말한다. 하나님은 교회를 확실하게 보호하셔서 지구상에서 사라지지 않게 하신다. 현대의 역사가들은 지금 이 시대에 하나님이 죽었고 교회가 무덤으로 변한 기독교 후기 시대라고 하는데 이런 진단은 부음광고를 너무 성급하게 게재한 것과 같다. 교회는 죽지 않았다. 왜냐하면 교회는 죽을 수 없는 존재이기 때문이다. 개별 교구는 사라질 수 있고 전체 교단이 배교할 수 있지만 눈에 보이지 않는 교회는 견고하며 지구상에 늘 가시적으로 자신의 존재를 선포할 것이다.

하나님의 섭리 때문에 어떤 그리스도인도 교회의 미래에 대해서 비관적으로 생각하는 것을 정당화할 수 없다. 교회는 그 빛이 희미해지고 불길이 사그라드는 것 같을 때에도 어두운 시기를 통과할 수 있다. 하지만 교회의 주님은 몸 된 교회를 완전하게 돌보시기 때문에 교회는 결코 죽을 수가 없다.

    교회가 지구상에서 가장 타락한 제도라고 말하는 자들이 있다. 주어진 재능과 상대적인 책임이라는 측면에서 제도를 평가한다면 사실일 수 있다. 우리는 많은 것이 주어진 자에게 많은 것을 요구하신다는 것을 알고 있다. 어떤 제도도 교회보다 하나님의 은혜를 풍성하게 받은 적이 없다. 우리의 죄를 이런 배경 가운데 저울에 달아본다면 아마도 교회가 지구상에서 가장 타락한 제도일 것이다. 하지만 죄인들로 구성된 이 제도는 동시에 지구상에서 가장 거룩한 제도이기도 하다. 교회는 거룩한 임무를 위해 구별되었고 그 구성원 속에는(적어도 눈에 보이지 않는 교회의 경우에 있어서) 성령의 내주하심이 있기 때문에 거룩하다. 이 땅의 교회는 얼룩과 주름이 있지만 이런 흠은 그리스도께서 미래에 있을 자신의 혼인잔치를 위해 신부를 장식할 때 깨끗하게 될 것이다. 교회는 보통 말하는 것처럼 하나님의 섭리가 작용하는 유일한 곳이 아니다. 그곳은 은혜의 수단이 가장 확실하게 집중되는 장소이다. 하나님이 홍수 속에서 노아의 방주가 진행하도록 이끄셨듯이 하나님의 보이지 않는 손은 교회라는 배의 키를 붙들고 계시다.

14장

하나님께만 영광을

나는 텍사스 오스틴의 리젠트 초등학교를 방문하고 있었다. 이 학교는 더글러스 윌슨의 『잃어버린 학습의 도구를 찾아서』라는 책에 윤곽이 나타나 있는 교육의 고전적 형태를 모델링한 사립초등학교이다. 도로시 세이어스의 유명한 수필인 『학습의 잃어버린 도구』가 지도하는 대로 이 학교는 중세의 3대 학과목인 문법, 수사학, 변증학에 집중하고 있다. 3학년이 될 때는 라틴어를 시작한다.

나는 이 학교의 채플에서 설교를 하고 있었다. 학생들은 특별한 순서를 준비했다. 그들은 "주여 우리가 아닌 주님의 이름이 영광 받으소서"라는 성가를 불렀다.

이 노래의 가사는 성 크리스핀의 전투일이 기념되는 셰익스피어의 헨리 5세까지 거슬러 올라 간다. 수적으로 상당히 열세였던 영국인들은 이 전투에서 승리를 했고 왕은 어떤 군인도 승리를 자랑해서는 안된다고 말했다. 모든 영광은 하나님에게만 돌려져야만 했기 때문이다. 헨리는 자신의 군대는 하나님의 섭리에 모든 영광을 돌리도록 명령했다.

이 찬송의 정서는 성경에 근거가 있다. 하나님은 사람과 자신의 영광을 공유하지 않을 것이다. 영광은 우리에게 돌려지지 않고 주님과 그 이름에만 돌려진다.

우리는 다윗이 밧세바와의 간음한 후에 하나님이 심판의 메시지를 들고 그를 방문하셨을 때 나단 선지자를 통해서 다윗에게 하나님의 손이 함께 하셨기 때문에 그가 성공했음을 기억하게 하셨다. 우리는 거인 골리앗에 대한 다윗의 놀라운 승리 속에서 이 사실을 보게 된다.

가드 사람으로 이름이 골리앗인 한 장수가 블레셋 진영에서 나왔는데, 그의 키는 여섯 규빗 한 뼘이고, 머리에는 놋 투구를 썼으며, 무게가 놋 오천 세겔 되는 비늘 갑옷을 입었고, 그의 다리에는 놋 경갑을 치고, 그의 어깨 사이에는 놋 단창이 있었으며, 그의 창 자루는 베틀채 같았고, 그의 창날은 철 육백 세겔이며, 방패 든 자가 그보다 앞서 나왔다. 그가 서서 이스라엘 전열을 향하여 외치며 말하였다. "왜 너희가 나와서 전열을 갖추었느냐? 나는 블레셋 사람이고 너희는 사울의 종들이 아니냐? 너희가 한 사람을 뽑아서 내게 내려 보내라. 만일 그가 싸워 나를 죽일 수 있다면 우리가 너희의 종이 될 것이고, 만일 내가 그를 이겨 죽인다면 너희가 우리의 종이 되어 우리를 섬겨야 할 것이다." (삼상 17:4-9)

이 도전은 사울의 군인들을 충격에 빠뜨렸다. 골리앗이 40일간 매일 아침 저녁으로 같은 말을 하며 이스라엘 군대에게 도전했지만 아무도 골리앗에 맞서서 앞으로 나가지 못했다. 80번이나 골리앗은 앞으로 나왔고 위축된 사울의 군대는 아무런 응답을 하지 못했다. 다윗이 형들을 위해 음식을 가지고 병영을 방문했을 때 그는 이스라엘 백성들의 소심함을 보고 놀랐다. 다윗은 말했다.

> 다윗이 자기와 함께 서 있는 사람들에게 말하기를 "이 블레셋 사람을 죽여 이스라엘로부터 치욕을 없애는 사람에게 무엇을 해 줍니까? 참으로 이 할례 없는 블레셋 사람이 누구이기에 살아 계신 하나님의 군대를 조롱합니까?" 라고 하니, (삼상 17:26)

군인들은 다윗에게 사울이 골리앗을 죽이는 자에게 큰 상을 내리고 자신의 딸을 아내로 주고 모든 그 아비의 집안은 모든 세금에서 면제될 것을 약속했다고 말했다. 다윗은 이 상황을 거룩한 대의로 생각하고 이 일을 위해 왕에게 자원하여 나아갔다.

> 다윗이 사울에게 말하기를 "그 사람 때문에 어떤 사람도 낙담해서는 안 됩니다. 왕의 종이 가서 이 블레셋 사람과 싸우겠습니다." 하니, 사울이 다윗에게 말하기를 "네가 가서 이 블레셋 사람과 싸울 수 있겠느냐? 너는 어리지만 그는 어려서부터 싸움에 익숙한 사람이다."라고 하므로, 다윗이 사울에게 말했다. "왕의 종이 제 아버지를 위해 양을 칠 때 사자나 곰이 와서 양 떼 중에서 새끼를 움켜 가면, 제가 그 뒤를 따라가서 그것을 죽이고 그 입에서 건져냈으며, 만일 그것이 제게 덤벼들면 제가 그 수염을 잡고 그것을 쳐서 죽였습니다. 왕의 종이 사자

나 곰도 죽였으므로 이 할례 없는 블레셋 사람도 그들 중 하나처럼 될 것이니, 그가 살아 계신 하나님의 군대를 조롱했기 때문입니다." 다윗이 또 말하기를 "사자의 발톱과 곰의 발톱으로부터 저를 건져내신 여호와께서 이 블레셋 사람의 손에서도 저를 건져내실 것입니다." 라고 하니, 사울이 다윗에게 말하기를 "가거라, 여호와께서 너와 함께 하시기를 바란다."하였다. (삼상 17:32-37)

다윗은 사울왕 앞에 서서 하나님의 섭리 하에서 자신의 사적인 역사를 돌아보며 사자와 곰의 손아귀에서 자신을 구해 내신 주님을 신뢰했다. 다윗은 동일한 섭리가 자신을 골리앗에게서 구해낼 것이라는 확신을 가졌다. 사울이 다윗의 요청에 응했을 때 이 소년을 축복하며 말했다. "주님께서 너와 함께 하시리라." 다윗은 시내에서 부드러운 돌을 모아서 물매로만 무장하고 골리앗에게로 향했다. 골리앗이 다윗을 보았을 때 그가 아직 어리고 갑옷도 입지 않을 것을 알고서 모욕감에 격앙했다.

그 블레셋 사람이 둘러보다가 다윗을 보고는 업신여겼으니, 그가 혈색이 좋고 아름다운 용모를 가진 소년이었기 때문이었다. 그 블레셋 사람이 다윗에게 말하기를 "네가 막대기를 가지고 내게 오다니 내가 개냐?" 하고, 자기 신들의 이름으로 다윗을 저주하며, 다윗에게 말하기를 "내게 오너라, 내가 네 살을 하늘의 새와 들의 짐승들에게 주겠다."라고 하니, (삼상 17:42-44)

골리앗은 블레셋 신들의 섭리에 호소했다. 이 신들의 섭리는 무기력한 것이었다. 하지만 다윗은 거인의 위협에 전혀 위축되지 않았다. 그는 자신감을 갖고 대답했다.

> 다윗이 그 블레셋 사람에게 말했다. "너는 칼과 단창으로 내게 오지만, 나는 네가 조롱하는 만군의 여호와 이스라엘 군대의 하나님의 이름으로 네게 간다. 오늘 여호와께서 너를 내 손에 넘겨주실 것이니, 내가 너를 죽이고 네 머리를 없애고, 오늘 블레셋 군대의 시체를 하늘의 새와 땅의 들짐승들에게 줄 것이다. 그래서 이스라엘에 하나님께서 계신 것을 온 땅이 알게 될 것이고, 이 모든 무리도 여호와의 구원은 칼과 창에 있지 아니함을 알게 될 것이다. 전쟁은 여호와께 속했으니, 그분이 너희를 우리 손에 넘겨주실 것이다." 그 블레셋 사람이 일어나 다윗에게 맞서기 위해 가까이 나아올 때, 다윗도 그 블레셋 사람과 맞서기 위해 그 대열을 향하여 빨리 달려가며, 자기 손을 주머니에 넣어 거기서 돌 하나를 꺼내 무릿매로 던져 그 블레셋 사람의 이마를 맞히니, 그 돌이 그의 이마에 박히어 그가 땅위에 엎드러졌다. 다윗이 무릿매와 돌을 가지고 그 블레셋 사람을 쳐서 죽였는데, 다윗의 손에는 칼이 없었으므로, (삼상 17:45-50)

다윗의 이야기는 충격적이다. "다윗이 블레셋 사람에게 이르되 너는 칼과 창과 단창으로 내게 나아 오거니와 나는 만군의 여호와의 이름 곧 네가 모욕하는 이스라엘 군대의 하나님의 이름으로 네게 나아가노라" 섭리에 대한 다윗의 완전한 의존을 보여주는 분명한 선언이다. 자신을 신뢰한다는 약간의 암시도 없다. 이는 나중에 스톤월 잭슨이 했던 말과 동일하다. "전투는 우리의 것이지만 결과는 하나님의 것이다."

분명히 거인을 처치하는 놀라운 승리를 쟁취할 수 있는 능력을 다윗에게 주신 분은 하나님이시다. 다윗은 손에 고무총을 가졌지만 하나님은 자신의 손에 다윗을 가지셨다. 승리를 위한 영광은 하나님께 속했다.

기드온의 소수의 용사들

하나님의 섭리를 주장하며 하나님께 영광을 돌렸던 성경적 영웅의 또 다른 예가 있다. 그는 이스라엘 백성들이 미디안 족속들에게 괴롭힘을 당하던 사사시대의 사람이었다. 그들은 땅을 침략해서 유대인들의 밭을 노략하고 가축들을 도둑질해갔다. 이스라엘의 자녀들은 고향을 떠나서 동굴 속의 은신처를 찾아야만 했다.

> 이스라엘이 파종할 때가 되면, 미디안과 아말렉과 동방 사람들이 그들을 치러 올라와서 진을 치고, 가사에 이르기까지 그 땅의 모든 소산을 망쳐 놓았으며, 이스라엘에 양식이나 양이나 소나 나귀를 남겨 놓지 않았다. 그들이 자기 건축과 천막들을 가지고 올라왔는데, 사람과 낙타가 메뚜기같이 셀 수 없이 많았으니, 그들이 그 땅에 들어와 땅을 망쳐 놓았다. (삿 6:3-6)

하나님이 기드온을 일으켜서 이스라엘의 사사로 세우신 것은 이런 상황에서였다. 아버지의 포도주틀에서 보리를 까부르고 있었을 때 (미디안족속들이 보지 못하게) 한 천사가 그에게 나타나서 그를 "큰 용사"라고 불렀다. 기드온의 응답은 놀라움과 혼란스런 것이었다.

기드온이 그분께 대답하기를 "오, 나의 주여, 여호와께서 우리와 함께 계신다면 어찌하여 이 모든 일이 우리에게 일어났습니까? 우리 조상들이 우리에게 '여호와께서 이집트에서 우리를 이끌어 올리시지 않았느냐?' 하고 말하던 그분의 모든 이적들이 어디 있습니까? 여호와께서는 우리를 버리고 미디안의 손에 우리를 넘겨주셨습니다." 하였다.
여호와께서 그를 돌아보며 말씀하시기를 "너는 너의 그 힘으로 가서 이스라엘을 미디안의 손에서 구원하여라. 내가 너를 보내지 않았느냐?" 하시니, 기드온이 그분께 대답하기를 "오, 나의 주여, 제가 어떻게 이스라엘을 구원하겠습니까? 보십시오, 제 가족은 므낫세 가운데 가장 약하며, 저는 제 아버지 집에서 가장 보잘 것 없습니다." 하였다. 여호와께서 그에게 말씀하시기를 "내가 반드시 너와 함께 할 것이므로 너는 미디안을 한 사람 치듯 칠 것이다." 하시니, (삿 6:13-16)

기드온은 천사에게 몇 가지 심각한 질문을 했다. 그는 하나님의 임재에 대한 천사의 약속과 미디안의 약탈자들의 손에 놓인 이스라엘 백성들의 지속적인 고통 사이의 분명한 불일치에 대해 물었다. 그는 출애굽에 나타난 하나님의 기적적인 간섭에 대해 들었지만 지금은 하나님이 자신의 백성들을 버렸다고 불평했다.

천사는 기드온에게 이스라엘을 구하기 위해서 네 힘을 의지하고 올라가라는 명령과 부르심으로 대답했다. 하지만 기드온은 자신이 큰 용사임을 자각하지 못하고 명령과 승리의 약속을 이해하지 못하고 넘어졌다. 그는 자신의 족속이 므낫세 족속 중에서 가장 약하고 자신도 아비집에서 가장 작은 자라고 말했다. 기드온에게 출애굽의 하나님은 죽지 않았고 여전히 기적을 행할 능력이 있음을 확신시키기 위해서 천사는 바로 그 자리에서 기드온을 위해 기적을 행사했다.

하나님의 천사가 그에게 말하기를 "고기와 누룩 없는 빵을 가져다가 이 반석 위에 놓고 그 국물을 부어라." 하니, 기드온이 그대로 하였다.
여호와의 천사가 자신의 손에 쥔 지팡이 끝을 고기와 누룩 없는 빵에 대니, 그 반석에서 불이 올라와서 고기와 누룩 없는 빵을 삼켰고, 여호와의 천사는 그의 눈앞에서 사라졌다. 기드온은 그가 여호와의 천사인 것을 깨닫고 말하기를 "슬픕니다, 주 여호와시여, 제가 여호와의 천사를 대면하여 보았습니다." 하니, 여호와께서 그에게 말씀하시기를 "너는 안심하고 두려워하지 마라. 너는 죽지 않을 것이다." 하셨다. (삿 6:20-23)

이 신비스런 천사가 "하나님의 천사"라고 불리지만 기드온은 하나님이 직접 임재하신 것처럼 천사에게 반응을 해서 이 천사의 나타남이 그리스도의 성육신 전 나타나심, 그리스도의 현현(Christophany)이라는 추측을 불러 일으켰다.

기드온은 양털을 가지고 하나님을 계속 시험했다(삿 6:36-40 참조). 하나님의 약속이 정말 실현될 것인지를 확신하기 원했기 때문이었다. 마침내 그런 확신을 얻게 되었을 때 기드온은 미디안족속과 싸우기 위한 삼만명의 군대를 소집했다. 하지만 하나님은 이 상황에 개입하셨고 군대를 가려내기 시작하시면서 점점 더 작은 수로 줄어 나가셨다. 하나님은 기드온에게 그 이유를 설명하셨다.

여호와께서 기드온에게 말씀하셨다. "너와 함께한 백성이 많으므로, 내가 미디안을 그들의 손에 넘겨주지 않겠다. 이스라엘이 나를 거슬러 스스로 자만하여 말하기를 '내 손이 나를 구원하였다.' 할까 염려되기 때문이다. 이제 너는 이 백성의 귀에 외치기를 '두려워 떠는 자는 누구든지 길르앗 산에서 떠나 돌아가라.' 하여라." 그러자 백성 가운데서 이만 이천 명이 돌아가고, 만 명이 남았다. 여호와께서 또 기드온에게 말씀하셨다. "백성이 여전히 많으니, 그들을 물가로 데리고 내려가라. 그곳에서 내가 너를 위하여 그들을 시험하겠다. 만일 내가 네게 말하기를 '이 사람이 너와 함께 가야 한다.' 하면 그는 너와 함께 가야 하고, 만일 내가 네게 말하기를 '이 사람은 너와 함께 가지 못한다.' 하면 그는 가지 말아야 한다." 기드온이 백성을 데리고 물가로 내려가니, 여호와께서 그에게 말씀하셨다. "누구든지 개가 핥듯이 자기 혀로 물을 핥는 자는 따로 두고, 누구든지 자기 무릎을 꿇고 마시는 자도 그렇게 하여라." 자기 손을 입에 대고 핥는 자의 수는 삼백 명이며, 나머지 백성은 모두 무릎을 꿇고 물을 마셨다. (삿 7:2-6)

하나님은 이스라엘 백성들이 자신들에게 영광을 돌리지 않도록 준비시키셨다. 그는 삼만 이천의 군대를 삼백명으로 줄이셔서 그들이 스스로 영광을 취하지 않도록 만드셨다. 구원은 하나님께 있다는 성경적 금언이 손상되지 않아야 했다.

하나님은 기드온에게 상황을 정탐하러 밤에 미디안 군대가 주둔한 곳으로 자신의 종과 함께 가라고 명령하셨다. 어둠속에서 기드온은 미디안 군인들이 자신들이 꾼 꿈에 대해 말하는 것을 들었는데 이는 미디안이 기드온에게 패배를 당할 것이라는 전조였다. 기드온은 이 이야기를 듣고 즉시로 하나님을 경배했다. 그는 돌아와서 자신의 사람들에게 사실상 이 전투는 이미 이긴 것이라고 선언했다.

"나와 나를 따르는 자가 다 나팔을 불거든, 너희도 그 진 사방에서 나팔을 불며 '여호와를 위하여, 기드온을 위하여.' 라고 외쳐라." 하였다. 기드온과 함께한 백 명이 밤이 깊어갈 때 적진 근처에 도착하니, 보초병이 교대를 마칠 때였다. 그들이 나팔을 불며 자기 손에 있던 항아리를 깨뜨렸다. 세 부대가 나팔을 불며 항아리를 깨뜨리고, 왼손으로 횃불을 붙잡고 오른손으로 나팔을 불며 "여호와의 기드온의 칼이여." 하고 외쳤다. 각 사람이 자기 자기를 지키면서 그 진을 사방으로 에워싸니, 온 군대가 날뛰고 아우성을 치며 도망하였다. 삼백 명이 나팔을 불 때, 여호와께서 그 모든 군대가 각자 자기 동료를 칼로 치게 하시므로, 그 군대가 스레라를 향해 벳 싯다까지 도망하였고, 또 딥밧에 가까운 아벨 므홀라 경계까지 이르렀다. (삿 7:18-22)

승리는 지혜롭게 고안된 계략을 통해 왔다. 기드온의 삼백 용사는 엄청난 소음을 일으켜서 큰 군대가 공격하는 것과 같은 인상을 주게 했다. 미디안 군대는 공포에 빠져서 국경으로 도망갔다. 혼란속에서 그들은 서로가 서로를 죽이게 되었다. 혼전속에서 십 이만명의 미디안 군인들이 죽었다.

그 후 많은 이스라엘 장정들은 이런 멋진 승리를 자축하는 대신에 자신들이 이 승리에 포함되지 않았다고 불평하기 시작했다. 그들은 성 크리스틴이 승리를 거두었던 날에 잠자리에 누워있던 사람들과 같았다.

하나님과 출애굽

이 승리의 영광은 섭리의 하나님께 속했다. 적이 승리할 가능성이 크고 하나님의 개입만이 유일한 승리의 길이었던 이 때에 하나님은 전투를 멋지게 지휘하셨다. 백성들이 하나님의 섭리의 손을 놓치지 않도록 행하셨던 것이 이 번이 유일한 것은 아니었다. 출애굽에서 하나님은 이스라엘 나라의 구속을 이끌어 내실 분이 바로 하나님이심을 선언하셨다.

"그러므로 이스라엘 자손에게 말하여라. '나는 여호와이다. 내가 너희들을 이집트 사람의 무거운 짐 밑에서 건져내고, 내가 너희를 그들의 종살이에서 구출하며, 내가 너희들을 편 팔과 큰 심판으로 구속하여, 내가 너희를 내 백성으로 삼고, 내가 너희 하나님이 될 것이니, 내가 이집트의 무거운 짐 밑에서 너희를 건져낸 여호와 너희의 하나님인 줄 너희가 알게 될 것이며, 내가 아브라함과 이삭과 야곱에게 주기로 내 손을 들어 맹세한 그 땅으로 너희를 인도하고 그 땅을 너희들의 유업으로 주겠다. 나는 여호와이다.'" (출 6:6-8)

출애굽의 사건들은 여러 가지 재앙과 바로의 마음을 강퍅케 했던 것을 포함해서 하나님이 출애굽을 가져오게 하신 분임을 애굽인들과 이스라엘 백성들에게 분명하게 알리기 위해 의도한 것들이었다.

"내가 바로의 마음을 완고하게 하고 나의 표징과 나의 이적을 이집트 땅에서 많이 행할 것이나, 바로가 너희의 말을 듣지 않을 것이니, 내가 내 손을 이집트에 뻗쳐 큰 재앙들을 내리고, 내 군대, 내 백성, 이스라엘 자손을 이집트 땅으로부터 나오게 할 것이다. 내가 내 손을 이집트에 펴서 이스라엘 자손을 그들 가운데서 나오게 할 때, 이집트 사람들이 나를 여호와인 줄 알게 될 것이다." (출 7:3-5)

어려운 상황 속에서 이 모든 승리를 거둔 사건들 가운데 하나님의 백성들은 자신들에게 영광을 돌려서는 안됨을 배우게 되었다. 영광은 오직 하나님의 위엄과 하나님의 이름에만 속한 것이다.

15장

열차 사고

나는 알라바마의 모빌에서 아내와 함께 버스를 타고 있었다. 우리는 버스 앞 쪽의 옆으로 놓인 자리에 앉아 있었다. 반대쪽 자리에는 한 젊은이와 그 부인, 젊은이의 모친이 있었다. 젊은 여자는 보기에도 분명하게 괴로워하고 있었다. 머리는 젖어서 끈적끈적했고 담요를 두르고 있었다. 입술은 파리했으며 이는 맞부딪히쳐 소리를 내고 있었으며 양말이나 신발도 신지 않고 떨고 있는 모습을 보았다. 이는 버스에서 볼 수 있는 흔한 광경이 아니었다.

나는 이 여인을 돕고 싶었지만 무슨 일을 해야 할이지 알 수 없었다. 나는 신발과 양말을 벗어서 그녀에게 내 양말을 건네 주었다. 내 신발은 그녀의 작은 발에는 너무 커서 전혀 소용이 없었다. 그녀는 미소를 지으며 감사를 표시했고 내 양말을 이중으로 포개어 신어서 추위에 열이 손실되지 않도록 했다. 버스가 목적지에 도달했을 때 우리는 모두 내렸고 다시는 그 젊은 여자를 볼 수 없었다. 내 양말을 어떻게 했을지 궁금하다.

이 사람들을 다시 보지 못했지만 바로 다음 날 USA Today라는 신문의 첫 페이지에서 이들에 관한 기사를 읽었다. 신문기사는 이 부부가 버스를 탄 후 우리와 만났던 바로 그 이야기와 믿기 힘든 생존의 소식을 전하고 있었다. 우리가 함께 탔던 버스의 목적지는 아이러니컬하게도 프로비던스 병원이었다. 우리는 암트랙 역사상 최악의 열차 사고인 선세트 차량 충돌 사고를 당했기 때문에 병원으로 이송되었다. 이 사고로 인해 열차는 알라바마의 호수 물목에 잠겨 버렸다. 이 열차사고에서 암트랙 역사상 다른 모든 열차사고로 숨진 사람들을 합한 것보다 더 많은 사람들이 목숨을 잃었다.

　이 부부와 다른 여인은 물속에 뛰어 들어서 호수 바닥에 잠긴 객차들 가운데 한 객차의 유일한 생존자였다. 그 남편은 사고가 일어났을 때 비상용 창문을 열고 아내와 어머니를 열차에서 꺼내어 흐릿한 물속으로 던져 넣는데 5초밖에 걸리지 않았다고 말했다. 손을 붙들고서 그들은 물 표면으로 도달하려고 애썼다. 드디어 물 바깥으로 나와서 숨을 쉬었을 때 그들은 손과 발로 물을 차려고 애를 썼다. 남편은 자신의 발 밑에 무언가 단단한 것이 있는 것을 발견하고 놀랐다고 말했다. 나중에 그는 자신이 물에 잠긴 열차위에 서있다는 것을 깨달았다. 그들은 넘실대는 물과 화염을 함께 빠져 나와 안전하게 물가로 올 수 있었다.

　나와 아내는 뉴 올리언스에서 기차를 탔다. 예정보다 몇 시간이 늦어져서 자정이 좀 지나서 승차를 했다. 침대칸을 이미 잡아 놓았기 때문에 승무원은 우리를 방으로 안내했고 즉시로 누워서 잠을 청했다. 새벽 세시에 나는 깨어서 어두운 객차를 흐르는 공기를 느끼고 있었다. 갑자기 열차가 정지를 하려고 하면서 금속과 금속이 긁히는 날카로운 소리가 들렸다. 나는 관성의 법칙을 경험하고 있었다. 열차는 갑자기 멈춰서고 있었지만 내 몸은 계속 움직이며 반대쪽 객차의 벽에 부딪혔다. 내가 들은 첫 번째 말은 다쳤냐고 묻는 아내에게서 나왔다. 괜찮다고 말했고 같은 질문을 아내에게 했다. 그녀는 다치지 않았다고 대답했다. 그때 승무원이 우리 문에 서서 괜찮냐고 물었다. 옆 객차의 여인은 피를 흘린다고 비명을 질렀고 그녀가 있는 방문을 열 수 없다고 말했다. 문을 열려고 움직였고 나는 승무원을 도와서 그 여인에게로 갈 수 있었다. 나는 문손잡이를 잘 찾을 수가 없었다. 그 때 침착하게 아내가 어둠 속에서 손잡이를 찾아서 문을 열어주었다.

충돌이 있던 처음에는 나는 놀라지 않았다. 어쩌면 충격 때문이었을지도 모르겠다. 나는 기차가 자동차와 충돌한 것으로 생각했다. 열차가 지나다니는 교차로에서 가장 흔한 사고이기 때문이다. 하지만 승무원이 여자가 있던 방문을 여는 것을 도우려고 복도로 나갔을 때 나는 처음의 짐작과는 다른 일이 일어났음을 알게 되었다. 엄청나게 큰 십 여미터가 넘는 여러 불기둥이 우리 객차 앞과 전방에 있는 공중으로 치솟았다. 나는 유조차를 들이 받아서 그런 일이 생겼다고 생각했다. 아내는 불길을 보지 못했기 때문에 나는 아내에게 "베스타, 기차에서 내려야겠소."라고 말했다. 아내는 내리기 전에 옷과 신발을 찾아야 한다고 말했다. 그녀는 재빨리 옷을 걸쳐 입고 내게도 옷을 건네주어서 빨리 옷을 입을 수 있었다. 불길이 우리쪽으로 움직이는 것을 볼 수 있었고 베스타에게 서둘러 내리라고 말했다. 그녀는 상황을 인정하지 않았다. 신발을 찾을 때까지 내리려 하지 않았다. 나는 "신발

일랑 잊어 버리고 당장 내립시다."라고 말했다.

    그녀는 신발을 찾았다. 드디어 계단을 따라서 옷을 완전히 입고 기차에서 내렸다. 우리가 기차에서 내린 마지막 사람이었다. 승무원이 우리를 도와서 트랙을 따라 불길을 피해서 기차 뒤쪽으로 안내했다. 베스타는 부상을 입지 않았다. 그녀는 잠을 자다가 위층 침대에서 자는 승객들이 떨어지지 않도록 고정시켜주는 멜빵 때문에 안전하게 있었다. 아래층 침대는 멜빵이 없었다.

    기차 뒤편에서 보았을 때 우리 앞에 벌어진 광경은 거의 초현실적이었다. 연기구름과 섞인 짙은 안개가 늪지대에서 피어오르고 있었다. 불기둥은 기차 오른편에서 여전히 보였다. 보트의 수색등에서 나온 불빛이 안개와 연기사이로 섬뜩하게 침투해 들어가는 것을 볼 수 있었으며 객차들은 이상한 각도로 물 바깥으로 튀어나와 있었다. 얼마나 더 많은 객차들이 수면 밑에 잠겨있었는지 알 수 없었다. 수 십명의 사람들이 모포를 뒤집어 쓰고서 선로 주위에서 서성거렸다. 얼마나 많은 사람들이 물에서 살아 남았는지 알 수 없었지만 족히 오십명 이상은 되었다. 우리중에 누구도 그 순간의 무게를 절감하지 못했다. 생존자들 중에서는 고통이나 두려움 때문에 소리지르지는 않았다. 몇 명의 사람들이 사고로 죽었는지 알 수 없었다. 목숨을 잃은 사람들은 충돌 직후 처음 몇 분 만에 수면 밑에 갇혀서 죽음을 당했다.

    화재의 위협이 사라지고 열차 쪽으로 다가갔을 때 우리 객차는 바퀴가 레일에서 떨어진 채 다리위에 놓여져 있는 것을 보았다. 우리 객차는 열차의 마지막 객차였다. 나는 짐을 꺼내기 위해 열차로 되돌아갔다. 어둠 속에 눈을 고정시키고 화재에서 나오는 빛에 의지해서 내가 머문 객실이 난장판이 된 것을 볼 수 있었다.

기차에서 다시 나와서 아내에게 돌아온 후 도움을 기다리며 세 시간동안 다른 생존자들과 선로에 앉아 있었다. 헬리콥터가 도착해서 우리를 수색등으로 우리를 비추며 잔해 위를 떠돌았다. 사고는 너무 외진 곳에서 일어나서 자동차나 트럭으로는 접근이 불가능했다. 구조팀을 위한 유일한 접근 수단은 열차에 의한 것이었다. 이 상황에서는 한쪽 레일만을 사용할 수 있었다. 나중에 우리는 화물 열차가 우리 뒤에 있어서 사고가 났을 때 무전으로 보고를 받고 멈춰서 모빌까지 한 시간 정도 달려서 트랙에 아무것도 없는 것을 확인해서 구조열차가 현장으로 올 수 있도록 했다는 것을 알게 되었다.

도착한 구조 열차는 소방관, 구급팀, 경찰들로 가득 찬 세 개의 객차로 되어 있었다. 재빠른 부상자의 분류가 행해졌고 생존자들은 부상의 정도에 따라 세 개의 객차에 나뉘어졌다. 가장 심각한 상황에 있는 사람들은 가장 가까운 객차로 옮겨졌다. 베스타와 나는 가장 먼 객차로 향했다. 그 화물 열차처럼 구조 열차는 모빌을 향해 거슬러 올라갔다. 한 시간 동안의 이동 중에 우리 객차에 있던 두 명의 승객들이 심장마비를 겪었다. 열차가 모빌 변두리에 있는 고속도로 교차로 도달했을 때 우리는 기차에서 내려서 또 다른 분류 절차를 거치게 되었다. 백 대 이상의 앰뷸런스가 모여 있었고 그 가운데에는 구조를 돕기 위해 플로리다만큼 먼 곳에서 온 차들도 있었다.

바로 그 때에 우리는 프로비던스 병원으로 향하는 버스에 올라 탔다. 거의 한 시간이나 걸려서 그 곳에 도착했다. 우리는 고속도로에 줄지어서 우리가 탄 버스를 따라오는 많은 사람들로 인해 놀랐고 병원으로 가는 것을 돕기 위한 두 대의 경찰 모터사이클의 호위를 받았다. 병원에 도착했을 때 약 백 여명의 병원 직원들이 버스에 있던 우리를 치료하기 위해 현관에서 기다리고 있었다. 아내와 나는 내과의사의 검진을 받고 퇴원했다. 부상은 없었던 것 같아서 그곳에서 나와 집으로 전화하고 싶을 뿐이었다. 다음 날까지 나는 등에 부상을 당한 것을 깨닫지를 못했다.

사고 후 다섯 시간이 지날 때까지 전화를 할 수 없었다. 하지만 우리는 그리 걱정하지 않았다. 올랜도에 있는 어느 누구도 사고에 대해 듣지 못했다고 생각했기 때문이다. 결국 나는 사무실로 전화했고 안내는 전화속의 내 목소리를 알아 채고서 흐느끼기 시작했다. 사고 현장을 녹화한 영상은 CNN을 통해서 이미 방송되었다. 친구와 가족들은 우리가 살았는지 죽었는지 알지 못했다. 직원은 내게 아들과 가장 가까운 지인 중 한 사람이 이미 공항에서 모빌로 향하는 비행기에 탑승할 준비가 되어 있다고 말해주었다. 나는 비서에게 공항으로 전화해서 그들에게 호출하도록 해서 우리가 다 무사하다는 것을 알려주도록 부탁했다.

우리는 병원의 원무과 직원의 도움으로 프로비던스 병원을 떠나게 되었다. 친절하게도 그 직원은 우리를 공항까지 태워다 주었다. 공항에서 사람들이 사고현장의 모습을 중계하는 텔레비전을 보며 모여 있었다. 이제 태양은 떠올랐고 광경은 더욱 선명했다. 사고의 전체적인 정도를 처음으로 알게 된 것은 텔레비전의 뉴스 방송을 듣고 나서였다. 우리가 방금 겪은 이야기들이 텔레비전에서 중계되는 것을 지켜보며 서 있는 것은 참 이상한 경험이었다.

알라마바의 호수 근처에서 실제로 무슨 일이 일어났는가? 후의 조사를 통해 모든 상황이 설명이 되었다. 사고는 안개로 인해 시작되었다. 안개 때문에 물을 가로지르며 바지선을 밀고 있던 상선이 방향을 잃게 되었다. 부주의 때문에 항해가 금지된 수로 입구를 거슬러 올라가기 시작했다. 설상가상으로 무거운 철 바지선이 보트에서 풀려버리고 떠내려가다 열차가 지나가는 다리에 부딪혔다. 하지만 이 다리는 보통의 도개교가 아니었다. 원래는 보트가 지나가도록 회전해서 열리는 선개교였다. 나중에 선박을 위한 용도로는 사용하지 못하게 되어서 '닫힘' 위치로 고정되어 있도록 용접을 해 놓았다. 그런데 풀려버린 바지선이 다리를 들이 받았을 때 그것은 정확하게 회전축을 때려서 용접부분이 깨어지고 선로를 분리시킬 정도로 다리가 열려지게 된 것이다.

암트랙은 레일에 부착된 경고시스템을 갖고 있다. 레일이 분리될 때 전기흐름이 중단되면서 앞 쪽의 레일이 분리되었음을 열차에 경고하게 되어 있다. 하지만 다리에 열차가 도달하기 몇 초전에 분리가 일어나서 기관사는 열차를 멈추거나 속도를 줄일 시간도 없었다. 전속력으로 달리던 열차는 문자 그대로 다리를 날아 올라서 호수의 흙탕물로 뛰어 들었고 열차와 탑승객들은 다리 밑 이십미터 아래 바닥에 파 묻히게 되었다. 열차가 다리에서 분리되면서 연료 공급선이 끊어졌고 수십 톤의 기름이 유출되었고 이로 인해 불기둥이 솟아 오르게 되었다. 더 많은 객차들이 다리에서 떨어져 물로 추락했을 때 뒤에 있던 객차들의 운동량은 객차들이 아코디언처럼 다른 객차위로 떨어지면서 완화되었다. 이 모든 일이 충돌에서 정점에 달한 사건들의 변덕스런 조합의 결과로 수 초만에 일어났다.

이 연속적인 사건들이 일어나는 동안 많은 사람들이 생존하도록 도움을 준 어떤 선한 일들도 나타났다. 객차들이 쌓이면서 어떤 객차들은 다리 왼편에 도달해서 화재를 피하게 되었다. 화염이 일어나는 쪽으로 객차들이 추락했다면 더 많은 승객들이 죽었을 것이다.

올랜도의 집에 도착해서 집 안에 들어가 짐을 내려 놓았을 때 현관 벨이 울렸다. 나가보니 방송국에서 온 카메라맨과 사람들이 마이크를 우리에게 들이대며 물었다. 기자들은 "왜 이런 일이 일어났다고 생각합니까?", "당신의 부인은 왜 살아났다고 생각합니까?", "이번 비극에서 신학적으로 무엇을 깨달으셨습니까?"와 같은 온갖 종류의 질문을 했다. 나는 기자들에게 이 사건이 왜 일어났는지에 대해 논리적인 설명을 할 수 없다고 대답했다. 또한 왜 우리가 살아났고 내가 전혀 예상하지 못한 사고로부터 신학적인 어떤 것도 배우지 못했다고 대답했다. 분명 이 사건에서 하나님의 자비를 새롭게 경험했고 하나님의 섭리적 돌보심에 대해 깊이 감사한다고 말했다. 이 대답은 생존자가 죽음을 당한 사람들보다 복이 있다는 것을 의미하지는 않는다. 분명 그날 아침 사망한 사람들 중 일부는 하나님의 영광 안으로 인도함을 받았고 그들은 우리보다 훨씬 복이 있었다.

운명이 들어설 자리는 없다

역사라는 지평선 위에서 이 열차 사고는 끔찍한 재앙임을 알았다.

동시에 수직적인 섭리의 측면에서 우연이란 없다는 것도 알고 있었다. 섭리의 보이지 않는 손이 이 "우연"에 개입하고 있었고 그것은 주를 사랑하는 자들을 위해 합력하여 선을 이루는 사건들의 하나였다. 여러 일들이 조합되어 열차사고가 일어났다는 것을 생각할 때 우연적인 사건들이 합쳐져서 사고가 일어났다는 결론을 짓고 싶을 수 있다. 인간의 측면에서 우리는 1993년에 일어난 이 사고를 우연으로 생각한다. 보트의 선장이 바지선으로 다리를 부딪히게 할 의도가 없었고 열차의 기관사가 의도적으로 기차를 다리에서 탈선시키지 않았다는 의미에서 이 사건은 우연이었다.

이와는 대조적으로 1995년에 다른 열차 사고가 있었다. 이번에는 아리조나의 피닉스 인근의 버팀다리에서였다. 이 사고로 인해 한 사람이 죽고 여러 명이 다쳤다. 최초의 보고에서 이 사고는 우연이 아니라 태업이라는 의도적인 행위 때문에 생긴 것으로 이야기 되었다. 섭리하신대로 나는 그 사고를 겪지는 않았지만 가까이에는 있었다. 열차는 마이애미에서 로스 앤젤레스로 향하고 있었고 나는 포드 로더데일에서 승차해서 사고가 일어나기 한참 전에 올랜도에서 내렸다. 하지만 여러 동료 승객들은 그 사고를 겪었다.

이런 사고에 대해서 기자들이 언급할 때 많이 사용하는 언어는 "불행한 열차" 혹은 "운명의 비행기"와 같은 것들이 많다. 나는 이런 언어들이 단순히 말하는 방식의 차이이고 기자들이 실제로 인간의 삶이 운명이라는 손에 놓여 있다고 믿지 않기를 바란다. 운명은 고대 세계의 신화적 체계의 일부이며 인간의 삶에 혼란을 가져오는 임의적이고, 변덕스럽고, 짓궂은 반신적인 존재로 묘사된다.

하나님의 섭리라는 교리는 운명이나 다른 맹목적인 것이 들어설 여지가 없다. 하나님은 눈이 멀지 않았고 하나님은 변덕스럽지도 않다. 하나님에게 우연(chance)이란 없다. 하나님에게 우연적 사건은 없다. "우연이란 없다"는 내가 쓴 책에서 밝히려고 노력했듯이 우연과 같은 것은 없다. 우연이라는 말은 수학적 가능성을 묘사하기 위한 의미 있는 용어이다. 특정한 조건 하에서 일어나는 여러 일들의 확률을 계산할 수 있다. 하지만 우연 자체는 사건에 기여할 수 없다. 우연은 어떤 것의 원인도 되지 않는다.

우연은 어떤 일도 행할 능력이 없기 때문에 어떤 일이 일어나게 하지 못한다. 우연 자체는 힘이나 효력을 행사하지 못하기 때문에 일을 할 능력이 없다. 우연은 물건도 아니고 존재도 아니다. 어떤 것이 효력을 갖기 위해서는 존재해야 한다. 그렇지 않으면 효력을 가질 수 없다. 우연은 존재가 아니기 때문에 효력을 행사할 수 없다. 무에서는 아무 것도 나오지 않는다는 이 같은 사실은 여전히 철학과 과학의 공통된 공리이다. 무는 아무것도 할 수 없다. 우연은 무이기 때문에 아무 일도 할 수 없다.

하지만 우리는 "우연적 사건"에 대해 말한다. 원인이 없는 사건이어서가 아니라 어떤 결과를 의도하지 않았기 때문이거나 그 사건의 실제적 원인이 무엇인지를 모르기 때문에 그렇게 말하는 것이다. 이런 경우 우연(chance)이라는 말은 무지(ignorance)라는 말의 대체어로서 기능한다.

하나님의 법궤를 사로 잡았을 때 블레셋사람들을 괴롭혔던 독종을 생각해 보라. 현인들은 법궤의 출현과 독종의 출현 사이에 인과관계가 있을지 모른다고 생각했다. 그들은 문제를 해결하기 위한 정교한 계획을 세웠다.

> "그러므로 이제 새 수레를 하나 만들어, 아직 멍에를 메어 보지 아니한 젖 먹이는 암소 두 마리를 데려다가 그 수레를 메게 하고, 송아지들은 그것들에게서 떼어 집으로 돌려보내고, 여호와의 궤를 가져다가 수레에 싣고, 그분께 속건 제물로 드릴 금 보물을 상자에 담아 그 옆에 놓은 후 수레를 보내도록 하시오. 여러분이 살펴보아, 만일 그것이 그 궤의 본래의 지역, 곧 벳세메스의 길을 따라 올라가면 그분께서 우리에게 이 큰 재앙을 내리신 것이나, 그렇지 않으면 우리를 친 것이 그분의 손이 아니라, 그 일이 우리에게 우연히 일어났다는 것입니다."
> (삼상 6:7-9)

블레셋 사람들은 다곤 신을 예배하는 성전까지 있을 정도로 종교적이었지만 이런 실험은 그들 가운데 무지와 미신이 있었음을 보여준다. 독종이 우연적으로 발생했다고 정말 믿었다면 그들은 신을 믿는 자가 결코 아니었을 것이다. 우연이 존재한다면 하나님은 존재할 수 없다. 분자 하나가 우연적으로 날아간다면 하나님은 주권적이지 않다. 하나님과 우연은 함께 존재할 수 없다.

블레셋의 현인들은 어쩌면 비유적으로 말하고 있었을지도 모른다. 그들의 말은 실제로는 독종이 하나님 혹은 다른 어떤 것에 의해서 발생했다는 것을 의미했을 수도 있다. 하나님의 법궤가 사로잡혔을 때 독종이 생긴 것은 단순한 우연이었을 것이다. 그들에게 알려지지 않은 다른 가능한 원인을 모른다는 것을 묘사하는 표현이었을 수 있다. 그들의 생각이 어떤지 확실히 알 수는 없지만 우연으로 인해 독종이나 역병이 생겼다고 그들이 정말 믿었다면 그들은 말이 안되는 이야기를 하고 있는 것이다.

불행히도 그런 식의 이야기는 오늘 날에도 지속된다. 신학자, 철학자, 과학자와 같은 학식이 있는 사람들도 때때로 우연이 어떤 힘을 갖는 것처럼 말들을 한다. 이는 미신으로 회귀하는 것이고 과학과 철학에서 떠나는 것이다. 문제를 궁극적인 수준으로 격상시켜서 "어떤 일이 우연히 일어날 가능성이 있습니까?"라는 질문을 한다면 유일하게 할 수 있는 적절한 대답은 "가능성이 전혀 없다"는 것이다.

우연은 의도하지 않은 사건이다. 하지만 우리의 의도를 초월하는 다른 의도가 있다. 요셉의 형제들의 의도와 하나님의 의도 사이의 일치에서 볼 수 있는 것처럼 하나님의 의도는 우연이나 운명에 결코 종속되지 않는다. 우연은 하나님의 행위들을 묘사하기에는 모순되는 용어이다. 앨버트 아인슈타인의 "하나님은 주사위를 던지지 않는다."는 말은 옳은 것이다.

16장

섭리와 악의 문제

악의 문제는 기독교의 아킬레스 건이라고 불리운다. 하나님의 섭리의 총체적인 국면을 살필 때마다 직면하게 되는 철학적으로 가장 애태우게 하는 문제라고 할 수 있다. 질문은 간단하지만 답변은 어렵다. 절대적으로 선하신 하나님이 어떻게 창조시에 악을 허락하실 수 있는가? 불완전한 우주의 존재에 대해 하나님을 정당화하는 변신론의 질문이다.

다른 누구보다도 존 스튜어트 밀은 세상에 악이 존재한다면 하나님은 무력하거나 사랑이 없는 존재라고 주장했다. 악이 존재한다면 하나님은 그것이 존재하지 않기를 원하지만 그렇게 할 능력이 없기 때문에 하나님은 전능하지 못한 존재가 된다. 하나님이 전능하신대 악이 존재하도록 허락한다면 하나님은 선하지도 않고 사랑도 없는 존재이다. 밀에 따르면 어느 방식이든 악의 존재는 기독교에 치명적이다.

신학에서 악은 "부정(iniquity)의 신비"로 일컫는다. 기독교는 악이 존재함을 분명하게 인정한다. 악은 허상이라고 주장하는 일부의 예외를 제외하고는 실제로 대부분의 종교가 악의 존재를 인정한다. 예를 들어 크리스쳔 사이언스는 이런 믿음을 고수한다. 한 번은 이 부분에 대해 크리스쳔 사이언스에 소속된 사람과 논쟁이 붙었다. 나는 악이 실제적이라고 주장했고 그는 허상이라고 말했다. 나는 그에게 내가 허상이라고 생각하는지 물어보았다. 그는 내가 실제로 있는 자임을 인정했다. 나는 그에게 악에 대한 나의 관점이 옳다고 생각하는지 물었다. 그는 그렇지 않다고 말했다. 그리고나서 내가 사람들에게 악이 실제로 존재한다고 가르치는 것이 좋다고 생각하는지 물었다. 그는 아니라고 대답했다. 다시 그에게 악에 대한 나의 가르침이 악하다고 생각하는지 물었다. 그는 내 말의 함정을 발견했지만 늦추지 않았다. 악에 대한 나의 가르침은 허상이라고 대답했다. 나는 그 대답이 악은 실제라는 나의 가르침이 실제가 아니거나 악에 대한 나의 악한 가르침은 단지 악한 것처럼 보이지만 실제로는 선하고 결국 악은 실제로 존재함을 의미한다고 추측했다. 논쟁으로 인해 머리가 아팠는데 적어도 머리가 아프다는 허상은 존재한다고 생각했다.

철학자 라이프니쯔는 하나님이 존재 가능한 가장 선한 것들을 창조했다고 결론을 낸 유명한 변신론(theodicy)을 펼쳤었다. 그는 이 세상이 가능한 한 가장 선한 곳이라고 손쉽게 결론을 내지 않았다. 그는 몇 가지 사항을 고려했다. 첫째로 하나님은 세상을 창조하기 위해 몇 가지 가능한 모델중에서 선택을 하셨을 수 있다고 생각했다. 마지막으로 선택한 것이 어떤 모델이든 그의 무한하신 지혜, 전지, 의에 따라 선택되었을 것이다. 다른 가능한 모델은 거부되었을 것이다. 우리는 현재 존재하는 것보다 더 나은 세상에 대해 생각할 수 있지만 우리에게는 하나님이 하실 수 있는 최종적 형태의 판단을 내리기 위한 영원의 관점이 결여되어 있다. 하나님만이 영원이라는 관점하에서 생각하신다.

둘째로 라이프니쯔는 하나님만이 완전하고 하나님은 다른 하나님을 창조하는 것이 불가능하다고 주장했다. 둘째 하나님은 정의상 하나님이 창조한 것은 피조물이기 때문에 실제로 하나님이 아닐 것이다. 그는 의존적이고 파생적이고 부수적인 존재로 하나님이 아니다. 전능이라는 개념은 하나님이 무엇이든 하실 수 있다는 것을 의미하는 것이 아니라 자신이 창조한 것에 대한 완전한 권능과 통제권을 가짐을 의미하는 것이다.

라이프니쯔의 사상에는 자신의 이론에 너무나 중요한 어떤 것이 놓여져 있다. 그는 악이라는 것을 도덕적 악, 물리적 악, 형이상학적 악의 세 가지 형태로 구분했다. 도덕적 악은 의지적인 피조물의 죄와 관계가 있다. 물리적 악은 지진과 홍수와 같은 자연 재해나 질병을 지칭한다. 도덕적 물리적 악은 모두 라이프니쯔가 불완전한 존재와 관련된 형이상학적 악의 결과이다. 기본적으로 유한성과 관련되어 있다. 창조된 것 혹은 유한한 것은 하나님에게서 발견되는 순수하고 무한하고 영원한 존재보다 낮은 질서에 속해 있다. 유한한 존재는 무한한 존재보다 낮은 형태의 존재이므로 형이상학적으로 불순하며 악하다. 하나님에게서만 발견되는 완전함이 결여되어 있다. 중세의 신학자들은 하나님을 "가장 완전한 존재"로 지칭하기를 좋아했다.

그리스도인에게 이런 도식에 존재하는 문제는 죄를 창조 혹은 유한적인 것의 필수적인 결과로 만든다는 것이다. 이런 생각은 죄에 대한 성경의 금지와 하나님의 심판에 대한 약속에 나타난다. 도덕적 악이 형이상학적 악의 불가피한 결과라면 죄책에 대한 질문이 제기된다.

창조에 대한 성경의 기록에서는 인간 혹은 우주가 악을 창조했다고 말하지 않는다. 오히려 창조의 사역에 대한 평가는 그것이 좋았더라고 기록되어 있다. 타락은 원래 있던 의에서 추락한 것이지 창조의 필연적 결과라고 성경은 보지 않는다.

변신론에 대한 많은 시도가 있었다. 가장 흔한 것 중의 하나는 이원론의 철학으로 선과 악의 세력이 영원히 공존한다고 주장한다. 이 관점은 다양한 동양의 철학과 종교에서 두드러진다. 두 가지의 동등하며 반대되는 세력이 우주적으로 벌어지는 영원한 싸움 가운데 있다. 빛과 어두움, 음과 양의 싸움과 같다. 종종 사단이 힘과 영원성에 있어서 하나님과 동등한 악의 존재로 간주될 때 이런 종류의 사고가 침투한다.

이원론도 기독교에 치명적이다. 구속이 근본적으로 불가능하기 때문이다. 반대되는 두 개의 세력이 영원 가운데 동등하다면 어느 쪽도 승리하리라는 희망이 없기 때문이다. 또한 하나님이 더 이상 절대적이지 않다면 기독교 신학은 죽게 된다. 이원론은 적어도 두 가지의 구별된 신들의 존재를 가정하기 때문에 유일신의 종말을 가져오게 된다.

최근에 어떤 과정 신학자들은 선과 악의 양극을 하나님 자신의 본성에 위치시켰다. 하나님은 양극에서 움직이시는 존재라고 말한다. 하나님은 두 개의 얼굴로 꾸며진 로마신 야누스와 같다. 하나님은 더 이상 절대적인 거룩의 존재가 아니며 자신의 성품 가운데에는 악이 나타나는 어두운 부분을 포함하고 있다.

　불행히도 악의 근원을 설명하려는 대부분의 변신론은 그들이 답하는 것보다 더 많은 문제를 야기시키며 악의 문제보다 더 많은 신학적 문제를 남겨 놓는다. 질병보다 더 심각한 치료법이라 할 수 있다.

악의 본질

　악의 문제는 악의 본질에 대한 질문을 통해 우선 고찰되어야 한다. 웨스트민스터 소요리 문답은 "죄가 무엇인가?"에 대한 질문에 "죄는 하나님의 법에 순종함이 결여된 것 혹은 하나님의 법을 범하는 것이다."라고 대답한다. 이 대답에는 "결여된"(want)이라는 중요한 부정적 용어를 포함하고 있다. 결여는 어떤 것의 부족 혹은 결핍이다. 이 단어는 악의 고전적 정의에 부합하기 위해 요리문답을 만든 사람들이 세심하게 선택했다. 어거스틴과 토마스 아퀴나스는 모두 악을 어떤 것 즉 선한 것의 결핍 혹은 결여를 언급하면서 부정(negatio) 혹은 결핍(privatio)의 측면에서 정의했다. 악은 선의 결핍, 선을 부정하는 것이다.

　신학자들은 악이 특징상 부정적 용어로 정의된다는 것을 이해했다. 우리는 불의, 부정, 불법, 적그리스도에 대해 말한다. 죄는 불순종으로서 묘사된다. 의의 기준을 반하는 것으로서가 아니면 불의를 이해할 수 없다. 마찬가지로 부정은 정의와 대조시키고 불순종은 순종과 대조함으로써 정의된다. 악은 기생충과 같다고 말들 한다. 선의 결핍과 부정이 아니면 존재할 수 없다. 어거스틴은 악은 정의상 선에 의존한다고 주장했다.

악은 부정적 용어로 정의되기 때문에 악이 부정이고 결핍이 절대적인 것이 아니라면 어쩌면 악이라는 것이 존재하지 않는다고 말하고 싶을 수도 있다. 우리는 완전한 무에 대해 생각할 수 없다. 어떤 것이 절대적으로 악하다면 절대적 결핍이고 이는 아무것도 존재하지 않는 것이다. 혹은 어떤 것이 순전한 결핍이라면 마찬가지로 아무것도 존재하지 않을 것이다. 완전한 선에 대해 생각할 수 있지만 완전한 악에 대해서는 생각할 없다.

악은 존재하지 않는다는 결론을 예방하기 위해 16세기의 위대한 개혁자들은 악에 대한 고전적 정의에 '적극적 결핍'(privatio actuosa)라는 한 가지 수식어를 덧붙였다. 그들은 악이 일종의 결핍이지만 그럼에도 불구하고 실제적인 것임에 동의했다. 악은 실제적이며 적극적이다. 악은 도덕적 동작자에 의해 행해지는 행위이다. 이 행위는 적극적이거나 수동적일 수 있다. 이는 작위의 죄 혹은 부작위의 죄를 포함할 수 있다. 부작위의 죄는 해야 할 일을 하지 않는 것이다. 하지만 행하지 않음도 해야 할 일이 아닌 다른 일을 하는 것을 포함하기 때문에 일종의 작위라고 할 수 있다.

어거스틴은 죄 혹은 악은 오로지 선한 피조물만이 실제로 할 수 있는 일이라고 주장했다. 즉 피조물은 악한 행위를 할 수 있기 전에 먼저 선한 존재여야 하는 것이다 그는 아담이 선하게 창조되었지만 변함없이 선한 존재는 아니라고 말했다. 아담에게는 죄를 지을 수 있는 능력(posse peccare)과 죄를 범하지 않을 능력(posse non peccare)

이 있었다. 죄를 지을 능력을 아담이 행사했다는 것은 기록의 문제이다. 어거스틴이 도달한 결론의 일부는 악이 선의 결핍이므로 존재적으로 선에 의존한다는 것이다.

아마도 이 사실에서 도출할 수 있는 유일한 위로는 악이 문제라고 불평하는 사람들의 경우 선의 존재를 확인하고 나서야 그렇게 할 수 있다는 것이다. 우리가 악의 근원을 설명할 수 없다면 비판적인 사람은 두 가지 문제를 갖게 된다. 만일 악이 실제적으로 존재한다고 그가 주장한다면 선의 존재 또한 긍정해야만 한다. 만일 하나님이 없다면 악뿐 아니라 선의 존재도 설명해야만 하는 것이다. 이것은 많은 회의주의자들의 경우 악이 실제로 존재하지 않는다는 결론에 이르게 한 딜레마이다. 그러나 그렇게 되면 선도 존재하지 않는 것이다. 이 관점은 우리가 비도덕적인 세상에 살고 있다는 허무주의적 사고에 이르게 한다. 선도 악도 없으며 관습과 기호만이 존재한다. 이 관점은 근본적으로 인생의 상대주의적인 시각과 관련되어 있다. 상대주의는 절대적으로 절대적인 것이 없다는 절대적인 명제를 제외하고는 절대적인 것이 없다고 주장한다. 이 철학에서는 모든 것이 허용가능하다.

한번은 자칭 무신론자인 아들로 인해 괴로워하는 어느 기독교인 부인을 만난 적이 있다. 그녀는 아들과 한번 이야기를 나누어 보면 좋겠다고 말을 했다. 그렇게 하기로 했지만 아들은 그런 만남을 주선한 것에 대해 분개할 것이라 생각했다. 아들은 대놓고 화를 내었고 그 자리에 나오는 것에 대해 매우 못마땅해 했다. 나는 그에게 어머니의 관점에 대해 어떻게 느끼는 지를 물어 보았다. 그는 어머니가 기독교를 자신에게 억지로 강요한다는 사실에 쓴 뿌리를 갖고 있었다. 왜 기독교가 싫은 지를 물어 보았다. 그는 모든 사람은 자신이 원하는 일을 할 권리가 있음을 믿는다고 말했다. 그렇다면 왜 어머니의 행동에 대해서 불평하느냐고 그에게 물었다. 어머니도 자신이 원하는 일을 행할 권리가 있지 않은가? 나는 그리스도인인 그의 어머니가 아들에게 세심하고 행동에 있어서 위압적이지 않다고 설명했다. 그리스도인의 관점에서 그는 불평을 할 만한 어느 정도의 이유는 있었지만 자신의 "윤리"에 따르면 전혀 근거가 없었다. 그는 논지를 이해했다.

대부분의 상대주의자들은 상대적으로 상대주의자들이다. 즉 기호에 대한 자신의 권리를 표현하기를 원하며 자신의 기호와 충돌하기 전까지는 다른 사람들의 기호를 관용으로 대할 것이다. 바로 이런 이유 때문에 칸트는 하나님의 존재는 문명의 생존을 위해 실제적으로 필요하다고 주장했다. 인간의 행동을 주관한 어떤 기준이 없이는 도덕적인 무정부 상태에 남겨져서 사회는 오래 살아남을 수 없기 때문이다.

모든 문화는 기준을 갖는다. 아마도 그런 기준들은 통제하는 세력들의 합의나 기호일 수 있다. 그것이 사실이고 기호가 보편적으로 인정되지 않는다면 분명히 누군가는 압제당하고 있는 것이다. 니체는 이런 기준들은 사람들이 "동물적 윤리"로서 따르는 합의일 뿐이며 이에 도전할 만큼 지혜롭지도 못하고 그럴 용기도 없기 때문에 생겨난다고 말했다.

하지만 실천적 필요가 하나님의 실재를 위한 적절한 증거가 되지 못함을 인정해야 한다. 아마도 허무주의자가 옳을 것이다. 그들은 세상에 하나님은 없고 옳거나 그른 것은 없으며 우리는 우주라는 정글에 살고 있다고 생각한다. 나는 그렇게 믿지 않는다. 하나님의 존재와 선과 악의 실재를 설명하는 건전하며 설득력있는 논거를 제시할 수 있다고 확신한다. 하지만 나는 인본주의자와 같이 어리석은 대안을 선택하지 않고 양쪽을 놓치 않으려는 순수한 허무주의자의 노력에는 경의를 표하고 싶다. 인본주의자들은 인간의 존엄성과 여러 가지 미덕의 중요성을 강조한다. 한편 우리는 우주에서 우연적으로 태어난 존재라고 말한다. 악의 세계에 미덕은 없는데 인본주의자는 권리를 위한 적절한 근거를 갖지 않음에도 인간이 왜 권리를 가져야 하는지에 대한 설득력있는 이유를 제시하지를 못한다. 인간은 감정만을 지니며 자신의 감정적 상태를 제외하고는 어떤 것도 증명하지 못한다.

쉽지 않은 대답

종종 나는 기독교인들이 악의 문제에 대해 쉬운 대답을 제시한다는 말을 듣는다. 그들은 악의 기원이 인간의 자유의지에 있다고 간편하게 말한다. 나는 이 대답을 간편하다고 부르는데 그 이유는 문제의 근원에 도달하는데 실패했기 때문이다. 성경을 통해 보면 인간은 에덴 동산에서 선 대신에 악을 선택한 것이 분명하다. 하지만 선하게 창조된 피조물이 어떻게 악을 선택했는지는 설명하지 못한다. 타락에 대한 성경의 기사를 살펴보자.

여호와 하나님께서 지으신 모든 들짐승 가운데 뱀이 가장 간교하였다. 뱀이 여자에게 "하나님께서 참으로 너희에게 동산 나무에서 나는 모든 것을 먹지 마라고 말씀하셨느냐?"라고 물었다. 그 여자가 뱀에게 대답하기를 "동산 나무 열매를 우리가 먹어도 되지만, 동산 중앙에 있는 나무의 열매에 대해서는 하나님께서 '너희가 죽지 않도록 그것을 먹지도 말고 만지지도 마라.'고 말씀하셨다." 하니, 그 뱀이 그 여자에게 "너희가 결코 죽지 않을 것이다. 너희가 그것을 먹는 날에는 너희 눈이 열리고 너희가 하나님과 같이 되어 선과 악을 알게 될 것을 하나님께서 아시기 때문에 그렇게 하신 것이다."고 말하였다. 여자가 보니, 그 나무는 먹음직하고, 보기에 아름다우며, 지혜롭게 할 만큼 탐스러운 나무였다. 여자가 그 열매를 따먹고 자기와 함께한 남편에게도 주니, 그도 먹었다. 그러자 두 사람의 눈이 열리고 자기들이 벌거벗은 것을 알게 되었으며 무화과나무 잎을 엮어 자기들을 위하여 치마를 만들었다. (창 3:1-7)

본문은 아담과 하와가 하나님이 하지 말라고 명령한 일을 하기로 선택한 것을 보여준다. 그들의 행위는 분명히 그들이 그런 일을 할 수 있었다는 것을 증명한다. 문제는 왜 그들이 그렇게 했느냐는 것이다. 그리고 어떻게 할 수 있었는가 하는 것이다. 여러 가지 설명이 가능하다. 첫째는 뱀이 그렇게 하도록 강요했다는 것이다. 이 설명은 두 가지의 심각한 문제를 야기한다. 첫째는 성경은 그들이 강요의 희생자라고 말하지 않는다는 것이다. 두 번째는 그들이 그렇게 하도록 강요받았다면 죄에 대한 책임은 사단에게 있지 인간에게 있지 않다는 것이다. 사단이 강요한 일에 대해 그들이 책임을 지는 것이 정당하지 못하다.

두 번째 설명은 그들이 사단에게 속았다는 것이다. 성경이 사단이 교활하며 미혹을 잘 해서 속이는데 매우 능함을 보여준다. 실제로 사단은 속이는 자이다. 하지만 이 설명에 나타나는 문제는 속임수에 희생당한 죄 없는 자들에게 책임을 묻는다는 것이다. 아담과 하와는 완전히 속임을 당했다면 그들은 무지 가운데서 죄를 지었을 것이다. 분명히 기만당하는 일이 생겼다. 사단은 그들에게 금지된 과일을 먹음으로써 신과 같은 존재가 될 수 있고 죽지 않을 것이라고 말했다. 이런 주장은 모두 거짓이다.

본문에서 아담과 하와가 변명할 때 무지를 주장하지 않은 것 또한 분명하다. 그들은 하나님이 명하신 것과 금지하신 것을 들었고 말했다. 그들은 하나님의 말씀을 분명히 알고 있는 가운데 행동했기 때문에 완전히 속았다고 말할 수 없었다.

그래서 질문은 자유의지에 관한 것으로 귀착된다. 우리는 아담과 하와가 자유롭게 죄를 지을 수 있는 의지가 있음을 인정하지만 더 깊은 질문이 남아 있다. 왜 그렇게 했느냐는 질문이다. 그들은 분명히 죄를 짓고 싶었기 때문에 죄를 지었다. 그들은 죄를 짓고 싶은 욕구가 있었다. 하지만 죄를 짓고 싶은 욕구는 이미 죄이다. 그들은 악한 욕구에서 비롯된 악한 행동을 저질렀다. 욕구가 없이는 죄를 지을 수 없다. 욕구에 반해서 행동했다면 의지와는 상관없이 행동하는 것이고 선택은 자유롭지 못했을 것이다. 행위가 진정으로 자유로운 것이고 그 욕구에 따라 행동한 것이라면 출발점이 되는 악한 욕구나 경향이 있었을 것이다. 그것은 어디에서 나타난 것인가? 처음부터 거기에 있었는가? 하나님이 그들에게 악한 욕구를 주셨는가? 그렇다면 어떻게 그들에게 죄책이 있다고 말할 수 있는가? 하나님이 그들에게 그런 욕구를 주시지 않았다면 그것은 어디에서 비롯된 것인가?

결코 쉽게 대답할 수 있는 사소한 질문들이 아니다. 이런 딜레마로 인해 칼 바르트는 죄의 기원을 "불가능한 가능성"으로 설명하려고 했다. 물론 이 말은 모순형용적인 표현이다. 불가능한 일이라면 그것은 가능할 수 없고 가능한 일이라면 불가능할 수 없다. 모순형용을 사용한다고 해서 문제가 해결되는 것은 아니다. 딜레마는 수면 밑에 그대로 있다. 악의 문제를 어떻게 설명할 수 있는지 나는 알지 못한다. 그렇게 할 수 있는 사람이 있는 지도 알지 못한다. 이제껏 접했던 어떤 변신론에도 만족해 본 적이 없다. 그렇다고 해서 문제가 해결될 수 없다거나 질문에 대답할 수 없다는 것을 의미하는 것은 아니다. 어쩌면 내일 이 문제가 해결될 수도 있다. 하지만 지금까지는 이 문제가 해결되는 것을 볼 수 없었다. 문제를 파악하는 내 능력으로는 문제를 해결할 수 없다. 진단이나 분석은 치료가 아니다. 이는 문제에 대한 어떤 결론에도 이르지 못했다는 것을 의미하지 않는다. 나는 악은 실재한다고 결론을 내었다. 또한 악은 정의를 하는데 있어 선에 의존하고 악은 결여와 부정의 관점으로 정의되어야 한다는데 동의한다. 악이 존재하거나 존재하지 않는 것이 궁극적으로 선한 것이라는 결론이 가장 중요할지도 모른다.

우리는 여기에서 극도로 주의해야 한다. 악이 실재하는 것이 좋다고 말하는 것은 악이 선하다고 말하는 것과 같지 않다는 것이다. 악이 선하다고 말하는 것 자체가 악한 것이라고 성경은 분명하게 말하고 있다. 악은 악한 것이다. 하지만 여기에서 악이 존재하는 것이 선하다고 말하는 것은 하나님은 선이며 그 분의 섭리가 악을 포함한 모든 일에까지 미침을 선언하는 것 뿐이다. 하나님의 주권은 악한 것에까지 미친다. 하나님은 악으로부터 선을 이끌어 내실 수 있으며 거룩한 목적을 위해 악을 사용하실 수 있다. 악이 있는 것이 선하다고 말할 때 하나님의 섭리로부터 따로 떨어져서 악은 존재할 없음을 말하는 것이다. 하나님이 악이 존재하는 것을 허용하시거나 정하시는 것은 그렇게 하는 것이 선하다고 생각하심을 의미한다. 하나님은 자신이 의지하시는 일이 일어나도록 정하시는 것이다. 하나님의 뜻은 완전히 의롭다. 하나님이 악이 존재하고 하나님의 의지가 없이 존재할 수 없도록 의지하신다면 우리는 하나님의 신비스런 분별하심 속에서 악이 존재해야 할 선한 이유가 있다고 결론지어야 한다. 하나님이 어떤 일에 대해 가지는 유일한 이유는 선한 이유이다. 어떤 일이든지 하나님의 선한 의도에 따라 뜻하시는 일들이 일어나도록 하신다. 하나님 안에 혹은 하나님의 의지 속에는 나쁜 의도는 존재하지 않는다. 악은 실재하고 악한 것이다. 하지만 악은 근접한 이유는 되지만 궁극적 원인은 되지 않는다. 측량할 수 없지만 의로운 뜻에 따라 모든 일을 행하시는 하나님의 최종적 대답이 악은 될 수 없다.

 악은 기독교가 직면하는 문제이다. 하지만 기독교에 치명적이지는 않다. 모든 일 속에서 우리는 알려진 것을 토대로 알려지지 않은 것을 해석해야 하지 알려지지 않은 것을 가지고 알려진 것을 해석해서는 안된다. 알려진 것은 하나님이 존재하시고 그 분이 선하다는 것이다. 또한 알려진 것은 우리는 죄를 지으며 하나님만이 이를 해결하실 수 있고 그리스도안에서 이 문제가 해결되었다는 것이다. 우리는 죄가 유한한 자로서의 불가피한 결과가 아니라는 것도 알고 있다. 하늘에서 우리는 여전히 유한하겠지만 죄를 짓지 않을 것이기 때문이다. 그 곳에서 우리는 천국의 가장 좋은 것을 누릴 것이다.

17장

모든 일이 합력하여 선을 이룬다

악을 선하다거나 선을 악하다고 부르는 것은 악한 것임을 우리는 알고 있다. 이런 판단은 두 가지의 혼동을 피하기 위한 것이다. 하지만 근접하거나 즉각적인 것과 궁극적이며 원격적인 것을 구별함으로써 악이 존재하는 것이 선하다고 말할 수 있다. 이 말은 무엇을 암시하는가?

우리는 하나님의 섭리에 대한 주제로 세미나를 종종 주관한다. 나는 이런 세미나가 진행되는 동안 청중들에게 그리스도께서 세미나실로 들어오셔서 이제부터는 어떤 나쁜 일도 우리에게 일어나지 않을 것이라고 말씀하신다면 어떤 느낌이 들것인지를 질문한다. 모든 사람들이 곧 바로 굉장히 큰 안도감을 느낄 것이라고 말한다.

그리스도의 그런 선포가 불안의 공격으로부터 우리를 자유롭게 하는 데는 긴 노정이 필요하다. 두려움과 염려는 우리 모두에게 영향을 미치는 인생의 두 가지 차원이다. 우리를 불편하게 할 뿐 아니라 몸과 영혼에 스트레스로 인한 상처를 남긴다. 당연히 우리 삶에 두려움과 염려가 없다면 기쁨만이 남을 것이다.

예수님이 가장 자주 말씀하신 부정적인 명령 즉 금지명령은 "두려워하지 말라"는 것이었음은 중요한 사실이다. 나는 그렇게 말씀하신 이유가 종종 궁금했다. 예수님이 "두려워하지 말라"고 자주 말씀하셔서 이는 거의 고대세계의 관습적인 인사처럼 들린다. 물론 그런 것은 아니지만 샬롬이나 평안과 같은 관습적인 인사는 "두려워하지 말라"는 말씀과 전혀 동떨어진 것은 아니다.

여러 번 치과를 방문한 후에 앞으로 육 개월 동안은 더 들를 필요가 없다는 말을 듣고 병원을 나설 때 일시적인 행복감을 느낀다. 잠시 동안 걱정에서 해방되는 것이다. 하지만 염려는 신화에 나오는 머리가 여럿달린 괴물처럼 다시 나타난다. 히드라처럼 머리 하나를 자르면 그 자리에서 다른 머리가 나타난다. 두려움과 염려의 본질은 나쁜 일이 우리에게 일어나거나 질병, 부상, 사고, 재산과 재정의 손실과 같은 물질적인 악으로 고생한다는 것이다. 혹은 누군가 우리를 겨냥한 도덕적으로 악한 행동이나 나 자신의 행동으로 인한 결과로 해를 당할 것이라는 생각에 있다.

모든 일이 합력하여 선을 이룬다.

물리적 혹은 윤리적 악과 같은 어떤 종류의 악도 존재하지 않는 환경에서 사는 것은 문자 그대로 "천국"이다. 하지만 현재 우리는 천국이 아닌 지상에서 살고 있다. 우리는 여전히 눈물 골짜기에 머무르고 있고 사망의 계곡을 걸어가고 있다. 시편 기자의 격려에도 불구하고 우리는 악을 두려워하면서 계곡을 걷는 중에 있다. 다윗은 하나님이 자신과 함께 하신다고 확신했기 때문에 악을 두려워하지 않을 수 있었다. 두려움을 몰아내는 것은 하나님의 임재에 대한 확신이다. "두려워하지 말라"는 예수님의 명령 뒤에는 두려움을 몰아낼 수 있는 확실한 이유가 있음을 알려준다. 바로 "내가 너와 함께 한다"는 말씀 때문이다.

하지만 우리는 눈으로 예수님을 볼 수 없고 귀로 들을 수도 없다. 예수님은 눈에 보이게 교회 안으로 걸어 들어오시지도 않고 이제부터 악이 우리에게 임하지 않으리라고 선포하시지도 않는다. 하지만 어떤 의미에서 예수님은 정확하게 그와 같은 일을 이루셨다. 사도의 말씀을 통해 악이 우리에게 임하지 않는다는 그리스도의 약속을 우리는 지니고 있다. 어떻게 그런가? 이 질문에 대답하기 위해서 우리는 신약성경 가운데 가장 잘 알려지고 가장 위로가 되는 말씀중의 하나를 살펴보아야 한다.

> 하나님을 사랑하는 자, 곧 그분의 뜻대로 부르심을 받은 자들에게는 모든 것이 합력하여 선을 이룬다는 것을 우리는 안다. (롬 8:28)

여기에서 바울이 우리에게 일어나는 모든 일들이 선한 것이라고 말하지 않음을 주목해야 한다. 사실 나쁜 일도 우리에게 일어난다. 우리의 영혼을 우겨 싸고 상처와 흉터를 남기는 고통스러운 일들이 일어난다. 비탄에 잠기게 하고 애도하게 하는 일들이 일어난다. 하지만 우리에게 일어나는 좋지 않은 모든 일들은 합력하여 선을 이룬다. 이런 일들이 일어나는 것은 궁극적으로 좋은 일이라고 말할 수 있다.

실재의 네 가지 범주

다시 한 번 선과 악을 혼동하지 않아야 할 중요성을 강조한다. 선을 악이라 하고 악을 선이라 하는 것은 악한 것이라고 말했다. 이것은 윤리적으로 부정직한 것을 포함한다. 우리의 시선을 근접적인 것과 원격적인 것 사이의 차이점에 고정시킨다면 다른 관점을 얻게 된다.

존 거스너 박사는 실재에 대한 네 가지 범주를 다음과 같이 구분했다.

선한 선
악한 선
악한 악
선한 악

얼핏 봐서 이런 범주들은 모순형용을 연습하기 위한 것처럼 보인다. 하지만 다시 살펴본다면 이 범주를 통해 유익을 얻을 수 있다.

선한 선

선한 선은 궁극적인 의미에서 선한 것이다. 완전히 성경적인 의미에서 생각할 수 있는 선이다. 성경은 아무도 선을 행할 수 없다고 말한다 (로마서3장을 보라). 하지만 다른 관점에서는 사람들은 선을 행해야 한다고 말한다. 예수님은 부자인 젊은 관리에게 자신을 선하다고 부르는 것에 대해 책망하셨다. 왜냐하면 그 사람은 자신이 누구에게 말을 하고 있는지를 몰랐기 때문이다. 실제로 예수님은 선하셨다. 그 분이 하신 일은 선한 선이었다. 하나님의 보시기에 선하다고 생각되는 행동은 두 가지 조건을 만족시켜야 한다. 첫째는 하나님의 율법과 형식적으로 일치되어야 한다. 두 번째는 하나님에 대한 진실한 사랑이 내면적인 동기로 작용해야 한다. 가장 큰 계명은 전심을 다해 하나님을 사랑할 것을 요구한다. 불순물이 섞이지 않은 사랑, 완전히 순수한 사랑은 타락한 피조물의 마음 속에서는 전혀 발견되지 않는다. 이 때문에 어거스틴은 선한 행실은 기껏해야 "화려해 보이는 악"이라고 간주하게 되었다. 우리가 형식적으로 하나님의 율법에 순종한다해도 하나님에 대한 완전한 사랑에 미치지 못한다면 그런 행동은 완전함에 미치지 못한다. 선한 선은 하나님의 율법을 외적으로 완전하게 따를 뿐 아니라 하나님을 향한 내적으로 완전한 사랑이 동기가 되어 나타나는 선이다.

악한 선

악한 선은 하나님의 율법에 외적으로 따르는 선이다. 하지만 그 동기는 불순하다. 예를 들어 칼빈은 이방인들이 자선 혹은 전적으로 외적인 의의 행동, 즉 "공공적 덕"을 수행할 수 있다는 것을 인정했다. 때때로 이방인들은 법으로 정해진 제한 속도 이내에서 운전을 한다. 이는 하나님을 경외하거나 하나님이 세우신 관리들에게 순종함으로써 하나님에 대한 사랑을 표현하고 싶어서가 아니다. 속도 제한을 지키기 위한 자신만의 이유가 있다. 속도위반으로 벌금을 물고 싶지 않아서 일 수도 있고 그 정도의 속도로 운전하는 것을 즐기기 때문일 수도 있다. 조나단 에드워드가 "계몽된 사리사욕"이라 칭한 동기에서 비롯된 것일 수도 있다. 사리 사욕 혹은 이기적 동기는 하나님 중심이라기 보다는 자기중심적인 것이다. 우리는 믿는 자들의 선한 행위에서도 이같은 육신의 모습을 보기도 한다.

악한 악

악한 악은 칭찬받을 만한 요소가 전혀 없는 악으로 정의될 수 있다. 이는 완전하고도 최종적인 의미에서의 악이다. 회개하지 않는 죄인이 저지르는 죄는 진노의 날까지 쌓이게 되어 결국 하나님의 공의로우시고 철저한 심판을 경험하게 될 것이다.

선한 악

"하나님을 사랑하는 자 곧 그분의 뜻대로 부르심을 받은 자들에게는 모든 것이 합력하여 선을 이룬다는 것을 우리는 안다"고 바울이 한 약속을 이해하려고 할 때 우리가 가장 관심을 갖게 되는 범주가 바로 선한 악이다. 우리가 경험하는 악은 하나님의 섭리를 통해서 구속을 받게 된다. 모든 일이 합력하여 선을 이룬다고 말하는 것은 우리에게 일어나는 모든 일들이 그것 자체로 선하다는 것을 의미하지 않는다. 하지만 이런 일들이 합력하여 선을 이룬다면 궁극적인 의미에서 그런 일들이 우리에게 일어나는 것은 선하다. 이런 악한 일들은 정말 악한 일들이다. 하지만 이 일들은 근접적인 의미에서(proximately) 악하며 궁극적으로는(ultimately) 악한 일이 아니다. 그런 일들은 위장된 축복이다.

종종 이런 축복들은 너무나도 위장이 잘 되어 있어서 그 안에서 조금이라도 선한 가능성을 찾을 수 없을 때가 많다. 요셉이 자신에게 일어난 여러 악한 일들을 견디며 바라 보았던 하나님의 신비스런 계획을 그 이상 엿보기가 어렵다. 우리가 현재 가지고 있는 것은 이런 악한 일들이 하나님의 섭리 속에서 우리의 선을 위해 사용된다는 약속이다. 축복은 우리가 그 속을 엿볼 수 없을 정도로 위장될 수 있지만 그럼에도 불구하고 축복은 축복이다.

축복과 비극

비극을 위장된 축복이라고 부르는 것은 감상에 젖은 행복한 얼굴로 "Que Sera, Sera(될 대로 되라)"를 기쁘게 부르면서 일종의 극단적 낙관주의를 떠올리게 한다. 비극이 엄습할 때 "하나님의 뜻이다."고 말하기는 쉽지만 믿음으로 받아들이기는 쉽지 않다.

비극은 실제적일 수 있으나 일시적이며 최종적이지 않다. 그리스도인에게 매일 일어나는 비극은 궁극적으로는 축복이다. 그렇지 않다면 하나님은 거짓말쟁이이다. 한번은 신학대학원 학생으로서 비참한 경험을 한 적이 있다. 총회 전체가 참석한 가운데 채플에서 설교하도록 선택되었다. 나는 원죄를 주제로 설교를 했다. 설교의 결론부에 대해서 세 명의 교수와 학생처장이 질문을 퍼부었다. 그들은 분노하고 있었다. 학생처장은 내 설교에 너무 화가 나서 참석한 학생들과 총회원들이 환히 보는데서 나를 벽으로 밀쳐 세웠다. 그는 나를 호되게 꾸짖고 굴욕을 주었다. 나는 너무나 당황스러웠다. 결국에 그 상황에서 빠져 나와서 내가 가장 존경했던 교수님이 계신 사무실로 뛰어 올라가서 방금 일어났던 일을 말씀드렸다. 그의 얼굴에는 환한 미소가 스쳐 지나갔고 친절한 어조로 내게 말했다. "이런 경험을 하다니 자네는 참으로 복 받은 자일세."

나는 교수님이 농담을 하고 있다고 생각했다지만 그의 말은 진심임을 느낄 수 있었다. 나는 결코 복되다고 느끼지 않았다.

"제가 어떻게 이런 일로 복되다고 할 수 있습니까?"

교수님은 대답하셨다. "주께서 '의를 위하여 핍박을 받는 자는 복이 있다'로 약속하지 않으셨나?" 교수님은 나의 설교를 계속 칭찬하셨고 사도 바울로부터 위대한 프린스톤의 신학자인 워필드 교수에 이르기까지 하늘에 있는 모든 성도들이 나의 설교를 기뻐한다고 말씀하셨다.

나는 삼 십년 전에 일어났던 일에 대해 언급할 수 있을 정도로 그 일에 대해 분명하게 기억하고 있다. 교수님의 말씀은 내 기억 속에 확실하게 각인되어 있고 비슷한 일을 겪을 때마다 떠올리게 된다. 물론 예수님의 약속을 떠올리기 위해 교수님의 말씀이 필요한 것은 아니었다. 주님의 팔복의 말씀으로도 충분하다.

이론적으로 하나님을 사랑하고 그의 뜻대로 부르심을 받은 자들에게 모든 일이 합력하여 선을 이룬다는 약속을 이해하기는 쉽다. 하지만 이 약속이 피 속에 용해되어 흐르는 것은 또 다른 문제이다. 이는 실천적인 그리스도인들에게는 가장 어려운 일 중의 하나이다. 이는 하나님의 존재를 믿는 것 뿐 아니라 그 분의 말씀을 신뢰하는 것도 포함한다.

사실 그리스도에게 속한 자라면 우리에게 어떤 악한 일도 일어나지 않으리라는 것을 확신할 수 있다. 이것은 우리에게 어떤 고통스런 일도 일어나지 않는다는 것을 의미하지 않는다. 이 세상에서 우리의 마음은 여러 번 깨어질 수 있고 우리의 육체는 고통으로 괴로워할 수도 있다. 하지만 이런 일들은 제련소의 불이자 하나님 나라의 도가니이다.

어거스틴이 나이가 들었을 때 폭풍우와 같이 야만인들이 로마 제국을 침공하는 것이 임박한 상황을 보게 되었다. 그는 약탈자들이 자신이 그 동안 애써서 이뤄놓은 여러 저작들을 불태워 버릴까봐 두려워했다. 그는 기도로 하나님께 나아가서 세 부분에 걸쳐 간절하게 기도했다. 첫 번째로 그는 자신의 백성들이 야만인의 습격으로 인한 황폐함에서 건져질 수 있도록 기도했다. 두 번째로는 그것이 하나님의 뜻이 아니라면 자신이 그 현실을 받아들일 수 있도록 기도했다. 마지막으로 그는 어떤 경우가 되든 집으로 곧 돌아올 수 있도록 기도했다. 어거스틴은 분명히 로마서 8:28을 믿었던 사람이었다.

회개하지 않는 자들에게는 모든 상황이 그리스도인의 모든 비극은 결국 축복이 된다는 원리와는 반대로 작용한다. 그런 자들에게 모든 축복은 위장된 비극이다. 일반은총 속에서 하나님은 믿지 않는 자들에게도 풍성한 복을 내리신다. 하나님의 오래 참으심으로 인해 그들은 존재할 수 있다. 하지만 이런 많은 자비에도 불구하고 회개하지 않는 자들은 하나님에 대한 반역을 지속하고 감사하지 않는 태도를 이어나간다. 실제로 감사치 않음은 하나님이 그런 자들에게 물으시는 책임의 핵심에 위치한다. 로마서에서 다음과 같이 말씀한다.

> 하나님의 진노는 불의로 진리를 막는 사람들의 모든 불경건과 불의에 대하여 하늘로부터 나타나는데, 이는 하나님을 알 만한 것이 그들 안에 밝히 드러나 있기 때문이다. 하나님께서 그것을 그들에게 밝히 보여 주셨다. 세상 창조 때부터 그분의 보이지 않는 것들, 곧 그분의 영원하신 능력과 신성이 그분께서 만드신 만물을 통하여 분명히 드러나 알게 되었으므로 그들이 변명할 수 없다. 그들은 하나님을 알면서도, 하나님께 영광을 돌리지 않고, 감사드리지도 않았으며, 오히려 생각이 허망하여지고 그들의 어리석은 마음이 어두워졌다. (롬 1:18-21)

이 본문은 하나님이 그들에게 광범위한 책임을 물으신다는 것을 보여준다. 일반적인 사람은 하나님께 영광을 돌리거나 감사하기를 거부한다. 이런 감사치 않음의 태도는 죄이며 하나님의 분노를 일으킨다. 이 분노는 하나님의 자비를 감사치 않는 태도로 인해 더욱 증대된다. 이로 인해 회개하지 않는 사람이 하나님의 섭리의 손을 통해 더 많은 은혜와 자비를 받을수록 하나님의 심판은 더욱 커지게 된다. 하나님의 오래 참으심에는 한계가 있다. 바울이 아덴 사람에게 선언했던 대로이다.

"알지 못하던 시대에는 하나님께서 눈감아 주셨으나, 지금은 어디에서나 누구든지 회개하라고 사람들에게 명령하셨으니, 이는 하나님께서 정하신 사람을 통하여 세상을 의로 심판하실 날을 정하시고, 그분을 죽은 자들 가운데서 일으키시어 모든 이들에게 믿을 만한 증거를 주셨기 때문이다." (행 17:30-31)

이미 정해진 심판의 날은 하나님의 자비에 대한 인간의 반응을 고려한 구속사에 있어서 정점에 해당한다. 이 날에는 회개치 않는 자들이 받은 축복들은 비극이 될 것이며 믿는 자가 인내한 비극들은 축복이 될 것이다.

하나님의 선을 위해 악을 견딤

조나단 에드워즈의 『자애와 열매』(Charity and Its Fruits)에서 그리스도인은 자신을 향한 중상과 핍박에 대한 반응을 생각해야 한다고 말한다. 에드워즈는 고난을 견딤으로써 나타나는 보상의 가치를 생각하면서 개인이 겪는 고난의 가치에 대해 생각한다. 그는 독자들에게 이 세상이 주는 모든 보상과 비교할 수 없는 한 영혼의 가치에 대한 예수님의 가르침을 이야기한다. 한 영혼을 얻기 위해 무엇을 줄 수 있을 것인가? 예수님은 이 세상 거래의 핵심인 궁극적 이익에 대한 질문을 하신다. "사람이 만일 온 세상을 얻고도 자기 목숨을 잃는다면 무슨 유익이 있겠느냐? 사람이 자기 목숨의 대가로 무엇을 주겠느냐?"

(마 16:26)

그리스도께서 말씀하신 이 질문은 수사학적이다. 대답은 지극히 분명하다. 어떤 이득도 따라오지 않는다. 이 세상의 모든 재산에도 불구하고 핵심적인 내용은 붉은 잉크로 쓰여 있다. "소유자"는 사실상 파산한다. 이득을 위해 자신의 영혼을 거래했기 때문에 물질적 이익은 영적 비극으로 이어진다. 그런 파우스트적인 거래는 결코 거래가 될 수 없다. 교환을 통해 얻게 되는 재화는 지불한 대가와 비교해서 볼 때 가치가 없기 때문이다.

반대로 에드워즈는 우리의 영혼이 그리스도 안에서 견고하고 우리가 소유할 수 있는 가장 귀중한 것을 얻게 될 때 어떤 비극도 우리가 소유한 복된 상태에 해를 가할 수 없음을 독자들에게 기억하게 했다. 세상, 육신, 마귀의 공격을 통해서 이 세상에서 당하는 가장 큰 상실은 육체적 물질적 안락함이다. 우리는 적의 손으로 인해 직장, 건강, 재산, 심지어는 명성을 잃을 수도 있다. 이런 일들은 모두 비극적으로 보여서 우리는 이것들을 보호하기 위해 애를 쓴다. 하지만 이런 일들은 결코 우리의 영혼뿐 아니라, 하나님이 세상에 기초를 놓으실 때부터 우리를 위해 예비하신 복을 파괴할 수 없다. 알렉산더 솔제니친이 포로로 잡혀 고문당하고 모든 것을 박탈당한 러시아의 굴락(Gulag)에서의 고된 시간을 견딜 수 있었던 것은 바로 이런 약속 때문이었다. 그는 자신을 납치한 사람들이 자신의 생명을 빼앗고 고통과 괴로움을 줄 수 있어도 자신의 영혼을 건드릴 수 없다는 것을 알았다.

한 번은 개혁자인 칼빈의 가르침을 심하게 왜곡하고 모욕하는 어느 강의를 들은 후에 신학대학원 교수님 중 한 분과 주차장까지 걸어

가면서 이야기를 나누었다. 나는 교수님께 이렇게 말했다. "칼빈이 저 강의를 들었다면 무덤 속에서도 몸을 뒤척일 수 밖에 없었을 것입니다." 교수님께서는 큰 걸음으로 걸으시다가 멈추신 후 나를 보시며 말씀하셨다. "이 세상의 어떤 것도 칼빈이 지금 누리고 있는 저 기쁨을 방해할 수 없다는 것을 알지 못하는가?"

많은 그리스도인들은 이 세상의 큰 "악"을 견디도록 부르심을 받았다. 마르틴 루터는 적의 손에서 순교하지는 않았지만 역사상의 어떤 성도보다 더 많은 중상과 모략을 견디어 낸 사람일 것이다. 그는 자신이 살던 시대에 가장 미움을 받은 사람들 중의 하나였다. 루터의 삶을 상세하게 아는 사람이라면 그의 영혼이 얼마나 괴로워했는가를 잘 알 것이다. 그는 마음의 평화와 자신의 평판이 훼손되는 것을 괴로워했다. 가장 친한 친구들 중 몇몇이 그에게 등을 돌렸을 때 그는 번민했다. 하지만 루터는 위대한 산성 안에서 위안을 찾았다. 그는 하나님안에서 피난처를 발견했다. 루터는 시편 46편을 가지고 이 주제에 대한 찬송을 썼다. 그는 "모든 재산과 친척도 떠나도록 내버려 두라. 이 죽을 목숨도 마찬가지로 대하라."고 가사를 썼다.

루터에게 이 고백은 오르간의 완전한 선율을 듣고 가볍게 내뱉는 공허한 말이 아니었다. 이 가사는 자신의 믿음과 정확히 일치하는 것이었다. 그는 복음을 위해서 자신의 모든 재산을 기꺼이 포기할 수 있었다. 자신의 생명도 내놓을 준비가 되어 있었지만 그가 포기할 수 없었던 것은 바로 복음이었다. 그는 복음을 수호하기 위해 온 세상의 분노를 살 것까지도 각오했다. 그가 잃어버리지 않고 타협하지 않으려고 했던 대상은 바로 그리스도였다.

하나님의 선을 위해 세상의 악을 견디는 것에 대한 이런 관점은 루터, 칼빈, 에드워즈에게만 국한된 것이 아니었다. 히브리서 기자가 회고했듯이 그것은 구약 성도들의 특징이었다.

> 내가 무엇을 더 말하겠느냐? 기드온, 바락, 삼손, 입다, 다윗, 사무엘과 선지자들에 관하여 말하려면 시간이 모자랄 것이다. 그들은 믿음으로 왕국들을 정복하기도 하고 의를 행하기도 하며 약속들을 받기도 하고 사자들의 입을 막기도 하며, 불의 세력을 꺾기도 하고 칼날을 피하기도 하며 연약한 데서 강하게 되기도 하고 전쟁에서 용맹한 자들이 되기도 하고 적진을 물리치기도 하였다. 여자들은 자신들의 죽은 자들을 부활로 받았으며, 또 다른 이들은 고문을 당하면서도 더 좋은 부활을 얻으려고 굳이 풀려나기를 바라지 않았다. 또 어떤 이들은 조롱과 채찍질을 당하였고 심지어는 결박과 투옥까지 당하였다. 그들은 돌로 맞았고 톱으로 켜지고 검으로 죽임을 당하였다. 그들은 양과 염소의 가죽을 입고 떠돌아다니면서 궁핍과 고난을 당하고 학대를 받았다. 이런 사람들은 세상이 감당하지 못하였다. 그들은 광야와 산과 동굴과 땅굴을 헤매고 다녔다. (히 11:32-38)

하나님을 위해 섭리의 자녀로서 "선한 악"을 견뎠던 사람들에 대한 성경의 평가는 세상이 그들을 감당하지 못한다는 것이다.

18장

섭리와 기적

기독교는 기적에 뿌리를 둔 믿음이다. 기적을 제거하면 기독교도 존재하지 않는다. 교회사는 이러한 시도로 가득 차 있다. 기독교를 자연주의의 형태로 축소하려는 계몽주의 사상가들의 시도로부터 기발한 상상으로 만들어진 윤리적 비유를 가진 성경의 기적 이야기를 설명하기 위한 19세기의 기독교 파괴 행위와 불트만의 "비신화화"와 같은 조적적인 시도에 이르기까지 무수한 공격이 있었다.

성경 이야기에서 기적을 제거하는 것은 수정주의적 행위로 일종의 정경 축소화 작업이라고 할 수 있다. 고대의 이단자인 마르시온과 같이 신약성경의 요약판을 만들어서 그가 그토록 혐오했던 구약의 하나님을 지칭하는 모든 내용들을 삭제했던 것처럼 성경의 기적에 곤란과 모욕을 느끼는 현대의 학자들은 기적이 없는 종교를 다시 구성하려고 했다. 그 결과로 나타난 것은 그 종류가 무엇이든 기독교가 아니다. 기독교는 기적에 대한 성경의 이야기로 시작해서 끝이 난다. 기적이 없이는 출애굽도 없다. 기적이 없이는 부활도 없다. 부활이 없이는 우리의 믿음도 헛되다.

1세기에 바울은 기적과 초자연적인 것에 대해 회의를 가진 사람들과 싸워야 했다. 고린도전서 15장이 그런 예이다. 여기에서 바울은 기적적인 부활이 없는 기독교를 원하는 사람들에게 말하고 있다. 그는 귀류법(reductio ad absurdum)이라는 고전적 추론 방법을 통해 그런 입장을 가진 사람들에게 도전하고 있다.

> 형제들아, 내가 너희에게 전한 복음을 너희에게 일깨워 주려고 하니, 너희가 받았으며 또한 그 가운데 서 있다. 만일 너희가 내가 전한 그 말씀을 굳게 붙잡고 헛되이 믿지 않으면, 그 복음으로 말미암아 너희도 구원을 받은 것이다. 내가 받은 것을 먼저 너희에게 전하였으니, 그리스도께서 성경대로 우리 죄를 위하여 죽으시고, 무덤에 묻히셨다가 성경대로 제 삼일에 살리심을 받아 게바에게 나타나시고, 그 다음에 열두 제자에게, 그 후에 오백 명이 넘는 형제들에게 동시에 나타나셨는데, 그 가운데 대다수가 지금까지 살아 있고 어떤 이들은 잠들었다. 그 후에 야고보에게 나타나셨고, 그 다음에 모든 사도들에게와, 맨 나중에 만삭되지 못하여 난 자 같은 내게도 나타나셨다. 나는 사도들 가운데 가장 작은 자이다. 내가 하나님의 교회를 핍박하였으므로, 나는 사도라 불릴 자격이 없다. 그러나, 내가 지금의 나 된 것은 하나님의 은혜로 된 것이다. 내게 주신 그분의 은혜가 헛되지 않아, 내가 모든 사도보다 더 많이 수고하였으나, 이것은 내가 한 것이 아니고 오직 나와 함께하신 하나님의 은혜로 한 것이다. 그러므로 나나 그들이나 할 것 없이 우리는 이렇게 전파하고 있으며 너희도 이렇게 믿었다.

그리스도께서 죽은 자들 가운데서 살리심을 받으셨다고 전파되었는데, 어찌하여 너희 가운데 어떤 이들은 죽은 자의 부활이 없다고 말하느냐? 만일 죽은 자의 부활이 없으면, 그리스도께서도 살리심을 받지 못하셨을 것이다. 만일 그리스도께서 살리심을 받지 못하셨으면, 우리의 전파하는 것도 헛되고 너희의 믿음도 헛되며, 우리는 하나님의 거짓 증인으로 드러날 것이다. 이는 우리가 하나님께서 그리스도를 살리셨다고 증언하였기 때문이다. 죽은 자들이 살아나지 못하면, 하나님께서 그리스도를 살리지 않으셨을 것이다. 죽은 자들이 살아나지 못하면, 그리스도께서도 살리심을 받지 못하셨을 것이다. (고전 15:1-17)

이렇게 긴 논증을 통해서 바울은 복음을 확증하고 편지을 읽는 자들에게 말씀을 붙들도록 격려했다. 그는 사도들이 전한 "전통"에 대해 말한다. 이것이 바로 교회의 기초가 되는 사도적 전통이다. 바울이 염두에 두는 특별한 전통은 그리스도의 부활에 대한 기사로서 구약을 성취하고 사도들이 직접 목격한 증언을 통해 확증된 것이다. 직접적 증언을 간략하게 제시하면서 바울은 부활한 그리스도를 직접 목격한 사람들의 목록 가운데 자신을 덧붙인다. 그리고 부활이 없거나 기적이 없는 기독교의 결과가 무엇인지를 말한다. 이런 논증의 마지막 두 번째 결론은 17절에서 볼 수 있다. "그리스도께서 다시 살리심을 받지 못하셨으면 너희의 믿음도 헛되고"

바울은 기적이 없는 기독교 위에 신앙을 세우는 것이 얼마나 헛된 일인가를 강조한다. 그리스도의 부활은 "기적"이라는 범주에 속하기 때문이다. 하지만 기적이라는 범주는 정확히 무엇인가? 우리는 기적을 어떻게 정의하는가? 이 개념과 관련해서 많은 혼동이 있다. 성경 시대에 일어난 기적이 지금은 일어나지 않는다고 주장하는 사람들이 있다. 성경 시대에도 기적은 일어나지 않았고 지금도 절대 기적이란 없다고 말하는 사람들도 있다. 한편 성경 시대에 기적은 일어났고 지금도 일어나고 있다고 생각하는 사람들이 있다.

이런 상이한 관점과 부딪히는 문제의 일부는 기적의 본질과 관련한 의견 불일치이다. 자연주의자들은 정의 그대로 초자연적인 것을 부정하고 존재하지 않는다고 믿는 초자연적인 세계의 간섭으로서 기적을 정의하기 때문에 기적을 부정한다. 자연주의자들은 기적의 가능성을 수용하기 위한 여지를 조금도 두지 않는 세계관을 가지고 있다. 이런 관점은 성경적 기독교와 정면으로 충돌하며 도저히 타협할 수 없는 세계관의 충돌을 수반한다.

하지만 기독교 세계관의 상황에서 조차도 성경에 기록된 것과 같은 기적이 오늘날 일어나느냐에 대한 논란이 여전히 존재한다. 질문은 기적에 대한 여러 가지 정의로 인해 모호해진다. 이런 토론에 참여하는 사람들 대부분은 몇 가지 논점에 대해서 의견이 일치한다.

1. 하나님은 우리를 섭리적으로 다스리시며 기적을 행하실 수 있다. 일반적 섭리와는 다른 방식으로 하나님이 일하실 수 있다는 것에 대해서 반론은 없다.
2. 성경의 기록과 같이 하나님은 과거에 기적을 실제로 행하셨다.
3. 기적은 하나님의 초자연적 역사이다.
4. 하나님은 오늘날에도 초자연적으로 여전히 일하신다. 위의 모든 논점은 하나님이 여전히 기적을 행하신다는 질문에 대해 의견을

달리하는 사람들도 이의를 달지 않는 부분들이다.

야생에 사는 사슴을 보면 꼼짝않고 그 모습을 지켜보게 된다. 나는 이런 경험을 수없이 했다. 하지만 한 번도 지루하게 느껴본 적이 없다. 그 아름다움과 우아함에 도취되기 때문이다. 일몰의 비상함에 대해서도 비슷하다. 하나님의 영광스러운 위엄을 생각나게 하고 피조물의 아름다움을 통해서 자신을 계시하시기 때문이다.

하지만 성경적 용어로 숲 속의 사슴은 기적이 아니다. 일몰도 기적은 아니다. 그것들은 자연적 영역을 넘어서 그와 같은 피조물을 창조하신 초자연적 하나님을 가리키는 자연계의 일반적 구성원이기 때문이다. 마찬가지로 아기가 태어나는 것은 기적이라는 신학적 범주에 속하지는 않는다.

보통 우리는 모든 기적이 초자연적인 사건이라는데 동의할 수 있다. 하지만 문제는 남아 있다. 모든 초자연적 사건이 기적인가? 어떤 사람들은 이런 명제를 거꾸로 말하며 동의어의 반복으로 간주한다. 다시 말해 어떤 이들은 기적을 하나님이 행하시는 초자연적 사건으로 정의한다. 예를 들어 루터는 중생하게 하시는 하나님의 사역, 즉 인간의 영혼에 즉각적으로 행해지는 성령의 사역을 기적으로 묘사했다. "즉각적으로"는 "갑자기"라는 의미보다는 (물론 그 의미도 포함은 한다) 성령 하나님이 자연적 매개를 통해서 일하시는 사역을 의미한다고 생각한다. 하나님은 사역의 효력이 나타나도록 하기 위해서 이차적인 원인에 의존하지 않으신다. 하지만 자신만의 즉각적인 권세를 통해서 영혼이 영적으로 변화되도록 이끄신다.

기적의 정의에 대한 의견일치에 이르는데 어려움이 있는 이유는 부분적으로는 성경이 기적이라는 단어만을 명시적으로 사용하게끔 하는 표현을 쓰지 않기 때문이다. 물론 어떤 성경 번역은 기적이라는 단어를 사용하는데 이는 번역자의 학술적 선택의 문제이다. 기적의 개념은 세 가지의 다른 성경 용어에서 파생되었다. 이들은 "표적", "권능", "기사" 등으로 번역될 수 있다. 기적에 대한 신학적 개념은 성경에서 이렇게 사용된 용어들을 통해서 추정한다.

기계적으로 생각하면 표적, 기사, 권능은 동의어가 아니다. 이들은 의미가 서로 밀접하게 연관되어 있지만 서로 바꾸어서 사용하려고 하면 오류의 위험에 빠질 수 있다. 성경에 기록된 하나님의 놀라운 일들은 분명은 하나님의 권능을 선포한다. 그런 사역을 바라보는 사람들은 하나님의 놀라운 기사를 목격한다. 그리스도의 기적에 대한 기록과 함께 나타나는 가장 흔한 단어는 "놀라더라" 혹은 "놀랍게 여기다"와 같은 것들이다. 표적이라는 단어는 그리스도의 사역 특별히 요한복음에 나타나는 일을 지칭할 때 사용된다.

표적은 자기 자신을 넘어서 다른 어떤 것을 가리키는 것이다. 올란도에 접근할 때 "올란도"라고 적혀있는 표지판을 볼 수 있다. 이 표적(sign)은 도시의 경계선을 나타내는 것이다. 도시에는 속해 있지만 도시는 아니다. 어떤 사건이 표적으로서 생각되기 위해서는 "중요성"을 가져야만 한다. 자기 자신을 넘어서는 어떤 가리킴이 있어야 한다.

성경에 나타나는 기적의 목적을 생각해 보면 여러 가지 있음을 알 수 있다. 하나님은 애굽에서 종살이하는 이스라엘 백성들을 구원하기 위해 기적을 사용하셨다. 예수님은 고통을 덜어주거나 눈먼 자가 보게 하시고 귀먹은 자가 들을 수 있도록 하기 위해서 기적을 사용하셨다. 하지만 이런 즉각적인 목적들 때문에 이런 역사의 목적이 흐려지지는 않는다. 이런 기적들도 표적으로서의 역할을 했다. 즉각적인 기능을 넘어서 다른 어떤 것을 가리켰다. 가장 중요하다고 말할 수는 없어도 성경에 나타나는 기적의 가장 중요한 목적 중의 하나는 계시의 신빙성을 입증하는 역할을 하는 것이었다. 존 로크가 "제안자의 신용"이라 부를 수 있는 기능을 했다.

한 가지 예는 예수님께 나온 니고데모에 대한 신약의 기록이다.

> 바리새인들 가운데 니고데모라는 이름을 가진 유대인들의 지도자가 있었는데, 그가 밤에 예수께 와서 말하기를 "랍비님, 저희는 당신이 하나님께로부터 오신 선생님인줄 압니다. 하나님께서 함께 계시지 아니하시면, 아무도 랍비님께서 행하시는 이 표적들을 행할 수 없습니다."라고 하니, (요 3:1-2)

니고데모가 말한 내용에 대한 영감된 기록을 갖고 있다는 것이 예수님에 대한 니고데모의 판단이 영감된 판단이거나 그가 선언한 추론이 유효하다는 것을 의미하지는 않는다. 니고데모는 오류가능성이 있는 인간의 판단을 말한 것이었지만 성경의 내용과 일관된 결과를 표현했다. 그는 예수님이 하나님이 보내신 선생이라고 결론을 내었는데 이는 예수님이 행하신 기적 때문이었다. "하나님이 함께 계시지 아니하시면 아무도 랍비님께서 행하시는 이 표적들을 행할 수 없습니다"라는 니고데모의 전제가 옳다면 이 결론만이 옳다. 이는 하나님이 보내시지 않은 사람이나 마귀가 기적을 행할 수 있느냐하는 문제를 제기하게 한다. 다음 장에서 이에 대해 살펴 볼 것이다. 지금으로서는 니고데모가 예외적인 조항을 가진 보편적 부정명제를 이야기한 것인지를 살펴볼 것이다. 니고데모가 말한 보편적 부정명제는 어떤 필요조건이 먼저 만족되지 않고는 이런 일을 행할 수가 없다는 것이다. 필요조건은 '아니하시면' 이라는 단어를 통해 나타난다. 필요조건은 하나님의 도움이었다.

니고데모가 옳다면 성경에 나타나는 기적의 가장 중요한 요소 중의 하나는 하나님의 보내심을 받고 하나님을 대언하는 대언자의 진정성을 보여주기 위한 것이다. 성경적인 기적의 개념의 중요한 기능은 니고데모의 판단과 증언을 통해서만 나타나지는 않는다. 히브리서에는 이렇게 기록되어 있다.

> 그러므로 우리는 우리가 들은 것이 흘러 떠내려가지 않도록 더욱 철저히 조심해야 한다. 천사들을 통하여 하신 말씀도 효력이 있어서 모든 범죄와 불순종이 공정한 보응을 받았거든, 이 큰 구원을 무시한다면 우리가 어떻게 피할 수 있겠느냐? 이 구원은 처음에 주께서 말씀하신 것이며, 들은 자들이 우리에게 확증해 준 것이다. 그리고 하나님께서도 표적들과 놀라운 일들과 여러 가지 기적들로 함께 증언해 주셨고, 또한 성령께서도 자신의 뜻을 따라 나눠 주신 것들로 증언해 주셨다. (히 2:1-4)

여기에서 하나님은 표적과 기사를 통해 사도의 메시지가 진실된 것임을 증거하고 계시다. 이런 개념은 구약에 깊이 뿌리 내려 있으며 미디안 광야에서 하나님을 만났을 때 모세가 마주친 문제에서 볼 수 있다.

> 모세가 대답하여 말하기를 "그들이 저를 믿지 않고, 저의 말을 듣지 않으며, 여호와께서 저에게 나타나시지 않았다고 말할 것입니다." 하니, 여호와께서 그에게 말씀하셨다. "네 손에 있는 것이 무엇이냐?" 그가 대답하기를 "지팡이입니다." 하였다. 여호와께서 말씀하시기를 "그것을 땅에 던져라." 하시므로, 모세가 그것을 땅에 던지니, 그것이 뱀이 되었다. 모세가 그 앞에서 피하므로, 여호와께서 모세에게 말씀하시기를 "네 손을 내밀어 그 꼬리를 잡아라." 하셨고 모세가 손을 내밀어 붙잡으니, 그것이 그의 손에서 지팡이가 되었다. 여호와께서 말씀하셨다. "이것은 여호와 그들의 조상의 하나님, 곧 아브라함의 하나님, 이삭의 하나님, 야곱의 하나님이 네게 나타나셨음을 그들이 믿게 하기 위한 것이다." (출 4:1–5)

모세는 두 가지 측면에서 신뢰성의 문제에 직면했다. 첫 번째 문제는 국가 경제에 너무나 중요한 노예 노동력 전부를 풀어주도록 바로를 설득하는 것이었다. 바로가 광야 출신의 나이든 목자가 제시하는 지혜로운 조언을 따를 가능성은 거의 없었다. 모세의 두 번째 문제는 힘없는 이스라엘 백성에게 자신을 따라 역사상 가장 무모한 파업을 감행하도록 설득하는 것이었다. 이는 문자 그대로 신뢰성의 문제였다. 모세가 하나님께 이런 신뢰성의 문제를 자신이 극복하는 것이 어떻게 가능하겠냐고 물었을 때 하나님의 대답은 기적을 행할 수 있는 권능을 주겠다는 것이었다. 이를 통해 이스라엘 백성들과 바로는 모세가 하나님의 보낸 자임을 깨닫게 되었다.

기적에 대한 정확한 정의를 찾으려고 할 때 하나님의 대언자(계시를 전하는 자)라는 표적 혹은 사실 확인의 기능을 포함시켜야 할 뿐 아니라 외부세계에 가시화되는 행위와 사건이라는 것도 주시해야 한다. 이는 바울이 헤롯 아그립바에게 말한 내용과 같다. "이것이 한편 구석에서 일어난 일이 아니기 때문입니다."(행 26:26). 성경의 기적은 공개적이었으며 사람들이 낱낱이 볼 수 있는 것이었다. 몰몬교의 요셉 스미스와 같은 자칭 선지자들의 증언과는 성격이 다르다. 기독교는 계시가 소수의 은밀한 엘리트 집단에만 국한되어 있는 신비주의적 종교가 아니다. 그런 혼동을 피하고 공적 증인들에 의해서 진위가 파악될 수 없다는 방어적 주장 뒤로 숨지 않기 위해서 성경적 기적은 외부세계에 나타난다. 역사적으로 개혁주의 신학은 기적을 하나님의 즉각적 권능에 의해서 외부의 가시적 세계에서 실행되는 초자연적인 행위로 하나님만이 하실 수 있는 비상한 결과를 이끌어 내는 것으로 정의한다. 로마서에서 바울은 무에서 유를, 죽음에서 생명을 이끌어 내는 하나님의 능력, 어떤 피조물도 소유하지 않은 능력에 대해 말한다.

때때로 기적의 정의는 반자연적(contra naturam), 즉 일상적인 자연 법칙에 반하는 일로서 간단하게 정의된다. 이 정의는 자연 법칙이 하나님의 법칙이고 하나님을 떠나서 독립적으로 작용하지 않음을 기억하기만 한다면 유용하다고 할 수 있다. 우리가 관찰하는 매일의 평범한 작용에 있어서도 자연은 항상 초자연적인 것에 종속된다. 자연 법칙이 하나님의 섭리적 뜻 가운데 있는 것이라면 이는 거의 대부분의 경우 반할 수 없다. 왜냐하면 하나님은 스스로를 거스르지 않기 때문이다.

이를 통해 우리는 라틴어로 사용된 contra(반하는)는 실제로 하나님의 일반적 섭리와 비상한 섭리의 차이를 가리키는 것을 보게 된다. 하나님은 우리가 일반섭리라고 칭하는 일상적이고도 관습적인 방식으로 일하시지만 여전히 비범한 방식 즉 비상한 섭리를 통해 여전히 일하실 수 있다.

인간으로서 우리는 매일 자연 법칙에 반하는 방식으로 일한다. 땅에서 역기를 들 때 중력의 법칙이 일시적으로 중지되거나 반하는 것은 아니다. 단지 더 큰 힘으로 중력의 법칙과는 반대로 행동하는 것이다. 우리가 사용하는 힘은 유한하고 제한적이다. 효능이 있지만 전능하지는 않다. 동일한 법칙이 우리가 일상적으로 행하는 어떤 것보다 강한 전능한 힘에 의해서 억제될 수 있다. 우리는 도끼가 물위에 뜨거나 물을 포도주로 바뀌게 하는 능력을 갖고 있지는 않다. 우리는 수영을 할 수는 있지만 물위를 걸을 수는 없다. 이런 일들은 실제로 비상한 것이며 기적이라는 표적을 동반한다.

하나님의 명령에 의한 기적

기적이 하나님의 즉각적 권능에 의해 나타난다는 사실은 성경에서 볼 수 있는 기적 중 몇 가지를 살펴봄으로써 논의될 수 있다. 예를 들어 홍해를 건너는 기적에 있어서 자연의 힘이 이 사건을 일으키기 위한 매개체로 사용된다. 성경은 이 사실을 묘사한다.

> 모세가 그의 손을 바다 위로 내미니, 여호와께서 큰 동풍으로 밤새도록 바닷물을 물러가게 하셔서 바다가 마르고 물이 갈라졌으며, 이스라엘 자손이 바다 가운데로 지나갔는데, 물이 그들 좌우에 벽을 이루고 있었다. 그때 이집트 사람들이 추격하여 바로의 모든 말들과 병거들과 기마병들이 그들을 뒤쫓아 바다 가운데로 들어왔다. 새벽에 여호와께서 불과 구름기둥 가운데서 이집트 군대를 내려다보시고 그들을 혼란에 빠지게 하셨으며, 그들의 병거 바퀴를 벗기셔서 달리기가 어렵게 만드시니, 이집트 사람들이 말하기를 "여호와께서 이스라엘을 위해 이집트 사람들과 싸우시니, 그들 앞에서 도망하자." 하였다. 여호와께서 모세에게 말씀하셨다. "네 손을 바다 위로 내밀어서 물이 이집트 사람들과 그들의 병거들과 기마병들 위에 다시 흐르게 하여라." 모세가 그의 손을 바다 위로 내밀자, 새벽에 바닷물이 원래대로 흘렀으며 이집트 사람들이 물을 만나 도망하려 하였으나 여호와께서 이집트 사람들을 바다 가운데 빠뜨리셨으며, (출 14:21-27)

이 기록에서 모세가 손을 내밀었을 때 하나님은 강력한 바람을 일으키셨는데 그 힘이 너무나 강해서 양쪽에 물 벽이 세워지고 그 가운데 지나갈 수 있는 길이 생겼다. 하나님은 이차적 원인인 바람이라는 매개체를 사용하셔서 기적을 일으키셨지만 즉각적 원인은 하나님의 신적 명령이었다. 그러한 바람이 부는 것과, 명령을 통해서 그렇게 바람이 부는 것은 별개의 사항이다.

이런 형태의 명령을 통한 기적은 바다를 잠잠케 하시고 폭풍을 고요하게 하신 예수님에 대한 신약의 기록에서도 볼 수 있다. 바람이 부는 것이 멈추고 바다의 파도가 잠잠해 지는 것은 비상한 일은 아니다. 실제로 바다가 갑자기 잠잠해 지는 것은 드문 일이 아니어서 이 사건 자체는 특별히 주목할 만한 것은 아니다. 하지만 우리는 그런 사건이 소위 우연의 일치를 통해 일어날 수 있다는 것을 인정해야 한다. 우리는 *post hoc ergo propter hoc*, 즉 전후 관계와 인과 관계를 혼동하는 오류에 빠질 수도 있다. 새벽이 되기 전에 수탉이 울 수 있다. 하지만 새벽이 되기 직전에 수탉이 울었다는 사실 때문에 수탉이 해를 떠오르게 했다는 것을 의미하지는 않는다.

예수님의 기적을 유일하게 기록한 것이 명령으로 폭풍을 잠잠케 한 것이라면 사건의 연관성은 순전히 우연의 일치라고 당연히 추정하고 싶을 것이다. 하지만 그리스도의 사역에 나타난 확연한 기적을 생각한다면 단순히 우연이라고 말하는 것은 어리석은 것이다. 기적을 목격한 제자들은 그렇게 결론을 내지 않았다. 예수님이 행하신 여러 다른 기적을 목격한 제자들도 이 기적을 보고서 놀라움을 금할 수 없었다. 이 기적은 말씀의 권능을 통해 세상을 존재하게 하신 하나님과 나사로를 죽음에서 일으키신 예수님을 기억나게 했다.

하나님이 오늘날에도 기적을 행하시는가에 대한 그리스도인들 간에 벌어지는 논란은 좁은 의미에서의 '기적'에 집중되어 있다. 우리는 이 문제에 대해 사단이 행하는 기적과 함께 다 음장에서 다루려고 한다.

19장

거짓 기적

하나님이 오늘 날 기적을 행하시는가에 대한 문제에 나타나는 이슈는 매우 복잡하며 때로는 선동적인 측면이 있다. 복음주의권에 있는 사람이 자신은 현대에 기적이 일어난다고 믿지 않는다고 말한다면 의심의 눈길을 받게 될 것이다. 의심은 기적에 대한 불신이 자연주의, 회의주의, 자유주의와 관련이 있기 때문에 일어난다. 여기에서 자유주의는 특정한 신학적 조류를 지칭하며 자유롭다고 여겨질 수 있는 어떤 사람을 지칭하지는 않는다.

자유주의와 복음주의간의 주요한 논쟁점은 성경에 나타난 기적을 포함하기 때문에 이런 논의는 현대에도 기적이 일어나는가에 대한 문제로까지 비화된다. 여기에는 연관짓기에 의한 죄책감을 수반하는 경향이 있다. 자유주의는 오늘날 기적이 일어날 수 있다고 믿지 않기 때문에 오늘날 기적이 일어난다는 것을 부정하는 사람을 자유주의자라고 생각하는 경향이 있다. 복음주의자와 자유주의자간의 기적의 문제에 대한 차이점은 지금 기적이 일어나는가에 대한 것이 아니라 성경이 주장하는 것처럼 과거에 기적이 일어났는가에 대한 것이다.

예를 들어 칼빈은 자유주의자로 여겨지지 않는 사람이다. 칼빈과 루터는 종교개혁 시대에 로마 카톨릭 교회가 자신들의 가르침에 정당성을 가져다 주는 기적을 일으킨다는 도전에 계속 직면해 있었다. 로마 카톨릭 교회는 하나님이 종교개혁가들이 아닌 자신들을 통해 말씀하신다는 증거로서 성자들의 기적을 자료로 제시했다. 개혁자들은 사도적 직분이 교회 안에서 지속되고 있다거나 교회가 새로운 계시의 원천이라는 것을 부정했다.

계시의 지속성에 대한 논쟁은 '오직 성경'이라는 개혁주의적 입장에 매우 중요한 것이었다. 성경은 믿음의 생활을 위해 충분하며 기록된 특별계시의 유일한 원천이다. 로마교회는 그러한 특별계시의 이차원천이 교회의 전통 속에 있다고 주장했다. 이와 같은 계시의 이중적 원천은 16세기의 트렌트 공의회에서 공포되었으며 20세기에 피우스7세가 재차 천명했다. 로마는 계시를 전달하는 대리자의 정당성을 입증하는 계시의 기능이 얼마나 중요한지를 알고 있었으므로 로마 카톨릭 교회가 진정한 교회이며 개혁자들은 거짓된 교회라는 주장을 뒷받침하기 위해 기적에 의존할 수 있었다.

개혁자들에게 기적이 결여되어 있다는 질문에 대해 칼빈은 기독교 강요 서론에 나타나는 프랑스 왕에게 보낸 편지에서 다음과 같이 언급한다.

우리에게서 기적을 요구하는 것은 정직하지 못한 처사입니다. 우리는 새로운 복음을 만들어낸 적이 없고 그리스도와 사도들이 행한 모든 기적으로 확인된 단 하나의 진리만을 붙들기 때문입니다. 하지만 로마 카톨릭 교회는 우리가 갖지 않은 특이함을 갖고 있습니다. 그들은 현재까지 이어지는 끊임없는 기적을 통해 자신들의 신념을 확언하려고 합니다. 그들은 마음의 동요를 일으키는 기적을 주장합니다. 그렇게 하지 않으면 좋을텐데요. 그들은 너무나 변덕스럽고 우스꽝스러우며 헛되고 거짓됩니다.

위대한 개혁자들은 자신들의 교리가 성경의 권위에 의해서 확증된다고 주장했다. 이런 주장 속에서 로마 카톨릭이나 개혁자들 중 누구도 기적이 계시를 확증하는 대리자, 즉 표적의 기능을 가진다는 전제에 반기를 들지 않았음을 알 수 있다. 그들은 이 지점에 있어서는 의견을 같이 했다. 논쟁점은 계시가 사도시대를 넘어서도 지속되고 이렇게 계속되는 계시가 기적이라는 수단을 통해 지속적으로 확증되어야 하는가에 있었다. 칼빈과 루터는 사도적 권위와 계시가 지속된다는 로마의 가르침과 주장의 신빙성뿐 아니라 그들이 주장하는 기적의 진정성에도 도전했다. 개혁자들은 로마의 기적이 보잘 것 없을 뿐 아니라 위조된 것으로 간주했다. 그것들이 실제적 기적이라는 것을 부정했다.

이 논쟁에 있어서 한 가지 사실을 분명하게 볼 수 있다. 이슈는 하나님이 기적을 행하실 수 있다는 문제가 아니라 성경이 기록된 특별계시의 유일한 원천이라는 것이었다. 기적의 계속성에 관한 현재의 논의에 있어서 종종 간과되는 논점이다. 오늘날 복음주의권내의 은사주의 진영에서 두드러지게 하나님으로부터 새로운 계시를 받았으며 새로운 기적이 도처에서 일어난다는 주장을 많이 듣게 된다. 현대에도 기적이 가능하다는 생각이 강하기 때문에 "기적을 기대하라"고 적혀 있는 포스터가 기독교 서점에서 판매되고 많은 목사들의 서재를 장식한다. 이런 진영에서 기적은 가능할 뿐 아니라 기대하기까지 한다. 복음전도자들은 부흥집회에서 기적을 약속하며 전국으로 방영되는 프로그램에서 기적을 행한다고 말하기까지 한다.

우리는 여러 복음주의자들이 계시는 오늘날 지속되지 않지만 기적은 지속된다는 사실에 설득당한다는 사실을 주목해야 한다. 기적이 없는 계시가 있을 수 있다고 주장하는 사람들이 있는 한편 복음주의자들은 계시가 없이 기적을 행하는 사람이 있을 수 있다는 가정 하에 기적과 계시를 분리시키고 있다. 기적은 계시를 전하는 자의 진정성을 확증하는 기능 외에 다른 역할을 할 수 있기 때문에 계시의 동반이 없이 기적은 지속될 수 있다.

이 문제에 대한 개혁주의의 고전적 입장은 기적이 계시를 전하는 자의 권위를 입증하는 역할 외에 다른 기능을 갖는다는데 동의한다. 즉 기적은 계시를 전하는 자의 권위를 확증하는 것 이상의 일을 할 수 있다. 하지만 문제는 남아 있다. 기적은 계시 확증 외의 다른 기능을 할 수 있는가? 여기에 문제가 있다. 계시를 전하지 않는 자가 기적을 행할 수 있다면 기적이 어떻게 계시를 전하는 자의 권위를 부여하는 증거로서 기능할 수 있는가? 계시를 전하는 자나 전하지 않는 자 모두가 기적을 행할 수 있다면 기적이 확증의 가치를 지닐 수 있는가? 거짓 선지자가 기적을 행할 수 있다면 참된 선지자는 자신의 직분을 증명하기 위해 기적에 호소할 수 없을 것이다. 문제는 신약 성경에서 사도들이 자신의 직분의 권위를 위한 증거로서 기적에 호소하는 것을 보게 되면 더욱 첨예해진다. 계시를 전하지 않는 자가 기적을 행하는 것이 사실이라면 이것은 잘못된 호소이자 거짓된 논거이다.

한번은 베니 힌의 『안녕하세요, 성령님』이라는 책이 기독교서적 중 베스트 셀러가 되었을 때 기독교 서점을 경영하는 사람들의 모임에서 말씀을 전하는데 초대된 적이 있었다. 나는 베니 힌이 자신이 주장대로 기적을 실제로 행하고 있다면 왜 그의 저서가 신약 성경 가운데 포함되어야 한다고 주장하는 사람이 없는지 질문했다. 그는 하나님이 자신이 들을 수 있게 말씀하신다고 주장하기까지 했다. 그는 성경 속의 선지자들에게 있던 모든 자질을 갖춘 사람이 아닌가?

지금 기적 사역을 하는 사람들 가운데 두드러지게 결여된 것 중의 하나는 성경의 계시를 전했던 자들이 행했던 종류의 기적들이다. 베니 힌은 사도들을 수치스럽게 할 방송 장비를 갖춘 무대에서 기적을 행한다. 그는 공동묘지에서 기적을 행하지 않는다. 오늘날의 기적사역자들이 물을 포도주로 바꾸거나 사흘 동안 죽어 있던 사람들을 일으키는가? 베니 힌은 홍해를 가를 수도 없고 도끼자루가 물에 뜨게도 할 수 없다. 왜 하지 못하는가? 오늘 일어나는 기적의 질적인 차원이 계시를 전하던 사람들이 행하던 것보다 못하는가? 주님의 팔이 녹이라도 슬었단 말인가?

우리가 어떻게 기적을 정의해도 오늘날 주장하는 기적들은 성경에 기록된 것과는 다른 범주에 놓아야 한다. 오늘날 그 누구도 무에서 유를 만들지는 못한다. 연방정부가 찍어내는 화폐가 아니라면 말이다.

이는 하나님이 더 이상 섭리 가운데 일하시지 않음을 의미하는가? 하나님이 우리 가운데서 기적적으로 행하시는 것을 중단하셨는가? 비상한 방식으로 기도에 응답하지 않으시거나 의사가 치료 불가능하다고 선언한 병을 더 이상 고치지 않으시는가? 결코 그렇지 않다. 하나님은 여전히 살아 계시고 일하신다. 하나님은 놀라운 방식으로 하나님의 기도에 응답하신다. 그 분의 초자연적인 은혜는 우리 가운데서 매일 분명히 일어난다. 이런 일들은 기적으로 간주한다면 우리는 기적이 여전히 진행된다고 인정해야 한다.

    우리는 계시를 전하는 자의 권위를 인정하고 기록된 하나님의 말씀을 확증하는 기적의 기능으로 인해 제기되는 세 가지 범주의 이슈를 구별해야 한다. 이 범주들은 하나님의 일반적인 섭리, 비상한 섭리, 그리고 오늘날 좁은 의미로 정의되는 기적을 포함한다. 이 세 가지 범주 내에서 하나님은 일반적 섭리와 비상한 섭리 속에서 계속적으로 일하신다고 말 할 수 있다. 하지만 좁은 의미에서의 기적으로 특별 계시를 전하는 자의 권위를 부여하기 위한 일은 하시지 않는다.

사단의 기적

    질문은 아직도 남아 있다. 사단의 기적은 어떠한가? 성경은 미혹자인 사단도 기적을 행할 수 있다고 말하지 않는가? 이런 문제를 제기하는 연관된 성경 구절을 살펴 보자.

    "너희 가운데 선지자나 꿈꾸는 자가 나타나 네게 표적과 기적을 보이고, 그가 네게 말한 대로 표적과 기적이 일어나, 그가 말하기를 '너희가 알지 못했던 다른 신들을 따라가서 우리가 섬기자.' 하더라도, 너는 그 선지자나 꿈꾸는 자의 말을 듣지 마라. 이는 여호와 너희 하나님께서 너희가 너희 마음을 다하고 너희 목숨을 다하여 여호와 너희 하나님을 사랑하는지 아시려고 너희를 시험하는 것이다." (신 13:1-3)

"그 날에 많은 이들이 나에게 말하기를 '주님, 주님, 저희가 주님의 이름으로 예언을 하고 주님의 이름으로 악령들을 쫓아내고 주님의 이름으로 많은 기적들을 행하지 않았습니까?'라고 할 것이다. "그때에 내가 그들에게 분명히 말하기를 '나는 너희를 도무지 알지 못한다. 불법을 행하는 자들아, 내게서 떠나가라.' 할 것이다." (마 7:22-23)

"그 때에 누가 너희에게 '보아라, 그리스도가 여기에 있다.' 또는 '저기에 있다.' 라고 말하여도 믿지 마라. 거짓 그리스도들과 거짓 선지자들이 일어나서 큰 표적들과 놀라운 일들을 행하여, 할 수만 있으면 선택받은 자들까지도 속이려고 할 것이기 때문이다. 보아라, 내가 너희에게 미리 말하였다. 그러므로 만일 그들이 너희에게 '보아라, 그리스도가 광야에 있다.' 라고 말하여도 나가지 마라. '보아라, 그리스도가 골방에 있다.' 라고 말하여도 믿지 마라." (마 24:23-26)

그 불법자가 나타나, 사탄의 역사를 따라 온갖 능력과 표적들과 거짓된 기적들과, 모든 불의의 속임수로 멸망 받을 자들에게 이를 것이니, 이는 그들이 구원을 받기 위하여 진리의 사랑을 받아들이지 않았기 때문이다. 그러므로 하나님께서 미혹의 세력을 그들에게 보내셔서 그들이 거짓된 것을 믿게 하신다. 이는 진리를 믿지 않고 불의를 좋아하는 모든 이들이 심판을 받게 하시려는 것이다. (살후 2:9-12)

성경 본문에 나타나는 이런 예들을 살펴 보면 사단의 능력과 기만에 대한 경각심을 가져야 할 필요를 깨닫게 된다. 사단은 에덴에서 뱀으로 처음 나타났을 때 간계와 교활함을 특징적으로 갖고 있었다. 그리고 하나님의 백성에 대한 강력한 대적으로 계속 존재했다. 루터가 "그의 능력과 교활함은 비상하다"고 말했고 거기에다 잔인한 증오가 결합되어 있기 때문에 사단은 한층 더 위험하다. 사단은 기만하는 기술이 능란해서 광명한 빛 가운데 우리에게 나타날 수 있다. 그는 자신을 광명의 천사로 위장할 수 있고 "선택된 자"도 속이려고 한다 (마 24:24과 막 13:22를 보라).

성경은 사단을 우리보다 더 높은 존재로 묘사한다. 사단은 타락한 천사이지만 천사와 같은 영적 존재이다. 천사와 같은 종류로 엄격히 말해서 사단은 초자연적 존재는 아니다. "자연"에서 일반적으로 볼 수 있는 것보다는 차원이 높겠지만 피조물이며 자연의 창조질서의 일부라는 의미에서 자연질서에 여전히 속해 있다. 사단은 하나님과 같은 수준에 있지 않으며 하나님과 같은 비공유적 신적속성을 지니지도 않는다. 그는 영적 존재이지만 유한한 영이다. 무한하거나 영원하거나 불변적이거나 전지하거나 편재하지 않는다. 사단은 우리보다 더 많이 알고 더 큰 능력을 가질 수 있지만 신적인 능력은 갖고 있지 않다.

성경이 소위 사단의 기적에 대해 말할 때 그의 기사는 "온갖 능력과 표적들과 거짓된 기적들"(살후 2:9)이라고 불린다. 여기에서 질문을 제기하게 된다. "거짓된"이라는 수식어는 무엇을 의미하는가? 사단은 거짓된 목적을 위해 실제 기적을 행사할 수 있는가? 그가 행하는 표적과 기사는 기만하는 속임수이고 실제 기적이 아니라는 것을 의미하는가? 신학자들은 이 질문에 있어서 의견이 나뉘어진다.

사단이 반자연(contra naturam), 즉 자연 질서를 거스르는 일을 할 수 있다는 의미에서 실제 기적을 행할 수 있다고 믿는 사람들은 이 기적은 반죄악(contra peccatum), 즉 "죄를 거스르는" 것이 아니라고 주장한다. 이런 기계적인 구별은 사단이 자연 질서를 거스르며 일할 수 있지만 결코 자신의 악한 목적에 반하는 일은 할 수도 없고 하지도 않음을 보여주기 위한 것이다. 즉 "죄에 반하는" 것이 아니라 "죄를 따르는" 것이다. 스스로 분열하는 집이 설 수 없으며 사단은 기적을 통해 자신의 목적에 반하는 일을 하지 않는다는 추론이다. 사단의 기적은 항상 그리스도의 선과 진리에 반하는 것이다. 우리는 성경 본문에 호소하면서 사단의 기적과 하나님의 기적의 차이를 분간하는 이런 관점을 지지하는 사람들의 주장을 듣는다.

이런 논증은 심각한 오류, 순환 논리의 오류 혹은 선결문제 요구의 오류(question-begging)를 경험한다. 성경의 내용을 통해 사단의 기적을 검증하기 전에 먼저 내용을 시험하기 위한 본문을 파악해야 한다. 우리는 계시를 대언하는 자가 하나님의 보내심을 받았다는 사실을 확증하기 위해 기적이 나타난다는 사실을 기억한다. 하지만 그런 기적이 사단으로부터 온 것이 아니라는 것을 어떻게 아는가? 아마도 니고데모는 자신의 말을 이렇게 수정해야 했을 것이다. "우리가 당신은 하나님 혹은 사단으로부터 오신 선생인 줄 아나이다 그렇지 않으면 당신이 행하시는 이 표적을 아무도 할 수 없음이니이다."라고 말이다. 실제로 바리새인들은 예수님이 사단의 힘을 통해 기적을 행하신다는 혐의를 제기한 적이 있다. 이 지점에서 그들의 신학은 니고데모보다 열등한 것임을 볼 수 있다. 니고데모가 "기적"에 대해 좀 더 제한적이기 때문이다.

계시를 전하지 않는 자가 행하는 기적으로 인해 똑같은 문제가 사단이 행하는 기적 때문에 과장된다. 사단이 실제 기적을 행할 수 있다면 기적을 행하는 자가 하나님으로부터 보내심을 받은 자라는 사실을 확증하기 위해 기적에 호소하는 것은 거짓된 호소가 된다.

나는 사단의 표적과 기사를 묘사하는 "거짓"이라는 말이 그들의 목적 뿐 아니라 성품도 반영한다고 결론짓는 것이 의미가 있다고 생각한다. 속임수이고 가짜라는 의미에서 사단의 기적은 거짓 표적이다. 사단의 표적은 모세의 능력을 모방하려고 했던 애굽의 술사들이 벌인 깜짝 놀랄만한 속임수와 비슷하다.

여호와께서 모세와 아론에게 말씀하셨다. "바로가 너희들에게 말하기를 너희들의 이적을 보이라고 하면, 네가 아론에게 말하여 그의 지팡이를 들어 바로 앞에 던지라고 하여라. 그러면 그것이 뱀이 될 것이다." 모세와 아론이 바로에게 가서 여호와께서 명령하신 그대로 하였다. 아론이 자기의 지팡이를 바로와 그의 신하들 앞에 던지니, 그것이 뱀이 되었다. 바로도 지혜자들과 술객들을 부르니, 그 이집트 마술사들도 그들의 술법으로 그와 같이 행하였다. 그들이 각각 자기 지팡이

를 던지므로, 그것들이 뱀이 되었으나, 아론의 지팡이가 그들의 지팡이를 삼켜 버렸다. (출 7:8-12)

애굽의 술사들은 오늘의 마술사들이 행하는 것과 같은 것이었다. 차이점은 서구의 대부분의 마술사들이 마술임을 실제로 주장하지는 않고 스스로를 '착시를 일으키는 자'로 부른다는 것이다. 즉 날랜 손재주를 가진 사람으로 이야기를 한다. 마술에 관한 것을 판매하는 곳들은 여기저기에 있다. 거기에서 현대적인 형태의 엔터테인먼트에 관심이 있는 사람들은 여러 가지 속임수들을 배울 수 있다. 이전에 캐비넷을 만드는 이웃 사람이 있었다. 그의 전문성은 마술을 행하기 위한 특별한 캐비넷을 만드는 것이었다. 기발한 창의력이 나타나는 이음새, 눈속임용 바닥, 눈에 띄지 않는 판자, 거울들이 있었다. 오늘날 마술사들은 모자에 토끼를 넣어두거나 접이식 관에 뱀을 넣는데 전혀 어려움을 겪지 않는다. 모세와 아론이 기적을 행할 때 애굽의 술사들은 이를 흉내낼 수 있었다. 하지만 이들의 뱀은 중간에 잡아 먹혔을 뿐 아니라 곧 마술의 밑천이 바닥났으며 진정으로 기적을 행했던 사람들을 모방할 수 없는 것이어서 수치를 당하게 되었다.

현대의 마술사들이 행하는 속임수 중에 일부는 그것들을 바라보는 사람들에게 놀랍게 보일 수 있다. 이런 기술 중 상당수는 고도의 기술과 오랜 훈련을 필요로 하지만 그들이 행하는 가장 놀라운 기술 중 일부는 가장 간단하게 구사할 수 있다는 점에서 아이러니가 있다.

루 코스텔로는 평범한 한 벌의 카드를 만들어 놓고 비둘기에게 그 중 하나를 뽑게 한 후 카드를 알아 맞추는 내기를 통해 많은 돈을 벌었다. 그는 한 친구에게 진실로 마음을 읽을 수 있는 먼 도시에 사는 사람을 안다고 말했다. 그는 친구가 마음을 읽을 수 있는 그 사람에게 전화를 하면 장거리 텔레파시를 통해 그가 선택한 카드가 무엇인지를 알아 맞출 수 있다는데 내기를 걸었다. 내기를 하게 되면 그 전화번호로 통화를 해서 비상한 능력을 가진 사람과 통화를 하게 된다. 마음을 읽는 사람은 전화를 한 사람에게 선택한 카드를 생각해 보라고 말한 후 즉시로 어떤 카드인지를 말한다. 그는 카드를 알아 맞추는데 늘 성공했다.

코스텔로와 같은 사람은 어떻게 그런 일을 해냈는가? 간단한 사기였다. 코스텔로는 전국에 52명의 지정된 사람을 두고 있었다. 각각이 특정한 카드를 말하도록 되어 있었다. 코스텔로는 특정 카드를 말하기로 되어 있는 사람들과 그들의 전화번호까지 모두 암기를 했다. 비둘기가 카드를 뽑으면 코스텔로는 그 카드를 맡은 사람의 이름을 알려줄 뿐이었다. 그 사람은 전화를 받게 되면 자신이 무슨 카드를 이야기해하는 지 이미 알고 있었다.

사단의 계략은 이 보다는 훨씬 세련되지만 그럼에도 불구하고 트릭일 뿐이다. 사단의 마술은 데이비드 카퍼필드의 마술을 훨씬 능가할 수 있지만 하나님의 기적에는 전혀 미치지 못한다. 하나님만이 무에서 유를 만드실 수 있고 죽음에서 생명을 가져오실 수 있다.

사단의 앞잡이들은 모세와 아론과의 대결에서 패배했다. 그들은 갈멜산에서 엘리야에게 패했다. 그리고 광야에서의 싸움과 지상사역 기간 동안 그리스도의 적수가 되지 못했다. 사단은 예수님이 자신의 기적적인 권능을 사단을 위해 사용하시도록 미혹하려 했다. 그런 기적의 권세는 사단이 탐욕을 가지고 바라보았던 것이다. 마술사 시몬은 성령의 권능을 헛되이 돈을 주고 사려고 했다(행 8:9를 보라).

하나님의 섭리는 하나님의 권세를 통해 나타난다. 기적은 피조세계와 역사를 주권적으로 다스리시는 한 방식이다. 하나님의 말씀은 어둠의 권세를 인정하시지 않는 하나님의 권능을 통해 주권적으로 입증된다. 사단의 계략은 말씀으로 드러난다. 말씀의 진리는 하나님의 기적적인 증언으로 확증되며 증거 된다.

오늘날 교회는 사도적 권능과 권위를 주장하길 원하는 사람들로부터 중대한 위협에 직면해 있다. 이런 측면에서 그리스도인은 늘 깨어 있어야 하며 그런 주장을 펼치는 사람을 피해야 한다.

20장

섭리와 기도

하나님이 섭리 가운데서 모든 일이 일어나도록 정하신다면 기도를 할 이유가 있는가? 표면적으로 섭리의 교리는 기도를 소용없는 행위로 말하는 것처럼 보일 수 있다. 성경에서 기도하도록 자주 명령하는 사실 외에도 부지런히 기도에 힘써야 할 많은 이유가 있다.

우리는 하나님이 영원한 구속의 계획을 갖고 계심을 기억한다. 이 계획은 매우 구체적인 세세한 부분까지 마련되어 있는 계획이다. 하나님은 그런 구속을 계획하시는 데 있어 목적과 목표를 갖고 계신다. 모든 일이 합력하여 선을 이루지만 동시에 하나님의 영원한 목적을 이루기 위해 합력한다. 하나님의 섭리는 목적뿐 아니라 그 목적을 이루기 위한 수단에까지 미친다. 수단은 어떤 일이 성취되기 위한 매개체이다. 따라서 간단히 말하면 하나님은 목적 자체뿐 아니라 목적을 위한 수단까지 미리 정하신다. 하나님은 일차적 원인의 감독과 다스림 안에 이차적 원인으로서 여러 가지 수단을 사용하신다.

교회에서 우리는 "은혜의 방편"에 대해 이야기한다. 은혜의 주된 방편 중의 하나는 기도이다. 은혜의 방편은 성화를 위한 도구로서 우리에게 주어진다. 기도는 우리가 완전하게 성화될 수 있도록 하기 위해 하나님이 교회에 주신 중요한 수단이다. 기도를 통해 우리의 생각이 하나님을 향하게 되고 하나님의 완전한 의에 굴복되게 된다. 하나님은 우리의 기도를 받는 수혜자가 아니다. 하나님은 유익을 주시는 분이고 우리는 그 분의 은혜를 받는 수혜자이다.

칼빈은 기독교 강요에서 다음과 같이 말했다.

> 하지만 어떤 이들은 이렇게 말한다. 하나님은 우리가 어떤 어려움에 직면해 있고 무엇이 우리의 필요를 충족시킬 것인지를 감시함이 없이 아시기 때문에 우리의 목소리를 통해 하나님이 잠에서 깨어나야 하는 것처럼 기도로 그에게 무엇을 구하는 것은 어느 정도 불필요하지 않은가? 그렇게 주장하는 사람은 주님이 우리에게 기도를 가르쳐 주신 목적에 주의를 기울이지 않는 것이다. 기도는 하나님을 위해서가 아니라 우리를 위해서다. (3.20.3)

우리의 기도가 하나님께 무슨 유익을 줄 수 있겠는가? 하나님께서는 스스로의 충족을 위해 기도를 결코 필요로 하지 않으신다. 피조물의 찬양과 감사가 비록 하나님을 기쁘시게 하는 것일지라도 스스로의 존재만으로도 모든 것이 충족이 되시기 때문에 그것들을 필요로 하시지 않는다. 하나님은 전적으로 자기충족적인 존재시다. 피조물이 하는 일을 통해 하나님의 행복이 더하거나 덜하지 않는다. 우리가 창조되기 전에 우리 없이 지내셨던 하나님은 가장 행복한 하나님이셨으며 지금도 우리 없이 그렇게 존재하실 수 있다.

우리의 기도가 하나님을 아는 지식을 더하게 하는가? 이런 질문을 하는 것이 바로 질문에 대한 대답이 된다. 하나님은 전지하시다. 하나님은 우리에게서 새로운 정보를 수집할 필요가 없으시다. 우리는 하나님에게 부족한 정보를 모아드리는 연구조교가 아니다. 하나님은 우리가 말씀드리기도 전에 우리의 필요가 무엇인지를 아시고 기도를 하기 전에 우리가 무엇을 하나님께 말씀드리려는지도 다 아신다. 시편에는 이렇게 고백한다.

> 여호와시여, 주께서 나를 살피시며 나를 아십니다. 주께서 나의 앉고 일어섬을 아시며, 멀리서도 내 생각을 분별하고 계십니다. 나의 길과 눕는 것을 아시고, 내 모든 행위를 밝히 알고 계십니다. 여호와시여, 보소서. 내가 혀로 말하기도 전에, 주께서는 그 모두를 아십니다.
> (시 139:1-4)

우리는 하나님의 판단을 돕는 상담가의 역할을 하지 않는다. 우리는 결코 그런 자리에 있을 수 없다. 이미 살펴본 바와 같이 하나님은 첫 번째 계획이 실패로 돌아갈 때 비상대책과 같은 것을 준비할 필요가 없으시다.

기도가 하나님의 마음을 바꾸지는 않는다. 왜 그런가? 하나님은 우리에게서 어떤 새로운 것도 배울 필요가 없으시고 늘 완전한 계획을 갖고 계시기 때문이다. 나는 새로운 정보를 얻게 되거나 생각의 오류를 발견하게 되면 이미 수립했던 계획을 변경하게 된다. 하나님에게 이런 상황이 일어나는 것은 불가능하다.

    기도가 궁극적인 의미에서 하나님의 마음을 바꾸지는 않지만 기도가 아무 일도 하지 못하는 불필요한 것을 의미하지는 않는다. 반대로 신약성경은 기도는 강력하며 변화를 가져오는 힘이 된다는 점을 분명히 한다.

> 그러므로 서로 죄를 고백하며 병 낫기를 위해 서로 간구하여라. 의인의 간구는 역사하는 힘이 많다. 엘리야는 우리와 본성이 같은 사람이었으나 비 오지 않기를 간절히 기도하니, 삼년 육 개월 동안 땅에 비가 오지 않았으며, 다시 기도하니, 하늘이 비를 내리고 땅이 열매를 내었다. (약 5:16-18)

    이 본문에서 야고보는 "의인의 간구는 역사하는 힘이 많다"고 선언한다. 여기에서 사도는 간구라는 단어에 매우 중요한 수식어를 사용하고 있다. 역사하는(effective) 기도와 간절한(fervent) 기도에 대해 말하고 있다. 역사하는 기도와 간절한 기도는 서로 연관된다. 역사하는(effective) 기도는 결과를 이끌어내도록 작용하는(work) 기도이다. 야고보는 "소용이 많다"는 의미로 말하고 있다. 이 약속은 입담이나 공허한 표현으로 가득 차 있거나 열정없이 암기된 기도에 적용되지 않는다. 기도의 간절함(fervency)은 거칠고 열광적인 감정상태를 의미하지 않는다. 이는 기계적인 구절을 반복하는 사람들의 기도만큼이나 공허할 수 있다. 간절함은 진지하고 확고부동한 자세로 하나님께 집중하는 것을 의미한다. 이런 기도가 신실한 것이며 영혼의 핵심과 성도의 마음에서 비롯된 것이다.

　야고보는 역사하는 기도는 의인의 기도라고 말하고 있다. 그런 기도는 하나님께 향기로 드려지는 기도이다. 주님은 그런 기도를 들으시기를 기뻐하신다. 하지만 경건하지 못한 자의 기도는 그렇지 않다. 그들의 기도는 위선 가운데서 행해지며 하나님께 악취와 같다. 하나님은 교만한 자 혹은 회개하지 않는 자의 기도를 들으시지 않는다고 거듭 경고하신다. 역사하는 기도를 막는 것은 우리의 죄가 아니다. 그것은 죄에 대한 우리의 태도에 있다. 하나님은 죄인들의 기도를 들으신다. 아들이신 예수님을 제외한 모든 사람은 죄인으로서 기도하기 때문이다. 여기에서 의인은 그리스도의 의로 옷 입고 하나님께 나아가는 죄인들을 의미한다. 그들은 의인이며 동시에 죄인(simul justus et peccator)으로서 의롭게 된 사람들이다. 하나님은 완전히 의롭게 된 사람들의 기도를 들으시지 우리의 변명을 들으시지 않는다.

　야고보는 "우리와 본성이 같은" 한 사람의 예로서 엘리야를 언급한다. 이는 무엇을 의미하는가? 선지자 엘리야와 같은 믿음의 거인을 우리와 같은 반열에 놓는 것은 어렵게 생각될 수 있다. 결국 엘리야와 비슷한 부분은 거의 없겠지만 적어도 이 부분에 있어서만큼은 서로 비슷하다. 엘리야는 사람이었다. 그는 신적 본질을 갖지 않았다. 그도 역시 타락한 인간이었다. 한 마디로 엘리야는 그리스도 안에 있는 우리와 같이 의롭게 된 죄인이었다.

　요점은 간단하다. 하나님은 선지자의 간구를 들으실 뿐 아니라 우리의 간구도 들으신다. 그렇지 않으면 엘리야를 예로 들면서 동시에 우리를 기도의 자리로 부르시는 것은 아무런 의미가 없다.

여러 가지 경우에 있어서 예수님은 제자들을 기도의 자리로 부르셨고 대담하고 부지런한 기도를 권면하셨다. 불의한 재판관의 비유는 이런 의미에서 매우 적절하다.

예수께서 그들에게 항상 기도하고 낙심하지 말아야 할 것을 비유로 말씀하셨다. "어떤 성읍에 하나님을 두려워하지 않고 사람을 존중하지 않는 어떤 재판관이 있었다. 그 성읍에 한 과부가 있었는데, 그 여자가 그에게 줄곧 찾아가서 말하기를 '저의 대적에게서 저의 억울함을 풀어 주십시오.' 하였으나, 그가 한동안 들어주려고 하지 않아가 그 후에 속으로 말하였다. '내가 비록 하나님을 두려워하지 않고 사람을 존중하지 않으나, 이 과부가 나를 귀찮게 하니, 내가 그 여자의 억울함을 풀어 주어야겠다. 그렇지 않으면 그 여자가 끝까지 와서 나를 괴롭힐 것이다.'" 주께서 말씀하셨다. "그 불의한 재판관이 말한 것을 들어 보아라. 하나님께서 자신에게 밤낮 부르짖는 택하신 자들의 억울함을 풀어 주지 않고 그들을 오래 버려두시겠느냐?" (눅 18:1-7)

누가는 예수님이 이런 비유를 하신 이유를 말해주고 있다. 이 비유는 불의한 재판관이 과부의 성가신 간청으로 마음을 바꾼 것처럼 하나님이 자신의 마음을 바꾸시도록 설득하라는 것이 아니다. 이 비유는 비교가 아닌 대조를 보여주고 있다. 예수님은 우리가 항상 기도해야 하고 낙망하지 말아야 할 것을 가르치시기 위해 이 비유를 말씀하셨다. 요점은 불의한 재판관이 여인의 끈질긴 간청을 듣는다면 하늘과 땅의 의로운 재판관이신 하나님은 우리의 간청을 얼마나 귀를 기울이시겠냐는 것이다.

　예수님은 밤낮으로 기도 가운데 울부짖는 택자들을 하나님이 신원하시고 변호하실 것이라고 약속하신다. 이는 하나님의 계획에 속한 것이므로 하나님의 약속 가운데 있다. 우리는 기도할 때 우리의 기도를 들으시도록 하나님을 괴롭히는 것이 아니라 우리 영혼에 유익을 주도록 계획된 한 방편을 사용하는 것이다. 우리는 기도함으로써 낙망하지 않을 수 있게 된다.

　기도는 "역사하는 힘이 많다"고한 야고보의 말씀을 이해하면 기도가 실제로 상황을 변화시킨다고 결론을 지을 수 있다. 다시 말하지만 기도가 변화시키는 것은 하나님의 영원한 계획이나 지식의 완전함이 아니다. 가장 중요한 것은 기도가 우리를 변화시킨다는 것이다. 도대체 왜 예수님은 하나님께서 이미 알고 계시는 우리의 필요를 위해 기도하도록 가르치시는가? 이는 하나님께 우리의 필요를 알려드리기 위해서가 아니다.

　섭리 가운데 우리가 무엇을 얻으려면 결국에는 어떤 조건이 충족되어야 한다고 생각하는 경향이 있다. 예수님은 우리가 얻지 못하는 것은 구하지 않기 때문이라고 말씀하셨다. 이 말씀은 하나님의 복이 조건을 수반하며 궁극적으로 우리에게 의존하는 것임을 암시하듯이 보인다. 하지만 우리에게서 요구하시는 조건을 충족시키는 것은 바로 하나님의 성품이다. 믿음은 칭의를 위한 조건이다. 하지만 이 조건은 하나님께서 우리 마음에 믿음을 일으키신 후에 만족되는 조건이다. 하나님은 구원의 목적 뿐 아니라 그 수단까지도 책임지신다.

　이는 우리가 기도할 책임이 없음을 의미하는가? 물론 그렇지 않다. 하나님의 목적에 대한 수단으로서 이차적 원인에 대한 책임은 여전히 우리에게 속해 있다. 하지만 하나님의 영원한 목적인 구원은 우리의 행위에 달려 있지 않다. 우리는 여전히 부족한 자들이기 때문이다. 우리가 기도에 임할 때 어떤 일이 우리에게 일어난다. 우리는 경험으로 변화한다. 기도는 하나님과의 살아있는 관계의 중요한 일부이다. 이는 두 인격체 사이의 대화이자 교제이다. 한 존재는 변화하지 않으며 전지하다. 다른 존재는 변화하며 불완전한 지식을 갖고 있다. 기도를 통해 하나님은 우리에 대한 어떤 새로운 지식을 습득하시지 않는다. 하지만 우리는 하나님에 대해 많은 것을 배우게 된다.

자신의 소설 『Honor Among Thieves』에서 제프리 아처는 두 명의 주요 인물을 통해 신랄한 이야기를 전달한다. 한나 코펙은 사담 후세인이 이스라엘을 향해 발사한 미사일로 가족을 잃은 젊고 아름다운 여인이다. 그녀는 이스라엘의 정보국인 모사드 요원이 되기 위해 고된 훈련에 들어간다. 훈련을 마치고 이라크 대사관에서 첩보 역할을 위해 파리로 보내진다. 한편 CIA요원인 예일대 교수, 스캇 브래들리는 한나를 감시하기 위한 임무를 맡게 된다. 한나는 상관으로부터 파리의 어느 모사드 요원이 그녀를 접촉할 것이라는 지령을 받게 되는데 브래들리가 모사드 요원의 행세를 하며 그녀를 만나게 된다. 그 후 한나와 스캇은 사랑에 빠지게 된다. 스캇은 한나가 누구인지를 알지만 그녀는 스캇의 실제 정체를 알지 못한다. 관계가 발전하면서 스캇은 자신이 사랑하는 사람을 계속적으로 기만하는 것에 대해서 죄책감을 느끼게 된다.

그러다가 한나는 진짜 모사드 요원과 접촉하게 되고 스캇이 자신을 속였음을 발견하게 된다. 그 모사드 요원은 스캇이 CIA에 소속되어 있고 자신들과 같은 편에 있다는 것을 알지 못하고 한나에게 그를 죽이라고 명령한다. 스캇은 저녁식사에 한나를 초대하여 그동안 자신이 거짓말을 했음을 고백하고 진짜 정체를 그녀에게 조용히 밝히려고 계획한다. 한나는 초대에 응하고 그를 죽이라는 명령을 수행하려고 한다.

그들이 저녁 식사를 위해 나왔을 때 스캇은 자신과 한나를 위해 커피를 따른다. 한나는 보통 커피에 설탕을 타지 않지만 이번에는 스캇에게 설탕을 타 달라고 요구한다. 스캇이 설탕이 담긴 통을 가지러 부엌으로 가는 사이 한나는 스캇의 커피에 치사량의 독약을 탄다. 설탕통을 갖고 돌아왔을 때 스캇은 자신의 커피를 마시기 시작하며 한나에게 모든 일을 고백하기 시작한다. 그녀는 큰 충격 가운데서 자신이 같은 편이자 이 세상 누구보다 더 사랑하는 사람을 독살하고 있음을 깨닫게 된다. 저자인 제프리 아처를 위해 이 이야기의 결말을 말하지는 않겠지만 서로에 대해 부분적으로만 아는 두 사람이 등장함을 보이기 위해 이 극본을 사용하려고 한다. 그들의 관계는 그들이 알지 못하고 있는 사실 때문에 영향을 받고 있다. 비슷하게 우리는 기도에 있어서도 한 편은 다른 편에 대해 모든 것을 알고 있지만 다른 편은 한 편에 대해 부분적으로 아는 그런 관계에 있다.

기도에 있어서 우리는 아버지의 성품에 대해 배울 기회가 있다. 실제로 기도는 섭리라는 보이지 않는 손을 분별할 수 있는 가장 효과적인 수단중의 하나이다. 하나님의 성품을 알면 알수록 우리 삶에 역사하는 하나님의 손을 더욱 쉽게 보게 된다. 우선은 성경을 통해 주어지는 계시로부터 오고 그리고 기도라는 경험을 통해서 강력하게 다가온다. 기도를 할 때 우리는 보통 "일반적인" 섭리의 역사를 보는 경향이 있다. 구체적으로 기도할 때 우리는 하나님의 손을 펼쳐 보이는 구체적인 기도응답으로 놀라기 시작한다. 이를 통해 우리의 믿음이 강화되고 섭리에 대한 신뢰도 더해진다.

기도의 일반적 측면

ACTS라는 약어를 통해서 기도의 일반적 측면을 종종 설명하는 것이 관례이다. A는 찬양(adoration)을 의미하고, C는 죄의 고백(confession), T는 감사(thanksgiving), S는 간구(supplication 또는, 중보기도, intercession)를 나타낸다. 이 기도의 측면 또는 요소들을 통해서 우리는 인생을 변화시키는 실천(exercise)에 몰입하는 것이다.

찬양

신자마다 하나님을 찬양하는데 시간을 많이 드리면 변화를 반드시 경험하게 된다. 우리는 예배할 수 있는 능력을 지닌 존재로 창조되었다. 실제로 위대한 성도들의 기도의 삶을 보면 기도 가운데서 찬양에 들인 시간은 성화된 삶과 직접적으로 비례한다. 다윗의 시편을 보라. 그의 기도는 찬양으로 충만해 있다. 다윗이 하나님께 가까이 다가 갈수록 찬양은 더욱 강렬해진다. 다윗과 교회사속의 성인들에게 나타난 사실들은 우리에게도 적용될 것이다.

찬양할 때 시선은 우리 혹은 우리의 필요에 집중되지 않는다. 우리의 시선은 하나님의 영광과 위엄을 향해야 한다. 진정으로 찬양할 때 우리는 하나님의 영광 가운데서 기뻐하며 그 분의 임재를 즐거워한다. 나는 찬양이 기도에 있어 가장 많은 성취를 가져오는 요소라 생각한다. 젊은 연인사이의 연애편지가 서로에게서 발견하는 기쁨에 대해 집중하는 것처럼 하나님을 사랑하는 자들도 그 분의 완전하심과 뛰어나심을 높이는 것에 몰입하게 된다.

죄의 고백

"죄의 고백은 영혼에 유익이 된다."는 상투적인 문구는 그것이 사실이기 때문에 상투적인 문구가 되는 것이다. 고백을 통해 우리는 고백하지 않는 죄의 짐을 벗어버리게 된다. 하나님이 아직 아시지 못한 것을 알려드리는 것이 고백이 아니다. 하나님은 우리의 죄를 아신다. 우리도 하나님이 우리의 죄를 알고 계심을 잘 안다. 하지만 그 분에게 그 사실을 말씀드리는 것은 우리 영혼의 평안을 위해 그 사실을 인정하는 것이다. 하나님 앞에 서 있는 우리의 신분이 바뀌었다는 의미에서만 우리가 변화되는 것이 아니다. 용서와 정결함을 통해서만 우리가 바뀐 것도 아니다. 우리는 고백이라는 행위를 통해서 변화되는 것이다.

기도에 있어서 찬양과 고백 사이의 관계는 분명하다. 하나님의 완전한 거룩하심과 뛰어나심을 묵상할수록 우리의 무가치함을 더욱 깨닫게 된다. 하나님을 배우면 배울수록 우리 자신에 대해 더 많은 것을 배우게 된다. 우리 자신에 대해 알면 알수록 더 많은 것을 고백해야 함을 깨닫게 된다.

감사

하나님은 자신의 기쁨을 위해 우리의 찬양을 필요로 하지 않으시다. 하나님은 인간의 죄를 알기 위해 우리의 고백이 필요하지 않듯이 하나님은 자신이 인정받기 위해 인간의 감사를 필요로 하지 않으신다. 하지만 우리는 다르다. 사람들이 어떤 일에 대해 감사를 표시할 때 나는 고맙게 생각하며 내가 다른 사람들에게 감사를 표시하며 그들도 똑같은 느낌을 갖는다는 것을 안다. 우리는 이런 식의 상호 교환을 필요로 한다. 하지만 하나님은 이런 것을 필요로 하지 않으신다. 이로 인해 하나님이 변화하시는 것도 아니다. 감사를 통해 변화하는 것은 우리 자신이다.

감사와 기쁨은 같은 것이 아니다. 이들은 서로 구별될 수 있지만 분리될 수 없다. 기쁨은 감사를 유발하고 감사는 기쁨을 가져온다. 이 둘은 공생관계가 있다. 용서의 은혜를 포함하여 섭리의 손을 통해 얻게 되는 자비를 묵상할 때 우리는 감사하게 된다. 감사하는 마음은 기쁨의 마음이다. 자신이 경험한 복을 헤아리는 것은 감상적인 행동이 아니다. 복을 기억하는 것은 절망에 대항하는 요새이고 기쁨이 넘쳐 흐르는 샘물이다.

간구

간구를 할 때 우리는 하나님 앞에 나의 필요와 다른 사람들의 필요를 말한다. 우리는 하나님의 율법에 따라 그런 간구를 드려야 한다. 하나님은 우리가 율법에 금지된 것들을 구할 때 기뻐하시거나 영광을 받지 않으신다. 이것은 위험이 따르는 영역이다. 스스로 그리스도인이라고 고백하는 사람들이 종종 하나님께 자신의 죄 된 삶을 복주시거나 인정하시도록 간구한다. 그들은 종종 친구들에게 자신이 어떤 문제에 대해 기도했는데 그 내용이 하나님의 뜻에 반하는 것임에도 불구하고 하나님이 평안을 주셨다고 말하기까지 한다. 그런 기도는 그럴싸하게 감춰진 신성모독의 행위이다. 성령께서 영혼에 평안을 주심을 통해 우리 죄를 인정하셨다고 감히 선언하는 것은 하나님을 모욕하는 행위이다. 그런 평안은 육적 평안이고 이해가 동반되는 평안, 성령께서 하나님과 그의 율법을 사랑하는 자들에게 부여하시는 평안과는 아무런 관계가 없다.

남을 위해 간구할 때 우리는 만인제사장으로서 기도하는 것이며 루터는 이를 "이웃에게 그리스도가 되는 것"이라고 묘사했다. 중보하는 기도는 자신의 백성을 위해 늘 중보하신 그리스도의 사역을 본받는 것이다.

구속이 삼위 하나님의 사역인 것처럼 기도는 구속의 경륜에 있어서 삼위 하나님의 사역이다. 아버지는 우리에게 기도하라고 명하신다. 아버지는 우리의 기도를 들으신다. 하지만 아버지께 기도할 때 우리는 홀로 기도하는 것이 아니다. 아버지는 아들을 중보자로서 택하셨다. 그리스도는 자신의 중보를 통해 기도하는 자들을 아버지께로 중보함으로써 기도의 효력을 배가시킨다. 바로 이것이 그리스도와 그의 이름을 통해서 기도하는 것이다.

마찬가지로 구속의 경륜에 있어서 성령은 아버지와 아들을 통해 우리에게 보내진다. 성령은 우리의 영혼을 준비시키셔서 올바른 태도로 기도하고 아버지의 뜻에 맞게 기도할 수 있도록 우리를 도우신다. 성령의 도우심을 구할수록 우리는 더 많은 기도응답을 목격하게 된다. 우리가 하나님의 뜻에 맞게 기도할 수 있기 때문이다. 성령은 우리 눈에 보이지 않지만 그 분의 사역은 우리의 마음을 비추셔서 하나님의 깊은 것까지 깨닫게 하신다.

하나님의 섭리는 우리의 요새이자 방패요, 매우 큰 보상이다. 섭리를 통해 하나님은 성도에게 용기를 주시고 그들을 오래 참으신다. 이 책은 하나님의 크신 섭리 속에 숨겨진 신비의 표면만을 다루었을 뿐이다. 이 책을 읽는 모든 독자들이 섭리에 대해 더 깊이 탐구할 자극을 받을 수 있기를 기원한다.

색인

Honor Among Thieves (소설) / 275
Sand Pebbles (소설) / 139
간구 / 280
간절함(기도) / 271
갈대아인 / 100, 125
갈멜산 / 266
감사 / 279
강제 / 82
거룩 / 37, 99, 189
거짓 기적 / 255
거짓 선지자 / 258
거짓말 / 59, 77
결과 / 147
계몽주의 / 242
계시 / 251, 256
계시된 하나님(Deus revelatus) / 26
고난 / 23, 125, 238
고난을 통해(Via Dolorosa) / 23
고백 / 183, 278
고통 / 23, 50, 205, 239

골리앗 / 191
공공적 덕 / 232
공급 / 42
과학 / 78, 138, 211
관성 / 145
괼링크스 / 143
교육 / 64, 150
구레뇨 / 163
구속사 / 238
권세 / 41, 90, 160, 267
그리스도의 현현 / 197
그리심산 / 185
기드온 / 195
기적 / 196, 242
나다나엘 / 70, 165
나단 / 15
낙관주의 / 150
뉴에이지 / 29
니고데모 / 248, 264
다윗 / 15, 191, 277

단자론 / 144
더글러스 윌슨 / 190
데이비드 흄 / 65, 144
데카르트 학파 / 143
도덕적 악 / 216
도로시 세이어즈 / 190
도스토예프스키 / 92
듀크스네 요새 / 112
디오니시우스 / 152
라이프니쯔 / 144, 216
로마 제국 / 164, 236
로마 카톨릭 / 187, 256
로마의 평화 / 164
루 코스텔로 / 265
루돌프 불트만 / 156
르네 데카르트 / 142
르우벤 / 73, 128
리고니에 사역 / 47, 111
리고니에 요새 / 112
리젠트 초등학교 / 190
마귀 / 125
마르시온 / 242
마르크스 / 150
마르틴 루터 / 240
마술 / 265
마술사 시몬 / 267

말브랑슈 / 143
모르드개 / 173
모리아 산 / 45, 52
모세 / 64, 134, 179, 250
모순 / 115, 120
목적(telos) / 155
목적론 / 138
몬테 크리스토 백작 / 129
묘사 / 139
무시간적 신학 / 156
무정부 상태 / 89, 221
무지 / 211
무한 / 163, 185, 216
무한은 유한을 파악하지 못한다
 (finitum non capax infinitum) / 120
물리적 악 / 216
물질 / 142
미디안사람 / 128
미신 / 108, 212
바로 / 132, 135
바로의 딸 / 61
바울 / 84, 109, 243
반자연(contra naturam) / 263
반죄악(contra peccatum) / 263
밧세바 / 19, 191
범신론 / 144

범주 / 156, 231
베니 힌 / 259
베델 / 70
베드로 / 187
베들레헴 / 165
베르사유 조약 / 151
벤야민 / 80
변증법적 신학 / 121
보디발의 아내 / 129
보이지 않는 교회 / 183
보이지 않는 손 / 75, 103, 161, 276
보존 / 34
복음주의 / 255
복종 / 161
본체철학 / 144
부동의 작동자 / 34
부조리 / 121
부활 / 158, 242
불가사의 / 65, 105
불법 / 218
불순종 / 101, 121, 218
불안 / 33, 228
불의 / 92, 218
불의한 재판관 / 93, 273
불필요한 사건 / 64
붙드심 / 36

브래독 장군 / 112
블레셋 사람들 / 16, 105, 211
비극 / 234
비모순의 법칙 / 115
빌라도 / 83, 124, 167
사단 / 23, 125
사단의 이적 / 260
사도신경 / 166
사라 / 44
사리사욕 / 233
사울 / 192
산상수훈 / 33
살인 / 19, 43
삼위일체 / 122
상대주의 / 220
상호작용 / 143
새로운 언약 / 181
새로운 우상숭배 / 29
새로운 이신론 / 29
선한 선 / 231
선한 악 / 233
선한 일 / 209
섭리
   기도 / 268
   정치적 차원 / 83
   하나님의 능력 / 251

색인

성 금요일 / 124
성 크리스핀의 전투일 / 190
성령 / 19, 246, 280
성막 / 180
성전 / 103, 180
성화 / 269
세속역사 / 171
세속주의 / 154
셰익스피어 / 16, 190
소로킨 / 151
소망 / 60
솔제니친 / 239
쇠렌 키에르케고르 / 42
스톤월 잭슨 / 91, 194
스피노자 / 144
시내산 / 43, 179
시온 / 86, 179
신비 / 111
신이신론 / 34
신화 / 158
실천 이성 / 92
십계명 / 43, 180
십자가 / 68, 124, 181
아담 스미스 / 29, 69
아담과 하와 / 224
아리스토텔레스 / 34

아브라함 / 42, 250
아우구스투스 씨저 / 164
아퀴나스 / 89
아폴로 / 152
아하수에로 / 172
악
   결핍으로서 / 218
   세 가지 형태로서 / 216
   실제적 능동적 악 / 215
악의 문제 / 214, 218
악한 선 / 232
악한 악 / 233
알렉산더 뒤마 / 129
앨버트 아인슈타인 / 213
야고보 / 271
야곱 / 69, 127
어거스틴 / 119, 218, 236
어니스트 헤밍웨이 / 153
에덴 동산 / 88, 222
에스더 / 171
엘리야 / 266, 271
여호와 이레 / 54
역병 / 213
역사
   순환적 관점 / 152
   신화 / 152

역설 / 40, 93, 121
열차 사고 / 202
영지주의 / 29, 159
예루살렘 / 184
예수
  기적 / 254
  부활 / 244
  성육신 / 158, 186
  중보자 / 179, 281
  탄생 / 166
오스카 쿨만 / 157
옥타비안 / 164
올리버 크롬웰 / 57
와스디 / 172
요셉 / 71, 126
요셉 스미스 / 251
요압 / 18
욥 / 125
우리를 위하시는 하나님
  (Deus pro nobis) / 96
우리야 / 17
우발적 사건 / 38, 61
우인론 / 143
웨스트민스터 신앙고백 / 36, 114, 147
윌 듀란트 / 34
유한 / 56, 163, 216

은혜의 수단 / 189
음악 / 34
임마누엘 칸트 / 78
이삭 / 44, 52
이성 / 78
이스마엘 / 44, 128
이신론 / 34
이원론 / 182, 217
이적 / 196, 201
인간 대리인 / 175
인간의 책임 / 119
인과율 / 65, 141
인본주의 / 222
일반 섭리 / 252
일반 역사(세속 역사) / 163
일반 은총 / 236
일원론 / 144
일치 / 114
자연 법칙 / 34, 142, 251
자연주의 / 242, 245
자유주의 / 255
자율성 / 117
작정적 의지 / 118
전기 / 140
전도서 / 152
절대 진리 / 121

정당한 전쟁 / 82
정부 / 82
정언 명령 / 92
정의 / 92
제사제도 / 161
제일 원인 / 141
제프리 아처 / 275
조나단 에드워즈 / 238
조지 워싱턴 / 112
존 거스너 / 231
존 로크 / 248
존 스튜어트 밀 / 214
중보기도 / 277
중상 / 238
중생 / 246
중세 / 190, 216
지구 / 57
지옥 / 160, 187
진보 / 149
진화 / 150
철학 / 211, 220
청지기 / 161
초월 / 171, 213
초자연 / 70
초자연적 사건 / 246
출애굽 / 186, 200

충만 / 166
카이로스 / 157, 160
칼 바르트 / 225
코페르니쿠스적 혁명 / 142
크로노스 / 157
크리스쳔 사이언스 / 215
태양은 다시 떠오른다(소설) / 153
텔레비전 / 30, 178
퇴보 / 151
트렌트 공의회 / 256
특별계시 / 43, 256
페르시아 제국 / 171
포브스 장군 / 111
표적 / 247
프리드리히 니체 / 151
플라톤 / 181
피우스7세 / 256
피츠버그 / 113
필연적 사건 / 64
하나님 앞(coram Deo) / 29
하나님:
  거룩함 / 37
  마음을 바꾸지 않으심 / 270
  맹목적이거나 변덕스럽지 않은 / 211
  불변적 자유 의지 / 262
  세세한 일들 / 37, 68

숨겨진 그리고 계시된 / 26
영광 / 36, 195
예정 / 182
예지 / 142
의도 / 134
자기중심적 / 233
자기충족 / 269
주권 / 29, 116
지혜 / 37
진노 / 84
하나님의 나라 / 83
하나님의 원하심(Deo Volente) / 39
하나님의 정의 / 125
하비 콕스 / 154
합력 / 79, 210
합치 / 114

허무주의 / 92, 153, 220
허용적 의지 / 118
헤겔 / 151
헤르만 리델보스 / 156
헨리 5세 / 190
헬라어 / 111, 157
현상계 / 78
형이상학적 악 / 216
혼돈 / 23
홀로코스트 / 151
홍해 / 252, 259
화려해 보이는 악 / 232
화염검을 가진 천사 / 89
확률 지수 / 146
황금률 / 92
회의주의 / 153, 255

성경 색인

창세기
- 3:1-7 / 223
- 3:22-24 / 88
- 22:1-2 / 44
- 22:3 / 46
- 22:4-5 / 52
- 22:6-8 / 53
- 22:9-10 / 54
- 22:11-14 / 55
- 28:10-12 / 69
- 28:15 / 71
- 28:16-19 / 70
- 37:3-11 / 127
- 37:18-22 / 128
- 37:23-28 / 129
- 37:31-35 / 77
- 39:5-9 / 130
- 39:20-23 / 131
- 40:8-15 / 132
- 42:13-17 / 72
- 42:18-20 / 73
- 42:21-24 / 73
- 42:25-28 / 74
- 42:35-38 / 76
- 43:8-9 / 80
- 43:12-14 / 81
- 45:27 / 81
- 45:28 / 81
- 50:15-20 / 133

출애굽기
- 1:8-14 / 58
- 1:15-16 / 58
- 1:17-22 / 59
- 2:1-4 / 60
- 2:5-6 / 61
- 2:7-10 / 63
- 4:1-5 / 250
- 6:6-8 / 201
- 7:3-5 / 201
- 7:8-12 / 265
- 14:21-27 / 114
- 19:16-22 / 114

신명기
- 13:1-3 / 261

사사기
- 2:11-16 / 101
- 6:3-6 / 195
- 6:13-16 / 196
- 6:20-23 / 197
- 6:36-40 / 197
- 7:2-6 / 198
- 7:18-22 / 199

사무엘상
- 6:7-9 / 212
- 17:4-9 / 191
- 17:26 / 192

17:32-37 / 193
17:42-44 / 193
17:45-50 / 194

사무엘하
11:2-4 / 17
11:9-13 / 18
11:15-17 / 19
11:27 / 20
12:1-7 / 16
12:7-11 / 21
12:13 / 22
12:13-14 / 22
12:15 / 23
12:16-23 / 25

에스더
1:1-5 / 172
1:16-19 / 173
4:11 / 174
4:13-14 / 175
5:1-3 / 176
7:3-6 / 177

시편
2:1-11 / 87

37:25 / 33
51:4-7 / 21
139:1-4 / 270
139:1-18 / 67

다니엘
5:1-4 / 103
5:5-6 / 105
5:7-9 / 106
5:13-16 / 107
5:18-21 / 108
5:22-24 / 108
5:25-29 / 109

미가
5:2-4 / 165

하박국
1:1-4 / 98
1:5-8 / 100
1:12-13 / 99
2:20 / 101
3:16-19 / 102

마태복음
6:25-34 / 33

7:22-23 / 261
8:28-33 / 160
16:15-19 / 187
16:26 / 239
24:23-26 / 261

마가복음
13:22 / 262

누가복음
2:1-7 / 164
18:1-7 / 273
18:1-8 / 93

요한복음
3:1-2 / 248
4:19-24 / 185
18:33-38 / 168
19:1-5 / 170
19:10-11 / 167

사도행전
8:9 / 267
17:16-32 / 108
17:22-28 / 148
17:30-31 / 162

26:26 / 251

로마서
1:18-21 / 237
8:28 / 230
8:31 / 80
13:1-4 / 84

고린도전서
15:1-17 / 244

에베소서
1:3-10 / 182

데살로니가후서
2:9-12 / 262

히브리서
1:1-3 / 36, 170
2:1-4 / 249
11:32-38 / 241
12:18-24 / 179

야고보서
5:16-18 / 271

베드로후서
1:16-19 / 159

요한계시록
14:17-20 / 90

보이지 않는 손
모든 것이 합력하여 선을 이루는가?

2011년 4월 1일
지은이 R. C. 스프롤
번 역 나용화

펴낸곳 RTS
등 록 제9-131호
주 소 142-810 서울시 강북구 미아 3동 203-8
전 화 02-945-0910
팩 스 02-945-0143

책 값 9,800원

ISBN 978-89-956738-4-3

총판 기독교문서선교회(CLC)
02-586-8761~3 (본사) / 031-923-8762~3 (영업부)

온라인계좌 기업은행 073-000308-04-020
             국민은행 043-01-0379-646
             예금주: 사)기독교문서선교회

*RTS는 복음주의적 개혁신앙과 신학을 가르치고 전하는 개신대학원대학교 출판부입니다.